BIBLIOTHÈQUE GRECQUE ELZÉVIRIENNE

SOUVENIRS
DE
LA GUERRE
DE L'INDÉPENDANCE
DE LA GRÈCE

PAR

CONSTANTIN METAXAS

TRADUITS DU GREC

Par Jules BLANCARD

PARIS
ERNEST LEROUX, ÉDITEUR
28, RUE BONAPARTE, 28

1888

BIBLIOTHÈQUE GRECQUE ELZÉVIRIENNE

SOUVENIRS

DE LA

GUERRE DE L'INDEPENDANCE

DE LA GRECE

SOUVENIRS
DE LA GUERRE
DE L'INDÉPENDANCE
DE LA GRÈCE

PAR

CONSTANTIN MÉTAXAS

TRADUIT DU GREC

Par Jules BLANCARD

PARIS
ERNEST LEROUX, ÉDITEUR
28, RUE BONAPARTE, 28

1887

Par pur philhellenisme, j'ai commencé il y a quelques années à composer et à traduire les biographies de quelques-uns des hommes illustres de la Grèce moderne. La sympathie qui a été accordée à mes précédents travaux de ce genre : Mavrocordato, Tricoupi, Delyani, Canaris, Valaoritis, etc., m'a engagé à traduire aujourd'hui les *Souvenirs de Constantin Métaxas,* un des magnanimes champions de la guerre de l'indépendance hellénique, qui, dans leur superbe abnégation, accourant des premiers sur la brèche, firent à leur patrie le sacrifice de leur fortune et de leur vie. C'est à de tels hommes que la Grèce doit d'avoir pu briser les chaînes qui la tenaient captive et d'être ce qu'elle est actuellement : une nation qui marche au pas de charge vers le Progrès, le regard constamment fixé sur l'horizon de l'avenir dont les brumes ne sont point assez intenses pour l'empêcher de distinguer les brillantes destinées qui l'y attendent.

Je souhaite que ces *Souvenirs de Constantin Métaxas,* déjà traduits en italien, reçoivent du public français le même accueil bienveillant qui a salué leur apparition de l'autre côté des Alpes.

Je sais qu'il n'est nullement besoin de stimuler le patriotisme en France, mais il est bon néanmoins d'avoir sous les yeux ces grands exemples de vertus privées, d'abnégation et de probité politique qui font un pays puissant et respecté.

Jules BLANCARD.

PREFACE DE L'AUTEUR

Je ne suis pas historien, et, lorsque je pris des notes pendant la guerre de l'indépendance, je ne pensais nullement les publier un jour. Dans ma vieillesse, m'étant adonné à la lecture des auteurs nationaux et étrangers qui se sont occupés de l'histoire de notre révolution, je reconnus que, soit ignorance, soit écart de leur imagination, ils avaient notablement altéré la vérité, confondu les dates, les personnes et même les événements ; je me suis alors décidé à écrire ces mémoires.

Je me suis borné à raconter uniquement les évênements dont je fus le témoin oculaire, et auxquels j'ai pris part. Il serait à souhaiter que tous ceux qui ont combattu pour la révolution, fissent, comme moi, connaître la part qu'ils ont prise dans la lutte. On pourrait composer ainsi la véritable histoire de cette lutte glorieuse, exemple unique dans les annales des nations, de la renaissance, après des siècles de servitude, d'un peuple qui ne vivait que par son illustre passé.

J'aurais peut-être dû omettre, dans ces Souvenirs, certains événements de peu d'importance, mais défigurés par d'autres écrivains, je tenais à les rétablir sous leur véritable jour. D'ailleurs, comme je me suis proposé de décrire scrupuleusement, année par année, tout ce que j'ai fait, d'après les notes que j'ai conservées, mes Mémoires embrassent nécessairement l'histoire de ma vie, tant civile que militaire, pendant la guerre de l'indépendance.

Jamais je n'ai prétendu être mis au rang des héros de notre révolution, d'autant mieux que mon éducation n'avait été aucunement militaire. Après être resté à Céphalonie, jusqu'à l'âge de vingt-et-un ans, occupé uniquement de mes études, j'avais été dans l'Europe occidentale, où durant quatre années, je m'étais consacré à l'étude du droit. Je revins dans les Iles, me destinant à la carrière judiciaire, mais un an plus tard, j'entrais dans la Société des Amis. J'avais alors vingt-cinq ans, et renonçant à Thémis, j'embrassai avec enthousiasme la carrière de Mars, car il s'agissait de l'affranchissement de ma patrie, et j'eus le bonheur de voir se réaliser ces désirs enthousiastes, que m'inspirait la lecture de l'histoire de nos aïeux.

Céphalonie, 18 Décembre, 1860.

Constantin MÉTAXAS.

INTRODUCTION

ASPECT GÉOGRAPHIQUE ET APERÇU HISTORIQUE DE L'ILE DE CÉPHALONIE.

En face de l'Acarnanie et du golfe de Corinthe, entre Zante et Leucade, s'étend l'île de Céphalonie, séparée d'Ithaque par un étroit bras de mer. Sa forme est celle d'un triangle, de 40 lieues de tour, ou, selon Strabon, 300 stades de périmètre (1). C'est la plus grande et la plus peuplée des îles Ioniennes, elle compte à elle seule le tiers de leur population totale. Elle est située par 38° 15 de latitude septentrionale; son climat estival, doux et salubre, devient variable en hiver, par suite de ses nombreuses montagnes. L'Enus, la plus haute de ses cimes, élève majestueusement au Levant ses 4,000 pieds de hauteur au-des-

(1) Strabon, Géographie, livre X, chap. 2, n. 15, Edit. Didot.

sus du niveau de la mer, et domine les contrées d'alentour. De son sommet la vue embrasse un horizon très-étendu ; Zante, Leucade, Ithaque, les Echinades, le Péloponèse, la Grèce continentale, diversement éclairés par le soleil, forment un spectacle des plus pittoresques. Des arbres coupés dans les bois qui couvraient cette montagne, on construisait jadis, LES VAISSEAUX AUX FLANCS PEINTS DE VERMILLON, dont parle Homère (1). L'île est formée d'un système de montagnes et de collines escarpées, de plateaux et de vallées d'un accès difficile et de rochers taillés à pic ; sa nature paraît sauvage et stérile, mais, la main laborieuse de ses habitants, a su faire naître des plantations variées, et des arbres de diverses espèces, croissant entre les montagnes, embellissent l'île par leur végétation et l'embaument de leurs parfums. L'olivier et la vigne y abondent, et les raisins secs en sont le principal produit.

La population de l'île dépasse 76 mille habitants, répandus dans 250 villages ou hameaux, quatre bourgs et deux villes.

(1) Homère, Iliade, lib II, v 637.

Argostoli, sa capitale, est située à l'ouest, vers le fonds du golfe, qui forme un port vaste et sûr ; elle compte environ 12,000 habitants, défendus par un fort. Lixouri situé à l'entrée du golfe, vers le nord, compte plus de 6,000 habitants ; les deux villes communiquent par mer.

Homère, caractérisant les Céphallènes, leur donne l'épithète de MAGNAGNIMES ; les hommes y furent toujours en effet hospitaliers, patriotes, et les femmes, vertueuses, économes et laborieuses. La stérilité de leur sol, pousse les Céphallènes à se livrer à la navigation et au commerce. L'île donna naissance à des savants illustres ; mais ce fut surtout par cet esprit guerrier dont plusieurs auteurs anciens ont fait mention, que ses habitants se distinguèrent.

L'île actuelle de Céphalonie portait anciennement sept noms : Téléboé, Taphos, Samos, Dulichium, Tétrapolis et Mélaina (noire), peut-être à cause des forêts qui couvrent ses montagnes. Ses premiers habitants venaient de l'Acarnanie, et sont regardés comme d'origine Pélasgienne. Elle avait quatre villes : Samos, Pale, Crane et Pronnes, dont on trouve encore les ruines.

Homère, faisant le dénombrement des armées venues au siège de Troie, cite les Céphallènes sous les ordres d'Ulysse (1). Hérodote nous apprend qu'à la glorieuse bataille de Platée (497 av. J.-C.) (2), non-seulement, 200 Paléens, mais encore des Samiens combattirent sous les ordres d'Anicrétos, et contribuèrent ainsi à la défaite de l'armée persane. Ce fait nous est affirmé par des médailles qui furent conservées (3).

D'après Thucydide (4), avant la guerre du Péloponèse (436 av. J.-C.), les Céphallènes soutinrent avec quatre vaisseaux les Corinthiens contre les Corcyréens. Les Athéniens ayant déclaré la guerre aux Lacédémoniens, envoyèrent des députés aux Céphallènes pour demander leur amitié (5).

---

(1) Homère, Iliade, lib. 2, v 632

(2) Hérodote, Hist liv. IX chap. XXVIII, Edit Didot.

(3) Mar. Pignatorre. Hist. de Céphalonie inédite.

(4) Thucydide, Guerre du Péloponèse, lib. II, chap 27.

(5) Thucydide, II, chap. 7.

Dans les commencements de la guerre du Péloponèse, les Céphallènes restèrent neutres, mais plus tard ils firent alliance avec les Athéniens. Les Corinthiens marchèrent alors contre leur île avec 40 vaisseaux, et plus de 1,500 hoplites débarquèrent dans le port de Crane et fondirent avec impétuosité contre la ville, qui leur opposa une vigoureuse résistance. Les Céphallènes, ayant feint de vouloir se rendre, attaquèrent ensuite à l'improviste le camp ennemi, tuèrent quelques Corinthiens, et forcèrent les autres à se rembarquer (1). Les Céphallènes aidèrent aussi les Athéniens dans leur expédition contre Leucade (2) et dans celle contre les Syracusains, qui échoua cependant.

A la chûte de la liberté grecque, après les victoires de Philippe et de son fils Alexandre, les Céphallènes se gouvernaient d'une manière indépendante. Lorsque les ligues se formèrent, et que les Achéens se trouvèrent en hostilité avec les Etoliens, les Céphallènes se montrèrent

---

(1) Thucydide, II, chap 33.
(2) Thucydide, III, 94-95

fidèles alliés de leurs voisins les Etoliens, avec qui ils avaient formé d'étroites relations, et les secoururent de leurs vaisseaux et de leurs courageux guerriers. Philippe, fils de Démétrius, roi de Macédoine (221. av. J.-C.) et allié des Achéens, voulant conquérir Céphalonie, partit de Patras avec une nombreuse flotte et une armée considérable, et débarqua à Pronnes, la première ville de l'île qu'il rencontra sur sa route. Ayant remarqué que cette ville serait difficile à investir, il se rembarqua, et alla jeter l'ancre devant Pale, située au fond du golfe de l'île. A peine y eut-il assis son camp, qu'il assiéga étroitement cette ville, et dès qu'il eût reçu des renforts de troupes auxiliaires, il réussit à pratiquer une brêche dans les murs ; mais tandis qu'il se disposait à donner l'assaut, une révolte éclata dans son camp et le força à lever ce siège (1).

Les Paléens se montrèrent braves guerriers, n'ayant pas perdu courage devant les armées nombreuses et aguerries. Ils

(1) Polybe, Hist. liv. V, chap III et suivants, Ed. Didot.

repoussèrent toutes les propositions de paix que Philippe leur fit, et celui-ci, désespérant de conquérir Pale, quitta l'île honteusement, sans avoir rien conclus.

Sous les Romains, les Céphallènes se distinguèrent aussi par leur esprit belliqueux et leur amour de l'indépendance, comme le prouve ce qui suit :

Lorsque les Etoliens se révoltèrent contre les Romains pour reconquérir leur liberté, les Céphallènes s'allièrent avec eux et coururent à leur secours. Leur marine fit beaucoup de mal aux Romains, ainsi que le dit Tite-Live lui-même. Ils furent cependant forcés de se soumettre, mais enfin les Romains, indignés contre eux, les exceptèrent du traité de paix (Cephallenia extrà pacis leges esto, Livius X 138), et ordonnèrent à Marcus Fulvius Nobilior de les traiter impitoyablement. Ce dernier débarqua dans l'île, et intima aux Céphallènes l'ordre de livrer les ôtages. D'abord les habitants des quatre villes voulurent céder, mais, pendant qu'on négociait, les Samiens se repentirent, et on se prépara à repousser les Romains (187, av. J. C.).

Alors Fulvius assiégea étroitement Samos, et demeura devant cette ville quatre mois entiers, pendant lesquels les habitants combattirent bravement, et causèrent de grands dommages à l'ennemi. Mais les Romains ayant attaqué vigoureusement cette place pendant la nuit, la prirent d'assaut, la détruisirent de fond en comble, et punirent cruellement les Samiens, qu'ils avaient faits prisonniers (1).

Jusqu'à cette époque, les historiens parlent de l'esprit belliqueux des Céphallènes, mais ils ne citent personne comme s'étant distingué particulièrement. Nous pensons que cela tient surtout au système des auteurs Grecs, qui avaient l'habitude d'attribuer plutôt la gloire à la patrie en général. Quoique les habitants de Céphalonie fussent divisés en quatre gouvernements distincts et que, vu la stérilité de la terre, ils fussent pauvres nous n'en devons pas moins avouer qu'ils se distinguèrent toujours, et qu'ils surent conserver intact le sentiment de l'indépendance.

(1) **Tite-Live XXXVIII, 28 et 29, Turin, Edit. Pomba.**

Sous la République de Venise l'esprit belliqueux des Céphallènes brille aussi d'un assez vif éclat. A cette époque ils forment fréquemment à leurs frais des corps militaires, équipent des vaisseaux, combattent sur terre et sur mer, partagent les dangers des Vénitiens et prennent leur part des victoires. Incontestablement il est dû aux Céphallènes une partie de la gloire, que les Vénitiens acquirent en arrêtant les Ottomans dans leurs attaques contre les Chrétiens.

Marc Tsimaras, son fils Jean et Nicolas Louzi, se distinguèrent à la fameuse bataille de Lépante (1571). Au siège de Candie (1658), les chefs des corps de Céphallènes qui combattirent glorieusement contre les Ottomans, furent Jean-Baptiste Métaxas (1), qui fut nommé colonel; Angelo Delladecima, Anastase di Evangelino Annino, Georges Carbouri et Ventura Pignatorre, qui fut tué (2).

A la conquête de Leucade (1684) les Céphallènes aidèrent les Vénitiens, con-

---

(1) Pignatorre, Hist. de Céphalonie.
(2) Locatelli, Della guerra veneta in Levante.

duits par Morosini. Jacques Métaxas et Nicolas Pignatorre commandaient les vaisseaux, et le colonel Jean-Baptiste Métaxas et Angelo Delladecima, les troupes céphallènes de terre.

Dans les sièges et combats des Vénitiens, sous les ordres de Morosini dans le Péloponèse et autres parties de la Grèce (1686-87), les Céphallènes contribuèrent beaucoup à la défaite des Ottomans. A Navarin, Prévéza, Coron, dans le Magne et à Calamata, les chefs céphallènes qui se distinguèrent furent Angelo Delladecima, qui, fut nommé colonel, et mourut au siège de Nauplie; Anastase Annino, Jean-Baptiste Métaxas, Nicolas Pignatorre et les frères Anastase et Angelo Métaxas. Constantin Typaldo, au siège de Nauplie, fut nommé Chevalier de Saint-Marc; Marino Pignatorre, à la conquête d'Athènes combattant à la tête de 200 Céphallènes, reçut les éloges du général Courban; plus tard, les deux frères Anastase et Angelo Métaxas, combattant à leurs frais à la tête de plus de 1,000 Céphallènes, reçurent des dignités militaires, en récompense de leurs faits d'armes contre les Ottomans en Acarnanie et en Achaïe, et furent honorés du titre de comte, eux et leurs descendants.

En 1715 et 1716, les Céphallènes secoururent de nouveau avec des vaisseaux et une armée de terre les Vénitiens, lorsque, sous les ordres de Dolphino, ils repoussèrent les Ottomans.

En 1717, Constantin Typaldo, son frère Vincent et son neveu Jean marchèrent à la tête de 300 Céphallènes, contre les Ottomans, pour défendre Leucade. Jérôme Delladecima courut, avec 80 Céphallènes, au secours de Corfou, où Vincent Typaldo était déjà occupé, sous les ordres de Schullembourg, à de difficiles opérations de guerre (1).

Nous ne pouvons oublier un homme, qui, vers cette époque, a grandement illustré l'histoire de Céphalonie. Un simple moine, Nicodème Métaxas, ayant parcouru, vers 1727, les principales villes de l'Europe, apporta une typographie de Londres à Constantinople, dans l'intention de contribuer à répandre la lumière du

---

(1) Mar. Pignatorre, Hist. inédite de Céphalonie.

christianisme. Il faillit devenir la victime des Jésuites, tout puissants alors dans cette ville; mais, par la protection de l'ambassadeur d'Angleterre et l'amitié du Patriarche Cyrille, il réussit à écarter le danger, et à faire expulser les Jésuites de Constantinople. Grâce à son esprit supérieur il devint Archevêque de Nauplie, et fut élu par le clergé de Céphalonie évêque de l'île. Il obtint plus tard le titre d'Archevêque, et rendit l'Eglise de Céphalonie indépendante de celle de Corinthe. Peu de temps après, accusé par les Latins de Zante, Nicodème passa à Venise, où il fut acquitté, et reçut le titre d'Archevêque de Philadelphie, siège créé alors par les Vénitiens pour contrebalancer l'influence du Patriarche de Constantinople. Nicodème étant demeuré quelques années à Venise, revint à Céphalonie, où il mourut vers 1746 (1).

Vers 1769, aussitôt qu'éclata la révolution du Péloponèse contre les Ottomans, les frères Spyridion et Jean Métaxas prirent

(1) **Smith Thomas** — Collectanea de Cyrillo Lucario, Patriarcha, Constantinopolitano, Londini, MDCCVII.

les armes, ainsi que leur parent Nicolas Métaxas (mon père). La révolution ayant échoué, les deux frères se réfugièrent en Russie, où ils trouvèrent un asile. Nicolas revint secrètement à Céphalonie, où il se cacha ; les Vénitiens le déclarèrent libre quelque temps après en considération de sa jeunesse.

Comme nous ne voulons qu'exposer succinctement les diverses expéditions des Céphallènes qui ont eu lieu en différents temps, nous ne pouvons citer qu'un petit nombre de ceux qui se sont distingués. Nous trouvons : 1° Constantin Gérakis en 1685, premier ministre à Siam, mais en réalité vice-roi, connu à la Cour de France sous Louis XIV, par ses grands projets ; 2° En Prusse, Spyridion Louzi, ambassadeur en Angleterre et en Russie sous Frédéric-le-Grand, et général sous Frédéric-Guillaume II ; 3° En Russie, sous Catherine, Pierre Mélissinos, général d'artillerie ; 4° A Naples, Georges Choraphas, en 1772, général sous Ferdinand, roi des Deux-Siciles ; 5° En France, sous Napoléon I, parmi les nombreux Céphallènes qui ont servi sous les drapeaux de la

France, se sont surtout distingués: Nicolas Loverdos, nommé général en 1813, et le colonel Bourbakis, qui laissant la France, accourut dès le commencement de la guerre nationale Grecque, et tomba bravement en combattant contre Kintahi dans l'Attique (1).

Tels sont en peu de mots les exploits des Céphallènes. Céphalonie ayant continuellement suivi le sort des autres îles, ses sœurs, est aussi tombée, après de nombreuses péripéties, sous la protection des Anglais. Tandis que la persécution et la terreur régnaient en tous lieux, mon frère, le premier, Marinos, N. Métaxas, avec Denys Romas et Eustache Stéphanitsis, membres du Sénat Ionien d'alors, s'élevèrent patriotiquement contre le fameux lord haut commissaire Maitland, et protestèrent contre la fausse interprétation qu'il faisait de l'esprit du Traité de Paris appliqué à l'indépendance politique des Iles Ioniennes. Quoique gémissant sous un gouvernement étranger, Céphalonie n'en a pas

(1) Biographie des hommes illustres de l'île de Céphalonie par Mazaraky. Venise 1843

moins conservé pur le sentiment national. Les Anglais eux-mêmes lui en rendent le témoignage, en disant, dans leur sincérité britannique, que Céphalonie est plus grecque que la Grèce elle-même (1).

Il était donc écrit dans leurs destinées que vingt-trois siècles après la bataille de Platée, où les Céphallènes vinrent au secours des Grecs pour chasser les Perses barbares, ils reprendraient les armes, malgré les Anglais eux-mêmes, et qu'ils combattraient avec les Péloponnésiens dans les plaines de Lala et ailleurs, et qu'ils se distingueraient pendant toute la guerre sainte de l'indépendance pour secouer le joug des Ottomans.

(1) Nous devons noter que l'Auteur écrivait cela avant que les Iles Ioniennes fussent unies à la Grèce.

SOUVENIRS

DE LA GUERRE

DE L'INDÉPENDANCE

DE LA GRÈCE

CHAPITRE PREMIER

1821

Mars-Juillet.

L'HÉTAIRIE OU LA SOCIÉTÉ DES AMIS à Céphalonie. — Préparatifs pour l'expédition de Lala. — Réaction. — Je suis mandé par le Président Travers. — Arrivée à Glarenza. — Expédition dans la province de Pyrgos. — Combat et défaite des Laliotes à Bodini. — Fortification à Poussi. — Lettre des chefs Céphallènes aux Laliotes. — Réponse de ceux-ci. — Combat de Bastiras. — Mort de Georges Plapoutas. — Bataille dans la plaine de Lala. — Jousouph-Pacha arrive de Patras avec une armée. — Les chefs Péloponnésiens veulent se retirer de Lala. — Nous demandons des secours au Sénat du Péloponnèse. — Assaut de Poussi par les Laliotes, et leur fuite à Patras. — Ma rencontre avec Hypsilanti et sa suite. — Projets de ceux qui entouraient Hypsilanti. — Les blessés sont transportés à Calamata. — Mon campement avec un nouveau corps de Céphallènes à Saravali. — Conséquence de l'expédition de Lala. — Proscription des chefs Céphallènes par le gouvernement ionien.

La Société des Amis, dont le but était d'affranchir la Grèce, du joug des Turcs, était complètement inconnue des primats de Céphalonie; seul, mon frère Marinos Métaxas, connaissait son existence, et la soutenait de ses deniers. Il en avait été avisé, en même temps que les principaux personnages des Iles, par une lettre d'Alexandre Hypsilanti, lorsque celui-ci se préparait à lever dans la Moldo-Valachie le drapeau de l'indépendance. Mais Marinos ne confia à personne son entrée dans l'Hétairie, craignant d'être persécuté par les Anglais, comme il l'avait été déjà lors de sa protestation contre leur protectorat, qui, s'appuyant sur une interprétation fausse du traité de Paris, visait à détruire l'indépendance politique des Iles Ioniennes. Il n'y avait que quelques capitaines de navires, et quelques négociants, naviguant ou trafiquant le long des côtes de la Russie et de l'Asie-mineure, qui fissent partie de l'Hétairie.

En janvier 1821, Athanase Politis de Leucade mon condisciple en Italie, passa par Céphalonie; je le reçus chez moi, et il m'expliqua le but que se proposait la Société des Amis. J'en devins aussitôt membre, et ayant prêté serment, j'appris que bientôt la révolution devait éclater, et que je pouvais m'entendre avec Germanos, archevêque du Vieux-Patras, et affilier à l'Hétairie tous ceux que je jugerais dignes de cette grande entreprise.

Peu après le départ de Politis, il se répandit des bruits de mouvements insurrectionnels en Valachie, et vers le mois de mars la révolution du Péloponèse éclata. Sur ces entrefaites, je fis part à mon frère Marinos de mon entrée dans l'Hétairie, et alors seulement, avec une grande circonspection, il me découvrit ce qu'il savait à ce sujet. Enthousiasmé par ses paroles je me mis en campagne pour faire prêter serment à bon nombre de mes parents et de mes compatriotes, qui, devenus membres de l'Hétairie, se préparèrent à aider de toutes leurs forces les insurgés du Péloponèse. Selon les recommandations de Politis, j'écrivis à l'archevêque du Vieux Patras, qui me répondit que le besoin de soldats était urgent, qu'il fallait exciter les magnanimes Céphalléniens, à accourir à son aide le pl s tôt possible avec des hommes et des munitions.

Je me concertai aussitôt avec mes amis et nous réunîmes assez d'argent pour acheter des munitions et des armes, et l'expédition du Péloponèse fut résolue. Mais, afin que ce mouvement ne fut pas dévoilé au gouvernement Anglo-ionien, mal disposé alors pour la guerre de l'Indépendance hellénique, le but n'en fut communiqué qu'à un très petit nombre de personnes, la dépense fut soldée au nom des plus riches Hétairistes. Mes frères et moi, nous dûmes faire pour la réussite de cette expédition, une brèche sérieuse à notre fortune. Tandis que ces préparatifs se faisaient sous ma direction, nous apprîmes qu'Evangélis Panas, un des capitaines de navires marchands de Céphalonie, qui depuis longtemps était initié aux mystères de l'Hétairie, était parti pour le Péloponèse avec cent hommes et deux canons, qu'il avait préparés et armés à ses propres frais.

Les frères Anastase et Gérasimos Phocas, que j'avais fait recevoir membres de l'Hétairie, offrirent spontanément leur propre vaisseau, non seulement pour transporter les hommes de guerre dans le Péloponèse, mais encore pour prendre part aux opérations de la flotille des Salaxidiotes.

Ils l'armèrent à leurs frais et le munirent de tout ce qui était nécessaire pour cette expédition.

Alors nous nous réunîmes en congrès, afin que chacun inscrivît le nombre des combattants, avec lesquels il devait faire la campagne. Nous demeurâmes d'accord, mon parent André Métaxas et moi, pour ne pas donner prise à la jalousie, de laisser nos coassociés libres dans ce recensement.

André Métaxas, qui, pour des raisons de famille, ne pouvait alors contribuer pécuniairement au succès de notre entreprise, participa cependant avec enthousiasme au recrutement. Je ne mentionnerai pas combien chaque coassocié recruta d'hommes, je dirai seulement que le nombre de quinze cents fut dépassé ; tous ceux qui ne purent prendre place sur le vaisseau des Phocas, devaient nous suivre sur de petites barques. Au matin du jour fixé, le vaisseau devait se trouver devant la ville de Lixouri, pour y embarquer les hommes et les chefs ; puis, il devait toucher à d'autres parties de l'île, pour y prendre les autres membres de l'expédition.

Le 25 avril 1821, nous transportâmes nuitamment de ma maison, à bord : munitions, armes et vivres, puis je montai sur le vaisseau avec quatre-vingt-dix soldats, parce qu'on soupçonnait le gouvernement de vouloir m'arrêter. André Métaxas resta dans la ville, afin de guider avec mes frères, le reste de l'expédition. Nous quittâmes bientôt le port d'Argostoli, et nous nous trouvâmes, ainsi qu'il avait été convenu, devant Lixouri, au lever du soleil. Ayant alors, tiré trois coups de canon, nous hissâmes le pavillon de l'Hétairie, mais, après avoir attendu jusqu'à neuf heures l'arrivée des chefs et de leurs hommes, contrairement à notre espérance, nous ne reçûmes aucun signal. La ville était tranquille; les chefs, qui avaient promis de prendre part à l'expédition, s'étant repentis de leur parole donnée, n'organisèrent rien, et montrèrent la plus impardonnable négligence, alors que, d'abord, ils avaient embrassé avec empressement le mouvement national. Cependant André Métaxas arrive d'Argostoli, et m'annonce avec désespoir que, non seulement les chefs de Lixouri, mais encore d'autres coassociés avaient changé de résolution, et usaient de prétextes pour différer l'expédition. Décidés malgré tout à cette campagne, nous convînmes d'envoyer immédiatement mon frère Jean et son frère Anastase aux plus prochains villages, pour exciter nos campagnards à venir combattre avec nous; en même temps nous fîmes retourner André à la ville, afin qu'il pût s'entendre avec mes frères sur les moyens d'atteindre le but proposé.

Restés à bord avec le capitaine Anastase Phocas, nous nous dirigeâmes immédiatement vers Agios-Sostis, mouillage situé à l'ouest de l'île, à trois heures d'Argostoli, où nous abordâmes au coucher du soleil. Etant descendu à terre, je me rendis au village de Pesadès, d'où j'écrivis à ma sœur Jeanne, qui se trouvait au village de Kéramiès, de venir me voir. Elle vint immédiatement, et, ayant appris la conduite des HÉTAIRISTES céphallènes, elle résolut d'employer toute son influence sur l'esprit des paysans pour les décider à nous suivre. Elle exécuta le tout avec bonheur, et le lendemain elle m'envoya plus de trente hommes bien armés. Leur exemple piqua l'amour-propre des paysans de Lourda, de Vlakhata et des environs qui se réunirent au nombre de cinquante. Il en arriva ensuite vingt du faubourg de Saint-Georges, conduits par le prêtre Markétos, et soixante-dix des villages d'Omala, que rejoignît André Métaxas. Nous trouvant à la tête d'environ deux cents soixante-dix hommes d'élite, nous partîmes d'Agios-Sostis, au bout de trois jours et nous allâmes jeter l'ancre dans le petit port de Catoléo. Là

nous attendait une nouvelle désillusion !
Le chef, qui avait promis de venir de Scala
avec cent combattants, avait différé son
départ; mais heureusement Gérasimos
Victor Phocas, arriva avec quarante
hommes de Pyrgi, et plus de cinquante
vinrent spontanément d'Elio et de Corone.
Nous recrutâmes donc près de trois cent
soixante bons guerriers, sans compter
l'équipage; ce corps fut placé sous les
ordres des deux Métaxas et de Gérasimos
Victor Phocas. Enfin cette expédition, qui
s'organisait au milieu de tant d'intrigues,
de craintes et d'oppositions semblait devoir réussir.

Tout cela se passait sous les yeux de
l'anglais Travers, qui dirigeait l'autorité
locale; mais la garnison étant faible, tandis que la surrexcitation des Céphallènes
était violente, ce résident jugea prudent
de ne pas recourir à des mesures violentes.
Nous devions cependant agir avec une
prudence et une adresse excessives, car
l'échec de cette entreprise eût causé sans
nul doute la ruine de notre pays. En effet,
tandis que, l'enthousiasme s'élevait à son
comble, et que des parties des plus recu-

lées de l'île les primats s'offraient, prêts à tout soulèvement, nous les retenions avec la plus grande tranquillité, et nous leur faisions espérer qu'on les avertirait en temps opportun, nous bornant seulement à inscrire ceux des HÉTAIRISTES, qui avaient promis le concours de leurs hommes d'armes. Cette mesure prévint toute fâcheuse conséquence. Comme j'étais l'organisateur de cette campagne, et le centre de toutes les opérations, les souscriptions en argent des HÉTAIRISTES trop peu nombreux ne suffisant pas, ma famille dut faire de grandes dépenses. Je fus mandé par le président anglais, qui me fit de graves observations, et me démontra que, si je dirigeais la campagne, je compromettais ma famille et mon patrimoine. Je fus forcé de reconnaître la justesse de ses observations, et, pour qu'on ne pût mettre obstacle à nos préparatifs, je lui promis même de m'éloigner de Céphalonie, et je lui demandai pour Zante, un permis de police qu'il s'empressa de me remettre en souriant. Ainsi par la prudence et l'activité, nous atteignîmes notre but sans aucun fâcheux accident.

Finalement nous fîmes voile pour le Péloponèse, et, au commencement du mois de mai, nous arrivâmes heureusement à Glarenza. De là, nous écrivîmes à Georges Sissinis à Manolada, pour lui apprendre notre arrivée, ainsi qu'à Zante au capitaine Constantin Dédoussi, qui se hâta de venir au-devant de nous de Galaxidi avec cinq vaisseaux. Georges Sissinis nous répondit en nous invitant à venir à Manolada, où Evangélis Panas se trouvait avec ses hommes. Les Galaxidiotes et nos capitaines Anastase et Gérasimos Phocas tinrent conseil avec nous et il fut décidé que le vaisseau de ces derniers se joindrait aux navires Galaxidiotes, qu'il se dirigerait vers le golfe de Corinthe et que nous irions à Manolada, afin de nous entendre avec l'Archevêque Germanos, qui se trouvait alors au siège de Patras. Celui-ci me dit que, puisque les armées grecques, qui assiégeaient Patras, étaient suffisantes, il fallait nous unir à Sissinis et aux autres chefs du Péloponèse, pour marcher contre les Laliotes, qui infestaient le centre du Péloponèse, et il envoya même le céphallène Nicolas Géracaris pour persuader aux commandants de Céphalonie de prendre part à cette campagne. Nous fûmes, malgré nous, obligés de suivre les recommandations de Germanos. Georges Sissinis avait influence en Élide, comme primat, mais non comme capitaine, et d'ailleurs, les habitants de cette province n'étaient pas des soldats. Il rencontra donc beaucoup de difficultés, à former un corps militaire, d'autant plus qu'une grande partie des habitants de cette province, redoutant les Laliotes, s'étaient réfugiés dans les îles Ioniennes, et dans les montagnes. Nous fûmes donc obligés de rester quelques jours à Manolada, où Panas s'unit à nous avec le corps qu'il commandait.

C'est alors que notre compatriote Jean Sculojénis, mouillé à Counoupéli, rivage de Manolada, nous fit une visite, et m'invita à me rendre à son bord, le 17 mai. Je m'y rendis et ayant remarqué deux canons de campagne en bronze, avec des affûts, je les achetai de mes deniers, ainsi que des obus et les autres ustensiles indispensables. Ces deux canons avec deux autres de Panas n'encouragèrent pas peu le corps Céphallène, dans lequel se trouvaient des matelots qui connaissaient bien la manœuvre de l'artillerie.

Le 20 mai nous nous mîmes en marche, en nous dirigeant vers l'Éparchie de Pyrgos, où étaient rassemblés tous les hommes armés de la contrée. A notre passage dans la province de l'Elide, quelques guerriers, sous les ordres de Sissinis, se joignirent encore à nous de sorte qu'à notre arrivée à Pyrgos, nous étions plus de 460 Céphallènes, qui, joints aux hommes de Sissinis, faisaient un total d'environ 1.200 combattants. A Pyrgos nous trouvâmes Nicolas Vilaëtis et divers autres chefs de corps, nous marchâmes avec eux jusqu'au village de Stréphi, où nous demeurâmes sept jours pour tracer notre plan, car en nous approchant du pays occupé par les Laliotes, il se pouvait qu'en chemin nous eussions quelque rencontre avec eux. Comme les armées péloponésiennes manquaient de munitions, et que nous en avions une quantité suffisante, nous leur en distribuâmes, pour n'avoir plus aucun prétexte de retarder notre départ. Ayant donc quitté Stréphi le 27, nous arrivâmes au village de Gouméro après 20 heures de marche. Nous devions le lendemain traverser une position, nommée Bodini, et la prendre pendant la nuit, si nous ne voulions pas la voir tomber entre les mains des Laliotes; je proposai que l'un de nous, à la tête de cinquante Céphallènes et d'autant de Péloponésiens, partît immédiatement pour s'en emparer, mais mon opinion fut repoussée, car nous ne devions pas nous diviser. Puis bientôt Vilaëtis et Sissinis nous dirent qu'ils avaient envoyé eux-mêmes à Bodini le capitaine Crasakis, et nous conseillèrent de ne plus nous en préoccuper.

Le jour suivant 29 Mai, avant de nous mettre en route, nous détachâmes 25 hommes sous la conduite des deux frères Apostolatos et de quelques Péloponésiens, pour les envoyer en avant-garde. Peu de temps après nous partîmes aussi ; les deux canons de bronze furent transportés sur des mulets, et les deux autres, plus gros, furent traînés sur des affûts improvisés par une multitude de paysans. Après trois heures de marche, un Céphallène arriva en hâte et nous annonça que notre avant-garde ayant trouvé les Laliotes postés à Bodini, leur avait livré combat, et qu'un des frères Apostolatos avait été tué. Il fallait nous presser si nous ne voulions voir notre avant-garde et nous-mêmes taillés en pièces par les Laliotes.

La position de Bodini est à deux heures et demie de Lala ; c'est une chaîne de petites collines, aux pieds desquelles roule une eau abondante ombragée par des platanes. Les Laliotes étaient rangés le long de ces hauteurs, lorsque notre avant-garde arrivant du côté opposé, occupa le col ; alors commença le combat, les Grecs tirant d'en haut, et les Laliotes d'en bas. Nous prîmes les canons de bronze, et avançant à marches forcées, nous fûmes en une heure sur le champ de bataille.

Les Céphallènes combattirent bravement et les canons rendirent de très grands services dans cette rencontre. Les Laliotes, fantassins et cavaliers, étaient plus de 600, et les Grecs environ 900. Le corps des Céphallènes, 200 Arcadiens sous Mellio, des Pyrgiens et des Éléens prirent part à l'action. Après cinq heures d'un combat opiniâtre, les Laliotes, malgré leur courage, commencèrent à battre en retraite. A cette vue les Céphallènes, suivis des Arcadiens, s'emparèrent de la position tandis que les ennemis se retiraient en bon ordre vers Lala. Les Grecs eurent 14 hommes tués et 18 blessés; plus de 70 Laliotes furent mis hors de combat; la plupart avaient été blessés par les obus des canons. Cette défaite apprit aux Laliotes qu'ils auraient désormais à combattre des ennemis braves et déterminés et remplit les Grecs de courage et de résolution. Durant la bataille, les Grecs restèrent exposés aux rayons brûlants du soleil et sans eau, car les Laliotes occupaient les sources. De l'autre côté des coups de fusil qu'on entendait, durant la mêlée, derrière les positions des Laliotes, sans qu'on sût d'où ils partaient, contribuèrent aussi à leur retraite. En avançant, nous rencontrâmes bientôt Panagiotis Photilas, venant à notre secours avec 400 Calavrytinais. Nous nous joignîmes à eux et nous nous dirigeâmes vers Poussi, où les troupes campèrent vers le soir.

Cette position est défendue par une chaîne de collines séparées, au pied desquelles s'étend une plaine. En face se trouve le pays le Lala, distant de Poussi de trois quarts d'heure à peine. Nous trouvâmes là les Gortyniens (Carytinais) sous leurs chefs Georges Plapoutas et Démétrius Délijanni, et les Olympiens (Phanarités) commandés par Zaphyropoulos. Campés sur ces collines, nous décidâmes, pour effrayer les Laliotes, de leur annoncer notre arrivée par une triple salve d'artillerie et une triple fusillade. L'air étant tranquille, après la détonation nous entendîmes les cris d'épouvante des femmes et des enfants des Laliotes. Le lendemain de notre campement à Poussi, le 30 mai, Denys Sembricos de Zante vint aussi nous joindre avec 23 de ses compatriotes, que nous reçûmes comme des frères dans nos retranchements.

Fortifiés dans Poussi, afin d'éviter toute attaque imprévue, nous astreignîmes les troupes à la plus sévère discipline. Chaque matin, avant le lever du soleil, les tambours et le bruit d'une canonnade annonçaient à la garnison qu'il était permis de communiquer et de sortir des forts. Pendant le jour nous plaçions des gardes pour empêcher que les hommes des autres corps ne vinssent en trop grand nombre dans le camp des Céphallènes. Après le coucher du soleil, un autre roulement de tambours et l'éclat d'une seconde canonade avertissaient de nouveau les soldats qu'il fallait rentrer dans la citadelle. Pendant la nuit des sentinelles empêchaient de sortir les hommes de la garnison et ne permettaient à personne de rôder autour de nos retranchements. Chaque nuit a tour de rôle un des chefs céphallènes parcourait nos forts, pour s'assurer si la vigilence ordonnée était bien observée. De cette manière l'ordre et la discipline militaire, maintenues pour la première fois dans un camp grec, produisirent une bonne impression sur les autres corps.

Ces mesures eurent d'ailleurs un très bon résultat. On arrêta une nuit un Pyrgien, qui s'introduisait clandestinement dans son camp, situé près de nos retranchements, et nous apprîmes le lendemain qu'il communiquait aux Laliotes les plans des Grecs. Un conseil de guerre ayant été tenu par les chefs du Péloponèse, il fut condamné à mort et fusillé ! Cet exemple ne fut pas perdu pour l'avenir.

Après notre arrivée à Poussi, les chefs des

Péloponésiens: Sissinis, Vilaétis, Mellios, Photilas, Plapoutas, Délijanni et Zaphyropoulos, furent convoqués et nous leur représentâmes qu'il ne fallait pas ainsi perdre inutilement un temps précieux, mais qu'au contraire, maintenant que plus de six mille hommes étaient rassemblés et que les Laliotes découragés par leur défaite de Bodini, se tenaient tranquilles, il fallait se ruer sur eux en rangs pressés, se rapprocher de Lala, et, avec l'aide de nos canons, forcer les ennemis à se rendre. Mais les chefs Péloponésiens déclarèrent tous à l'unanimité qu"ils n'étaient pas prêts, que leurs hommes n'avaient pas l'expérience de la guerre, n'étaient pas disciplinés, manquaient d'armes et d'autres choses nécessaires, et qu'il fallait remettre à plus tard toute attaque contre l'ennemi. A cette proposition nous opposâmes quelques observations, mais ils insistèrent, et ils eurent raison, car un jour après, la plupart de leurs soldats désertèrent, et il en resta à peine 2.000 avec leurs chefs.

Les Laliotes habitaient divers quartiers, peu distants les uns des autres ; le plus important était le bourg de Lala, situé dans une position délicieuse du mont Pholoé. Venaient ensuite par rang d'importance le village de Bastiras, et plus loin celui de Doucas, qu'on brûla après notre arrivée.

Les premiers habitants de Lala furent des Albanais. Une multitude de Turcs, qui avaient dévasté le Péloponèse de 1770 à 1779. et que poursuivait le Capitan-Pacha se réfugièrent chez eux. Les Laliotes étaient forts et courageux, élevés militairement, ils étaient gouvernés par des chefs, dont le pouvoir sur eux était absolu ; pauvres d'abord et misérables ils étaient devenus plus tard riches et puissants à force de rapines et de déprédations. Leurs habitations, vastes et fortifiées, étaient construites sur des collines, du haut desquelles on voyait une partie de l'Élide et le cours de l'Alphée ; à leur base s'étendait une plaine fertile. Les Laliotes avaient enceint leur bourg de remparts, et tout autour s'élevaient de puissants bastions. Leurs troupes comptaient 1.500 fantassins et 400 cavaliers.

En attendant que les Péloponésiens fussent prêts, nous descendîmes deux fois dans la plaine, et, pour essayer les forces de l'ennemi, nous provoquâmes les Laliotes à des escarmouches, mais ils ne bougèrent pas. Alors le bruit se répandit que les Laliotes, étaient désespérés et se rendraient sans nul doute si les chefs Céphallènes leur faisaient sommation par écrit. Nous tâchâmes de combattre cette étrange idée, mais nos soldats nous menaçant de partir, si nous n'écrivions pas aux Laliotes, nous fûmes donc obligés de le faire. Notre lettre aux Laliotes semblait être écrite par les chefs Céphallènes et Zacynthiens, notre corps n'étant composé que de Céphallènes et de 23 Zacynthiens, sous la conduite de Sembricos; aucun autre, Ionien ou étranger, ne s'y trouvait. Cette lettre fut signée par moi d'abord, puis par Gérasimos Phocas, André Métaxas, Évangélis Panas, Denys Sembricos et Panagiotis Strouzas. Pour donner une plus grande importance à notre expédition, nous écrivîmes aux Laliotes que nos forces étaient considérables, quoique nous ne fussions que 460 Céphallènes et un petit nombre de Zacynthiens,. Nous y ajoutâmes la signature d'un frère d'Hypsilanti, comme commandant général de nos corps Grecs, que nous nommâmes Michel, quoiqu'aucun Hypsilanti ne se trouvât alors dans notre camp, ou dans le Péloponèse. Cette lettre contenait mot-à-mot, ce qui suit :

« De nous les chefs des Céphallènes et des Zacynthiens, a vous les nobles agas et autres chefs des Laliotes. »

« D'après les ordres du généralissime des Grecs Alexandre Hypsilantis, qui a conquis toute la Valachie, la Moldavie, Constantinople et les autres parties de l'Orient, nous sommes venus ici dans la Morée, accompagnés d'un propre parent du général en chef, et, chargés de vous proposer la paix au moyen d'un traité, conforme aux lois de l'Europe entière.

« Si vous êtes contraires à notre proposition, nous sommes prêts à donner secours et protection à vos ennemis les Moraïtes, et à vous détruire par le feu et par notre épée. Nous sommes au nombre d'environ 1.000 combattants, pourvus de toutes les choses nécessaires à la guerre et nous possédons six canons ».

« C'est à vous de choisir, ou la paix ou la guerre : avec la paix, vous conserverez votre vie et vos biens ; avec la guerre, si nous en venons aux mains, vous serez exterminés en peu d'instants.

« Nous attendons votre réponse, et, si vous désirez conférer avec nous, envoyez nous une personne digne de foi, nous vous garantissons toute sécurité pour votre envoyé. Avec lui nous fixerons le lieu où seront signées les conditions.

« Nous vous faisons savoir que l'incident qui s'est passé hier, ne nous était pas connu, que, si nous nous sommes trouvés contraints de vous tirer quelques coups de fusils, nous l'avons fait uniquement pour empêcher que rien de semblable se renouvelât; aujourd'hui, nous punirons les contrevenants. »

« De notre quartier général, 1er juin 1821.

MICHEL HYPSILANTI, Constantinopolitain,
Chef-général de l'expédition

Les chefs :

Constantin Métaxas, Evangelis Panas, Gérasimos Phocas, Denys Sembricos, André Métaxas, Panagiotis Strouzas.

Michel Coutouphas,
Secrétaire et Interprète.

Le 2 juin Panagis Messaris d'Argostoli, jeune homme plein de courage et d'audace s'offrit spontanément à porter notre lettre à Lala, et muni de bonnes armes, il partit, porteur d'un drapeau blanc.

Les Laliotes reçurent notre envoyé avec bienveillance, le retinrent le soir, le comblèrent de soins, et le jour suivant ils le renvoyèrent aux chefs des Céphallènes, avec une lettre très simple, dans laquelle il disaient que : « les Agas se trouvant hors de Lala avec l'armée, ils ne pouvaient ce jour là répondre à notre lettre, mais que le lendemain ils nous feraient porter la réponse par leur envoyé. « Pour nous faire voir qu'ils avaient des vivres en abondance, ils nous envoyèrent par Messaris deux pains d'un froment très pur, un gâteau ($ρεβανί$) et un panier de cerises.

Le lendemain voyant venir un cavalier portant un drapeau vert, nous envoyâmes à sa rencontre quelques uns de nos guerriers céphallènes, qui restèrent près de lui au pied des fortifications, et nous autres chefs céphallènes nous descendîmes pour conférer avec lui. Il s'appelait Béicos Kéchayas et avait 35 ans ; c'était un homme d'esprit et un Turc orgueilleux. Nous le reçûmes amicalement ; mais lorsqu'il nous demanda pour entrer dans nos retranchements, nous refusâmes, à moins qu'il ne consentît à se laisser bander les yeux. A cette proposition il répliqua fièrement qu'il n'y avait que la mort et le sommeil qui fermassent les yeux aux Laliotes. » Ensuite il nous remit leur réponse ainsi conçue :

« A vous, nos amis les Métaxas et autres Grecs Céphallènes et Zacynthiens.

« Tout ce que vous nous avez écrit nous a paru étrange. Les Sept-Iles sont soumises aux Anglais, les Turcs n'ont pas de guerre avec les Anglais, des relations amicales, au contraire, les lient avec eux. En conséquence nous hésitons à croire à tout ce que vous avez écrit sur une expédition de Sept-Insulaires, de même nous ne saurions ajouter foi à tout ce que vous dites sur la révolution générale des Grecs et la ruine de la Turquie. Nous les Laliotes que ferons-nous de la vie, puisque, à votre dire, tous nos coreligionnaires, ont été détruits? Si Dieu a enlevé la raison aux RAYAS et qu'ils se soient révoltés, vous les Sept-

Insulaires, vous ne devez pas faire cause avec eux. Nous vous conseillons donc de vous retirer, et nous vous en donnerons les moyens en amis. N'écoutez pas les mensonges des RAYAS, et surtout ceux de Pseudo-Georges, ils vous conduiront à la ruine avec eux.

« Lala, 4 juin. »

L'envoyé s'adressant alors à nous, les deux Métaxas, ajouta que nous devions nous rappeler que, dans une guerre ancienne, les Laliotes avaient sauvé la vie à deux de nos ancêtres, engagés dans une révolution, qui avait échoué ; il nous rappela qu'après la destruction du camp des rebelles par les Turcs, les deux Métaxas s'étant réfugié auprès des Laliotes, ceux-ci les reçurent humainement, et les accompagnèrent jusqu'à Néocastron, où ils s'embarquèrent à bord de vaisseaux russes. C'était ajouta-t-il une grande ingratitude de notre part que de nous unir aux RAYAS pour faire la guerre aux Laliotes. Ce discours nous donna occasion d'entamer une longue conversation avec l'envoyé. Nous lui parlâmes de notre révolution et des progrès d'Hypsilantis en Valachie et en Moldavie. Nous lui dîmes que les Turcs se trouvaient assiégés sur toute la terre ferme, ainsi que dans le Péloponèse; que différents combats avaient été livrés contre eux avec succès; et que, enfin, les Métaxas, reconnaissants envers les Laliotes, leur proposaient de les conduire sûrement jusqu'à Patras, comme avaient fait leurs ancêtres pour les nôtres. Béicos nous répondit avec sa fierté ordinaire, que puisqu'il avait été répandu tant de sang ottoman, il importait peu qu'il fût épargné une goutte de sang des Laliotes ! Différents discours furent encore échangés sur cette question, mais en vain. Ainsi se termina cet entretien, et le Turc s'en retourna comme il était venu.

Après ces négociations, deux escarmouches eurent lieu dans la plaine qui est entre Poussi et Lala ; les Laliotes furent vaincus, mais leur défaite n'amena aucun résultat important. Cependant les Péloponésiens s'étaient complètement préparés, et nous résolumes de marcher avec toutes nos forces contre l'ennemi, d'après le plan suivant : Plapoutas, avec ses soldats et les Olympiens, prendrait pendant la nuit une autre route, afin de se poster près du quartier des Laliotes de Bastiras, et nous les Céphallènes avec les autres corps péloponésiens nous descendrions dans la plaine, et nous attaquerions les fortifications du bourg de Lala. Les Laliotes marcheraient assurément contre nous et profitant de cette occasion, Plapoutas pourrait se rendre maître de Bastiras.

Ce plan fut mis à exécution, mais malheureusement il échoua. Le matin du 9 juin, nous descendîmes dans la plaine au nombre de plus de 1,800, traînant après nous les canons de bronze. Les Laliotes, fantassins et cavaliers sortirent de leur côté de Lala. Une terrible fusillade commença aussitôt. Plapoutas l'ayant entendue, se précipita contre Bastiras ; mais les Laliotes, qui avaient là des forts et une garnison, repoussèrent les Grecs, malgré leur courage. Les Laliotes, qui combattaient contre nous, ayant appris l'attaque de Bastiras par les Grecs, envoyèrent à leur garnison, pour la fortifier, environ 100 cavaliers. A leur vue, les hommes de Plapoutas prirent la fuite, entraînant leur commandant, qui, accablé de fatigue à cause de sa corpulence, brûlé par une chaleur atroce et désespéré par sa défaite, expira sur le champ de bataille. Tandis que ces choses se passaient à Bastiras, nous combattions dans la plaine de Lala. Le bruit de l'artillerie retentissait dans les collines, et les boulets de nos canons, heureusement dirigés, commençaient à porter le désordre dans les rangs de l'ennemi. Mais les cavaliers revenant de Bastiras avec des cris de joie, ranimèrent les Laliotes qui nous tenaient tête, et leur rendirent une nouvelle audace. Ils nous attaquèrent avec violence, et reconquirent ce qu'ils avaient perdu auparavant. A cette vue, et soupçonnant la défaite de Plapoutas, nous commençâmes, vers le coucher du soleil, à battre en retraite en bon ordre, et les Laliotes, s'étant approchés de nos remparts, firent de même. Dans cette bataille périrent trois Céphallènes et onze Péloponésiens; trente soldats environ furent blessés ; les pertes des Laliotes furent beaucoup plus grandes.

A notre retour à Poussi, nous apprîmes les événements de Bastiras et la mort de Plapoutas, et, comme la plus grande partie de ses hommes avait déserté, nous remîmes tout autre mouvement militaire jusqu'à ce qu'il nous fût arrivé de nouvelles forces, et qu'un nouveau chef eût remplacé celui qui avait été tué. Quelques jours après arriva Démétrius Plapoutas, frère de Georges, à la tête d'un nouveau corps.

Les Laliotes, étonnés du courage inespéré de notre armée, et voyant les pertes considérables qu'ils avaient faites dans les diverses batailles dont nous avons parlé, comprirent que leur position était fort incertaine, et demandèrent des secours à Jousouph-Pacha à Patras. Nous fûmes aussitôt informés par les commandants du siège de cette ville que Jousouph était déjà parti, à la tête de 600 fantassins Albanais et 300 chevaux. Nous nous adressâmes de suite aux chefs Péloponésiens pour qu'il fût envoyé des troupes, afin d'occuper les défilés, et d'empêcher, ainsi le passage des Turcs ; on nous répondit que ceux-ci s'étant entendus avec leurs coréligionnaires de Calavryta, avaient pris les mesures nécessaires. En même temps, ils nous proposaient d'abandonner la position que nous occupions, et de nous transporter dans une autre plus rapprochée et plus forte. Mais ayant réfléchi que nos forces n'étaient pas suffisantes pour la défendre, nous préférâmes rester à Poussi, que nous fortifiâmes de notre mieux, en élevant des terres-pleins aux endroits les plus exposés, et en plaçant sur le front de notre camp les deux canons de fer, confiés aux braves matelots céphallènes dont Panas prit la direction. Les deux canons de bronze furent placés à la droite du camp, et confiés à la direction d'Onouphre-Lykiardopoulos et de Calligas; André Métaxas, Denys Sambricos, les autres hommes de guerre et moi, nous acceptâmes la défense des autres positions du camp.

Le 20 juin, au coucher du soleil, Jousouph-Pacha avec ses soldats parut sur les collines opposées. Alors, sous la protection du feu de nos canons, nous sortîmes aussitôt de nos retranchements pour attaquer le nouvel ennemi. Les Laliotes, de leur côté, étant sortis de Lala avec toute leur armée, reçurent en poussant des cris de joie Jousouph-Pacha, qui entra triomphalement dans la bourgade.

Le soir de ce même jour nous tînmes conseil avec les Péloponésiens, qui d'abord nous proposèrent d'abandonner nos fortifications, de nous retirer à Dyvri, village de montagne dans l'Élide, et de nous y fortifier, parce que les Turcs de ce pays étaient nombreux et guerriers expérimentés. Nous, Céphallènes, nous repoussâmes cette proposition à l'unanimité, menaçant même les Péloponésiens, s'ils faisaient le moindre mouvement de retraite, de nous détacher d'eux et de nous joindre aux armées Péloponésiennes assiégeant Tripoli. Comme soldats, nous devions défendre nos fortifications, si les Turcs voulaient nous attaquer, et, retranchés derrière nos remparts, nous pouvions les vaincre et les chasser de Lala. Les chefs Péloponésiens, nous voyant bien décidés, s'empressèrent de partager notre résolution. Mais, comme nous avions besoin de secours, ils nous proposèrent d'écrire à Stamnitsa, où siégeait le Sénat Péloponésien, pour lui demander de nous envoyer immédiatement des renforts et demandèrent en me désignant qu'un des chefs céphallènes s'y rendît pour conférer avec les primats. Nous acceptâmes leur proposition, et, ayant délibéré à part, nous décidâmes que je devais moi-même, suivant le désir des Péloponésiens, me charger de cette mission. Nous décidâmes qu'aussitôt que je me serais mis en mouvement avec les nouvelles forces que me donnerait le Sénat Péloponésien, j'aviserai les chefs qui se trouvaient à Poussi, afin qu'ils préparassent la position où devait s'installer ce nouveau corps auxiliaire. Nous étant ainsi concertés, je partis la nuit même pour Stamnitsa, muni des lettres nécessaires des chefs militaires, faisant connaître au Sénat le motif de ma mission.

Arrivé le lendemain 21 juin à Stamnitsa, j'y trouvai l'évêque de Vresthéne Théodorète, Pétro-Bey, Sotir Charalambis, Crevatas, Anagnostis Délijanni, Athanase Canacaris, Rhendis, Nicolas Poniropoulos et quelques autres primats; je leur énumérai les forces des ennemis surtout après l'arrivée de Jousouph-Pacha, et leur représentai combien était nécessaire l'envo de prompts secours. Ces primats résolurent immédiatement de me donner tous les hommes qui se trouvaient à Stamnitsa, même leurs gardes particulières, et écrivirent en même temps à différents villages et bourgs pour que des hommes d'armes se missent en campagne et s'unissent à nous Le lendemain, 22 juin, je partis avec Chrisospathis, qu'ils avaient nommé chef de ce corps auxiliaire, en route nous rencontrâmes un messager extraordinaire, qui nous annonça que près de Lala on se battait depuis le matin, et qu'on y entendait d'incessants coups de canon et de fusils, songeant alors que les Laliotes avaient attaqué nos retranchements à Poussi, je pressai notre marche pour que nous arrivions à temps. Dans notre passage par les villages les hommes d'armes qui avaient reçu l'ordre du Sénat, se joignirent à nous de sorte qu'un jour plus tard, 22 juin, le nombre total de notre corps s'élevait à 1,000 hommes. Lorsque j'appris que la bataille avait commencé, je dépêchai un courrier aux chefs de Poussi, pour leur faire connaître l'heureuse issue de ma mission et notre prochaine arrivée. A notre approche de Lala vers le soir, la bataille avait déjà cessé. J'écrivis alors de nouveau, et demandai des instructions pour l'installation du corps auxiliaire. Par le retour du courrier, je reçus une réponse de mes frères d'armes céphallènes, qui me décrivaient l'attaque de l'ennemi et ses conséquences.

Jousouph-Pacha ne pouvant pas rester longtemps à Lala, et pensant que, si la bataille était remise, nous aurions le temps de recevoir des renforts, fit le 22 juin une sortie générale, avec les Laliotes, contre les Grecs. La bataille dura avec quelques interruptions du matin jusqu'au coucher du soleil ; les Turcs tentèrent plusieurs assauts sans résultats contre les fortifications de Poussi. Les Grecs réduits au désespoir, repoussèrent héroïquement l'ennemi, de sorte que Jousouph fut obligé de se retirer sans avoir rien fait. Il resta sur le champ de bataille 23 Céphallènes, 2 Zacynthiens et plus de 60 Péloponésiens, et il fut blessé 18 Céphallènes, parmi lesquels un de leurs chefs André Métaxas, et un Zacynthien Sembricos furent blessés.

Après l'attaque des Laliotes à Poussi, les chefs Grecs considérant qu'ils ne pouvaient plus se maintenir dans cette position, se retirèrent pendant la nuit avec les Péloponésiens et les Céphallènes à Dyvris. Cette résolution était insensée, et ne s'explique pas ; les Laliotes étant vaincus, les Grecs ne courraient aucun danger, et devaient rester dans leurs retranchements, d'autant plus qu'un corps auxiliaire de 1,000 hommes belliqueux arrivait à leur secours ; il fallait seulement envoyer les blessés ailleurs afin de les faire soigner. Avec le secours que j'amenais, nous pouvions attaquer l'ennemi avec succès, et le mettre en fuite. De cette façon les Laliotes eussent été entièrement détruits, et la victoire des Grecs eût été plus complète. L'abandon de nos fortifications de Poussi amena la dispersion des Péloponésiens et la dissolution du corps des Céphallènes, qui, formé au prix de tant de fatigues, de sacrifices et de dangers, inspirait le respect aux Péloponésiens, par son ordre et sa discipline militaire, et la terreur et l'admiration aux Laliotes, à cause de son audace et de son courage.

Les Laliotes retournés à Lala, apprirent que de nouvelles armées marchaient contr'eux, et, comme ils avaient éprouvé beaucoup de pertes dans les derniers combats, et qu'en outre ils étaient pressés par Jousouph-Pacha lui-même, qui ne voulait pas rester enfermé dans leur ville, ils prirent leurs objets les plus précieux, emmenèrent leurs familles et partirent avec le Pacha pour Patras.

En apprenant ces nouvelles, nous partîmes pour Lala, afin de prévenir l'ennemi, et de le harceler dans sa fuite ; mais, nous trouvâmes la ville déserte. Je parcourus alors toute cette belle bourgade, qui comptait environ 900 maisons, la plupart construites en briques, et autour desquelles s'élevaient de hautes tours isolées au milieu de plantations de cerisiers. Ayant examiné les fortifications des Laliotes, et celles des grandes maisons particulières, je vis qu'il eût été bien difficile de les prendre d'assaut. Les Grecs, selon leur habitude, pillèrent ce qu'avaient laissé les Laliotes, et ensuite ils brûlèrent cette grande cité. J'appris en outre que dans la dernière bataille de Poussi les Laliotes avaient perdu 200 hommes, 170 dans les combats précédents et un grand nombre de blessés. Après ces événements, je m'empressai d'annoncer à mes compagnons d'armes les Céphallènes la fuite des Laliotes, et je leur exprimai mon étonnement de ce qu'ils avaient quitté Poussi, quand les Turcs avaient manqué le but de leur attaque, et au moment où je leur amenais un corps auxiliaire important. Mais, contre mon attente, je reçus une seconde lettre des nôtres, par laquelle ils m'avisaient que, les Péloponésiens s'étant dispersés, les blessés avaient été transportés à Xopotos, village de Calavryta, où ils m'attendaient ; ils me priaient en même temps de leur procurer un chirurgien. C'est pourquoi je retournai à Stamnitsa, où je trouvai les primats, prêts à se rendre au-devant d'Hypsilanti, qui, allait de Trieste à Hydra, et devait passer dans le Péloponèse. Je les suivis, sur leur invitation, espérant aussi trouver un chirurgien dans le cortège du Prince, et je l'annonçai à mes compagnons d'armes.

Nous reçûmes à Astros Démétrius Hypsilanti, représentant de son frère Alexandre, commissaire-général de la suprême autorité de la Société des Amis, à qui les primats me présentèrent. Je vis le prince et ses conseillers ; mais l'impression que j'en reçus, fut mauvaise, car je ne trouvais pas en cet homme les qualités qui sont nécessaires au chef d'une grande entreprise. Hypsilanti me reçut avec bienveillance ; je lui racontai les événements qui s'étaient passés autour de Lala, et la raison qui m'avait poussé à venir au-devant de lui ; je lui dis en même temps que, le considérant comme mon chef, je désirais recevoir de lui des ordres pour la position à assigner au corps des Céphallènes. Il me répondit que son état-major, où se trouvaient des médecins et des chirurgiens, était à Calamata, et que les blessés devaient être transportés là. Quant à la position à assigner à notre corps, il confèrerait plus tard avec moi sur les mesures les plus convenables à prendre.

Alors j'eus l'occasion de connaître ceux qui entouraient Hypsilanti, et j'appris ses plans avec stupeur. Ils me demandèrent des renseignements sur l'état général des choses. Je leur dis que le peuple était mal armé et peu expérimenté dans les choses de la guerre, et qu'il fallait le préparer avec sagesse et prudence, afin qu'il pût mener l'insurrection à bonne fin. Contre mon attente, ils me répondirent, qu'il serait impossible de diriger ce peuple, tant que les Archontes auraient l'autorité. Je répondis à cela qu'une telle opinion serait extrêmement funeste dans les circonstances présentes, parce que le peuple, qui craignait les Turcs, n'avait de confiance que dans ses primats. Et si ces derniers ne prenaient pas une part active dans la direction des opérations, nous verrions immédiatement le peuple se soumettre de nouveau aux Turcs. Hypsilanti devait, selon moi, s'entendre avec les primats et chefs militaires sur le but principal que nous poursuivions, la destruction de l'ennemi; sinon, la discorde et les divisions amèneraient la ruine de la Révolution.

Mes observations ne plaisaient pas à ceux qui entouraient Hypsilanti, ils cessèrent tout rapport avec moi, jusqu'à notre arrivée à Vervéna. Je dois cependant excepter Georges Cozakis Typaldos, homme d'un ardent patriotisme et d'un caractère intègre, avec lequel je causai en particulier de mes opinions, et qui les approuva entièrement. A Vervéna, dans un long entretien que j'eus avec Hypsilanti, je lui proposai de m'unir à lui avec mes Céphallènes, il accepta ma proposition. Mais les primats du Péloponèse concevant des soupçons sur les projets d'Hypsilanti, et voyant avec déplaisir l'union des Céphallènes avec lui, cherchèrent à me persuader, l'archevêque du V. Patras et Zaïmis surtout, qu'il était préférable de m'unir à eux dans le camp de Patras. Ils me promirent d'augmenter notre corps militaire, et me firent observer que Céphalonie était plus près de Patras. Je répondis qu'ayant donné ma parole à Hypsilanti, je ne pouvais la retirer; qu'ils devaient le lui proposer eux-mêmes, et je promis d'accepter ce qu'ils décideraient. Hypsilanti me fit appeler de nouveau, et me dit qu'à Tripolis, où il devait lui-même camper, il y avait des forces suffisantes, qu'à Patras on en manquait, et qu'il me priait de me rendre au camp de cette dernière ville avec mon corps de Céphallènes.

Voici l'ordre du jour d'Hypsilanti :

« Généreux compatriotes, soldats céphallènes et zacynthiens, placés sous les ordres du comte André Métaxas, de Gérasimos Phocas et Evangelis Panas.

« J'ai appris les brillants actes de courage et de patriotisme, que vous avez accomplis. Les Turcs les plus braves et les plus audacieux ont tremblé devant vous vaillants et invincibles Hellènes ? Gloire à vous camarades, et gloire à tous ceux d'entre vous qui ont conquis par leur mort l'immortalité. Réunissez-vous maintenant, en un seul corps, et rendez-vous à Patras pour assiéger les Laliotes qui s'y sont réfugiés. Vous combattrez, je n'en doute pas, avec cet esprit de liberté et de patriotisme, qui animait jadis vos ancêtres. Ne craignez pas, amis, que la patrie commune ne récompense dignement les vertus de ses enfants. Comme plénipotentiaire je note vos actions, pour qu'il leur soit attribué les honneurs qui leur sont dus, et par moi et par le général en chef, mon frère, et par l'autorité suprême. M. Constantin Métaxas, votre compagnon d'armes, vous dira ce qu'il faut faire pour vos camarades blessés et vous fera part de ce que je lui ai recommandé.

Vervéna, 22 juin 1821.

Le patriote.
DÉMÉTRIUS HYPSILANTI.
Chargé des pleins pouvoirs du
Commissaire-général.

Ayant reçu d'Hypsilanti les pièces nécessaires, je m'empressai de partir, pour prendre les dispositions relatives aux blessés, et aussi pour ne pas me trouver présent à la rupture que je prévoyais entre Hypsilanti et les primats à Vervéna, et qui eut lieu, en effet, peu de jours après mon départ. Hypsilanti, mécontent, résolut de partir pour Calamata, et l'armée, qui fondait sur lui toutes ses espérances, le protégea. Par l'entremise des chefs, la difficulté fut aplanie en apparence, mais il resta au fond des cœurs une haine qui, plus tard, devait avoir de tristes résultats. En quittant Vervéna, je me dirigeai vers Xopotos, où, au lieu du corps des Céphallènes, je ne trouvai que les blessés, cela amena de désagréables explications entre moi, Evangelis Panas, Phocas, et André Métaxas lui-même. Ils n'avaient pu maintenir notre corps militaire, et l'avaient laissé tomber en dissolution. Je me repentis de ne pas être revenu après avoir reçu leur seconde lettre j'aurais peut être pu conserver un corps de soldats exercé et habitué à la guerre ; maintenant il n'était plus temps. Je fis alors transporter les blessés à Calamata, où nous trouvâmes les soins et l'assistance d'un chirurgien. Ce devoir rempli, mon premier souci fut de rassembler de nouveau un corps de Céphallènes, et avec les quelques compatriotes qui se trouvaient à Calamata, je me dirigeai vers Patras, où j'arrivai dans les premiers jours de juillet. Là, je formai un nouveau corps de 200 Céphallènes, je retrouvai mes deux canons de bronze, que Sissinis avait transportés, et j'allai camper à Saravali.

La campagne des Céphallènes dans le Péloponèse fut d'une grande utilité, car les Laliotes étaient les Turcs les plus redoutables de la contrée; jamais, avant notre arrivée, on n'avait pu former un camp contre eux ; ils parcouraient sans relâche le centre du Péloponèse, brûlant villes et villages. Seul Charalambos Vilaetis avait résolu de les combattre pour sauver sa patrie, la ville de Pyrgos, et s'était posté à Lanzoi, mais les Laliotes, l'ayant attaqué, le tuèrent lui et la plupart de ses hommes presque sans combat. Le nom de LALIOTES inspirait depuis la terreur dans les provinces voisines. Le corps des Céphallènes par la victoire qu'il remporta tout d'abord à Bodini contre les Laliotes, excita le courage des habitants des provinces voisines de Lala, et prouva à leurs terribles adversaires que la valeur n'était pas leur patrimoine exclusif. Les Laliotes rassemblèrent le plus de forces qu'ils purent, ils furent néanmoins décimés aux batailles livrées dans la plaine de Lala et à l'assaut de Poussi et chassés pour toujours des contrées qu'ils avaient conquises. Il ne resta donc plus aux Turcs, au centre du Péloponèse que la seule ville de Tripoli. C'est donc aux Céphallènes, mes compatriotes, que sont dus les premiers succès de la Révolution grecque dans la Péninsule, parce que, les Laliotes vaincus, le peuple du Poloponèse prit courage, et accourut avec ardeur sous les drapeaux. Ainsi renforcés, les divers corps pressèrent la reddition des autres places assiégées.

Cependant Jousouph-Pacha ayant saisi notre lettre aux Laliotes, la communiqua en se plaignant au consul d'Angleterre à Patras, qui la transmit à Lord Maitland haut-commissaire des Sept-Iles. Se basant sur cette lettre, qui se trouve encore dans les archives secrètes de la Protection à Corfou, cet homme odieux obligea le gouvernement des Iles Ioniennes à rendre un décret, par lequel nous, les chefs qui avions signé la lettre, étions proscrits et privés de nos droits politiques et de nos biens. Mais la confiscation ne frappa que moi comme chef de l'expédition et comme ayant signé le premier la lettre aux Laliotes.

Voici la proclamation du gouvernement Ionien écrite en Italien.

PROCLAMATION

B. Theotokis.

De la part de son altesse le Président et des Éminentissimes, sénateurs des États-Unis des Iles-Ioniennes, etc.

Attendu que plusieurs sujets Ioniens, ont osé par une proclamation, en date du 1er juin 1821 (dont l'original existe entre les mains du gouvernement) se proclamer chefs des Céphallènes et des Zacynthiens et en même temps exécuteurs de l'ordre d'un personnage étranger. Et que, sous ce titre faux et criminel, à la tête de gens armés, également sujets Ioniens, ils ont pris une part active à la guerre du Péloponèse, contre le droit commun des nations, et en violation flagrante du traité de neutralité du gouvernement de ces états. Considérant que ni le pays, ni l'Auguste Souverain qui le protège, n'a de guerre avec aucune des parties contendantes dans ladite Péninsule, le pouvoir exécutif de ces états déclare par la présente que, si lesdits chefs, dont les noms seront cités plus bas, n'abandonnaient pas leur criminelle entreprise dans quinze jours à partir d'aujourd'hui, et ne retournaient dans les Iles pour y être jugés, ils seraient considérés comme à jamais bannis du territoire Ionien LEURS BIENS SERAIENT CONFISQUÉS, et les lois concernant les bannis à perpétuité leur seraient appliquées.

Quant aux autres sujets de ces états, qui, se sont laissé séduire par lesdits chefs il leur est ordonné de rentrer au plus tôt au sein de leurs familles, s'ils ne veulent pas tomber sous la sévérité des lois, à laquelle les exposerait incontestablement une conduite opposée aux principes de neutralité proclamés par le Gouvernement.

Le Gouvernement est persuadé que lesdites ordonnances sont suffisantes pour tracer la ligne de conduite de tout autre sujet, qui serait tenté d'imiter l'exemple répréhensible desdits Ioniens.

« Suit la liste des noms :

« CONSTANTIN MÉTAXAS. — ÉVANGÉLIS PANAS. — GÉRASIMOS PHOCAS. — DENYS SEMBRICOS. — ANDRÉ MÉTAXAS. — PANAJOTI STROUZAS. »

« MICHEL COUTOUPHAS (Secrétaire et Interprète). »

« La présente sera imprimée dans les deux langues, la Grecque et l'Italienne, et publiée pour être à la connaissance de tous.

» Corfou, 18 Juillet 1821.

» Par ordre du Sénat,

» SIDNEY J. OSBORNE,
« Secrétaire Général du Sénat. »

(Gazette Ionienne Officielle, N° 186, Juillet 1821).

CHAPITRE SECOND

1821-1822

Les armées Grecques assiègent Patras. — Bataille de Saravali. — Arrivée de Mavrocordato. — Sa rivalité avec Hypsilanti. — Leur inimitié ouverte. — Théodore Grivas attaque les Turcs à Gérocomion.— Bataille générale près de la villa d'Hussein-Aga. — Levée du siège de Patras. — Etant tombé malade, je passe à Calamos, où je suis reçu à coups de fusil par les Anglais. — Mon séjour au monastère de Saint-Elie. — Je passe à Misolonghi. — Action d'audace en mer. — Organisation administrative de la Grèce Continentale et du Péloponèse.— Combat naval devant Misolonghi. — Je suis mandé par le Sénat de la Grèce Occidentale. — Concours du Sénat pour la formation d'un corps de Septinsulaires. — Mon retour à Misolonghi. — Je suis appelé avec André Métaxas à Corinthe.

Dans l'Acropole de Patras se trouvaient

les Turcs indigènes, Jousouph-Pacha avec les Albanais et les Laliotes qui y avaient cherché un refuge. Les Grecs qui assiégeaient cette ville, étaient : à l'est, André Londos, qui devait couper toute communication entre Patras et les Turcs de Rhéum, et autour de Patras André Zaïmis, Sotir Charlambis, et les Pétimézas avec les armées de Calavrytinais, Thanos Coumaniotis, P. Caratzas avec les Patréens, Sissinis et Anagnostis Calogéros avec les armées de l'Élide. Ainsi Patras se trouvait en quelque sorte assiégée du côté de terre, tandis que, du côté de la mer, par suite du manque de vaisseaux Grecs, elle était complètement libre.

Des escarmouches avaient lieu chaque fois que les Turcs sortaient de Patras. Vers la seconde semaine de juillet, Jousouph-Pacha sortit avec toute son armée, et vint attaquer la position de Saravali, où j'étais campé avec le corps des Céphallènes et quelques Zacynthiens; il attaqua en même temps les corps d'armée postés sur les hauteurs voisines. Jousouph était déjà vivement repoussé à Saravali, lorsque les Péloponésiens accourant à notre secours, forcèrent les Turcs à fuir et les poursuivirent jusque dans la ville de Patras. Dans cette bataille, qui dura plus de quatre heures, les Céphallènes et les Zacynthiens firent des prodiges de valeur. Ils eurent seulement onze tués, et treize blessés, les pertes des Péloponésiens furent, il est vrai, plus considérables; mais celles des Turcs furent encore beaucoup plus sensibles, de sorte que, après la bataille de Saravali, ils ne s'éloignèrent plus de la ville ni du Monastère de Gérocomion, peu distant de Patras, et qu'ils avaient fortifié.

Telle était la situation à Patras, lorsque, vers la fin de juillet, Mavrocordato arriva au camp. Venu de Misolonghi dans le Péloponèse, il s'empressa d'aller à Tricorpha visiter Hypsilanti, avec lequel, il ne put s'entendre. Mavrocordato d'un esprit plus subtil et beaucoup plus expérimenté qu'Hypsilanti, désirait éclipser ce dernier. Mais Hypsilanti ayant une autorité morale, comme mandataire de son frère, le commissaire-général, qui était considéré alors comme le chef suprême de la Révolution, ne pouvait souffrir Mavrocordato, dont les capacités politiques surpassaient les siennes. Mavrocordato, renseigné à Tricorpha sur ce qui s'était passé à Vervéna, conçut l'idée de s'entendre avec les primats, pour faire opposition aux projets d'Hypsilanti. Telles furent les premières causes de la division qui éclata entre les primats et les généraux et, qui eut de si funestes conséquences. Mavrocordato arrivait donc avec ce projet au camp de Patras, où se trouvaient les primats du Péloponèse, Zaïmis, Charalambis, Londos et Sissinis. Je m'entretins avec lui, et je compris immédiatement que cet homme, quoique dominé par l'ambition, possédait de l'intelligence et de l'expérience, qualités dont était dépourvu Hypsilanti.

Quelques jours après l'arrivée de Mavrocordato, une seconde bataille eut lieu. Dans les commencements d'août Théodore Grivas, venu de la Grèce continentale avec 150 hommes environ au secours des armées qui se trouvaient à Patras, cherchait à se distinguer et à se faire une réputation militaire; il s'entendit avec Panagiotis Caratzas, chef des Patréens, et forma le projet d'attaquer pendant la nuit les Turcs à Gérocomion, et de s'emparer de cette position. Cette résolution était encore inconnue des autres chefs, lorsque nous entendîmes une fusillade du côté de Gérocomion. Les Turcs qui avaient des ouvrages avancés hors du monastère, repoussèrent les Grecs; et, à l'aurore, un renfort de fantassins et de cavaliers turcs étant sorti de Patras, força les soldats de Grivas à battre en retraite et à s'enfermer dans la villa de Hussein-Aga, pour se dérober à la poursuite des ennemis. En apprenant cela, les divers corps grecs se portèrent au secours des assiégés. Une bataille générale fut livrée, le matin, aux environs de Gérocomion; les Turcs repoussés rentrèrent dans Patras et Grivas et ses soldats purent sortir de la villa.

Le jour de cette bataille, accablé par la fatigue et la chaleur, je fus saisi pendant mon retour au camp d'une fièvre des plus violentes. Mal installé sur la paille dans une méchante cabane, et allant chaque jour plus mal, j'appelai un médecin, qui, reconnaissant que j'étais attaqué du typhus, me fit transporter demi-mort à Misolonghi.

Le corps des Céphallènes resta sous les ordres de Gérasimos Phocas, mais quelques jours après mon départ il se débanda ; les uns se placèrent sous le commandement de Sissinis, et d'autres vinrent plus tard à Misolonghi avec Phocas, tombé malade lui aussi. Une grande partie des corps grecs autour de Patras se débandèrent également, le siège fut levé, et il ne resta que quelques petits corps de troupes pour circonscrire les Turcs dans Patras. Depuis ce moment les Turcs ne bougèrent plus, ils attendaient des secours de Constantinople, et au commencement de septembre, en effet, la flotte turque débarqua à Patras un corps nombreux d'Ottomans.

Arrivé à Misolonghi je ne dus la vie qu'à Jean Coletti qui s'y trouvait par hasard. Mais je ne fus pas guéri complètement ; mes mains et mes pieds s'enflèrent, je fus en proie à une fièvre continue, et je résolus alors, d'aller sous un autre nom dans la petite île de Calamos, car étant banni du territoire Ionien sous peine de mort, je devais craindre les Anglais qui la possédaient.

Sitôt arrivé j'en donnai avis au céphallène G. Mantsavinos, commissaire de police et gouverneur de cette petite île, par l'intermédiaire de Georges Bérétas, son compatriote. Mantsavinos reçut Bérétas avec bienveillance, et lui dit que je ne devais pas sortir du bâtiment avant la nuit, si je ne voulais pas être reconnu. Mais, comme je l'appris plus tard, il me dénonça à la garnison anglaise, et, vers midi, l'honnête Bérétas nous fit signe de partir. Tandis que nous nous éloignions de la terre, les soldats anglais accoururent et nous tirèrent des coups de fusil, mais, grâce à un vent favorable, nous fûmes sauvés. Je fus alors obligé de me retirer à Astachos, dans le monastère du prophète Élie. Là je commençai à me remettre, grâce aux bons soins de l'hégoumène ; mais bientôt après je fus transporté dans un pailler sur une natte, forcé par lui de céder mon logement à la famille Varnachiotis. Ces choses se passaient en septembre, lorsque Marco Botsaris avec les Souliotes, Gogos Bacolas avec les Acarnaniens et les Albanais, dévoués à Ali-Pacha, attaquèrent la ville d'Arta et s'en rendirent maîtres. Craignant cependant qu'on ne fît une campagne contr'eux, ils commencèrent par mettre en sûreté leurs familles, et se réfugièrent avec beaucoup d'autres des leurs dans le monastère du Prophète Élie. Mon domestique lui-même m'abandonna ; alors je n'eus pour me servir qu'une religieuse, borgne et âgée. Je demeurai dans cet abandon, et sans argent, jusqu'au mois d'octobre, époque à laquelle mes parents, avertis par mon serviteur, qui était retourné à Céphalonie, écrivirent à Georges Solomos d'Ithaque, qui m'envoya immédiatement de l'argent, des vivres et les médicaments nécessaires pour ma guérison. Solomos écrivit en même temps à l'hégoumène d'avoir bien soin de moi. Ainsi au bout d'un mois je revis l'hégoumène, qui me rendit quelques soins dans le pailler où je gîsais. A ce moment, un bâtiment italien, se dirigeant vers Misolonghi, mouilla à Astachos. Je fis appeler le capitaine, je convins avec lui qu'il me transporterait à Misolonghi, et comme la faiblesse m'empêchait de marcher et d'aller à cheval, les matelots durent me porter du monastère jusqu'au bâtiment. A Misolonghi je trouvai beaucoup de Céphallènes qui avaient été autrefois sous mes ordres; ils eurent pour moi tant de soins, qu'en novembre je commençai à reprendre mes forces, et à pouvoir sortir de la maison.

Sur ces entrefaites je reçus deux lettres: l'une d'Ithaque, m'apprenait que la goëlette de Jousouph-Pacha devait partir de Prévéza pour Patras avec une assez forte somme d'argent; l'autre de Zante me disait que la Scouna du consul anglais Green devait transporter à Patras des soldats turcs avec les canons d'un brick musulman, qui avait fait naufrage sur un point du rivage de Zante (1). Je donnai avis de ces deux nouvelles à la DÉMOGÉRONTIE (2) de Misolonghi, priant ses membres de m'aider à me rendre maître de la goëlette de Jousouph et de la Scouna de Green. La DÉMOGÉRONTIE me demanda d'accepter la direction de cette entreprise maritime, et de prendre avec moi les Céphallènes qui

---

(1) Comme ce brick était isolé dans ce parage, il fut poursuivi par deux bâtiments grecs, et le capitaine turc préféra se jeter à la côte plutôt que de se rendre

(2) Vieillards du peuple, espèce de conseil municipal.

se trouvaient à Misolonghi, m'assurant qu'à leur exemple les Misolonghites me suivraient. Le capitaine Georges Dendrolivanos de Zante se trouvait alors par hasard à Misolonghi avec son navire, qui revenait du siège de Néocastron. Je lui fis part de mon projet, et il se mit volontiers sous mes ordres. Ayant rassemblé, en outre, plus de 450 Céphallènes, Zacynthiens et Misolonghistes, et ayant demandé à la Démogérontie la goëlette du capitaine Sidéri et une Vratséra, sur laquelle je plaçai un canon, j'en nommai commandant le céphallène Constantin Carantinos avec 50 hommes ; je confirmai à Sidéri le commandement de sa goëlette avec 80 hommes, et moi, avec 120 hommes sans compter l'équipage, je montai à bord du vaisseau de Dendrolivanos. Puis bien approvisionnés de munitions par les soins de la Démogérontie, nous fîmes voile vers la plage du Péloponèse appelée CAP PAPA.

Nous étant approchés de ce cap le jour même, vers midi. nous vîmes la goëlette de Jousouph-Pacha naviguant vers Patras, dont elle saluait l'Acropole à coups de canon. J'ordonnai alors immédiatement par les signaux convenus de prendre la direction de Patras, mais dès qu'elle nous vit, la goëlette cingla vers Rhium, de sorte que notre premier projet échoua. S'il eût réussi, son exécution aurait causé une grande effusion de sang, car la goëlette était bien armée, et avait à son bord 400 Albanais, qu'elle transportait de Prévéza à Naupacte (Lépante). Dans cette occurence j'ordonnai alors à Carantinos de longer les côtes du Péloponèse, je me plaçai au centre avec le bâtiment de Dendrolivanos, et nous nous dirigeâmes de concert vers Zante. A minuit, nous aperçûmes tout à coup la scouna naviguant tout près de nous; nos matelots tirèrent à blanc aussitôt, et lui ordonnèrent d'amener ses voiles. C'étaient des Maltais, ils eurent peur, et se cachèrent, laissant leur bâtiment aller à la dérive. La Vratséra alors s'approcha, nous sautâmes sur la Scouna, et nous nous en emparâmes, sans verser une seule goutte de sang. Nos deux autres bâtiments nous rejoignirent, et traînant notre proie, nous naviguâmes vers Misolonghi.

Nous trouvâmes à bord de la scouna, Green et un Aga Turc, nommé Omer, avec ses deux suivants. A peine pus-je sauver la vie de l'Aga; que les matelots voulaient jeter à la mer, comme ils avaient fait des suivants. Nous ne trouvâmes pas de canons mais une grande quantité de vêtements, de chaussures et d'autres objets destinés aux Turcs de Patras. Le consul Green protesta contre l'outrage fait au pavillon Anglais; mais je le laissai libre de retourner où il voudrait avec son bâtiment, après que j'eus pris ce qui était propriété turque, de l'aveu d'Omer-Aga lui-même. Je distribuai le butin aux capitaines et aux soldats qui m'avaient suivi, je retins seulement Omer-Aga, que les Turcs de Patras, par l'intermédiaire du consul Anglais Green, voulurent délivrer. Ils offrirent une somme d'argent considérable, mais, d'accord avec la Démogérontie de Misolonghi, je préférai la délivrance de quatre familles grecques, composées d'environ quarante-cinq individus, pris à Patras, en échange d'Omer. Ainsi se termina cette petite expédition maritime.

Cependant, après le retour de Mavrocordato à Misolonghi, Négris et plusieurs primats de l'Etolo-Acarnanie étaient venus nous joindre considérant la nécessité d'organiser administrativement le pays. Dans les premiers jours de novembre, ils divisèrent la Grèce Continentale en deux parties, sous les noms de Grèce Orientale et de Grèce Occidentale. La première comprenait toutes les provinces, depuis Athènes jusqu'à Lidoriki; la seconde, celles de Cravare jusqu'au golfe Ambracique. En outre, dans la Grèce Orientale Ferme une assemblée ayant été tenue à Salone, il fut établi une AUTORITÉ LOCALE, appelée Aréopage, composée de représentants de toutes les provinces et subdivisée en deux sections dont l'une s'occupa de la politique et l'autre des affaires judiciaires. La première fut placée sous la présidence de Négris, et l'autre sous celle de l'évêque de Talante. Dans la Grèce Occidentale Ferme, une assemblée tenue à Misolonghi, établit une AUTORITÉ ADMINISTRATIVE, appelée Sénat, qui fut composée elle aussi de représentants des provinces. Mavrocordato en fut nommé Président, et Praïdis, Vice-Président, chargé de la suppléance, quand celui-ci se trouvait dans le Péloponèse.

La Grèce Continentale ainsi organisée, les Provinces du Péloponèse procédèrent, à la même époque, à l'élection de leurs propres représentants, qui formèrent le Sénat. Hypsilanti ayant refusé la présidence de ce corps, elle fut offerte à Théodoret, Evêque de Vresthène, qui l'accepta.

Fatigué cependant de rester inactif à Misolonghi, je songeais à rassembler les Céphallènes qui s'y trouvaient, lorsque nous vîmes, en février 1822, la flotte ennemie, composée d'environ 40 vaisseaux, sous les ordres du Capitan-Bey et de l'amiral égyptien Ismaël Gibraltar, se diriger vers Patras. Quelques jours après la flotte grecque, composée de 60 vaisseaux, alla mouiller en dehors de Misolonghi et l'apparition de son pavillon excita une grande joie dans toute la Grèce Occidentale.

Prêt à partir pour le siège de Patras avec mes compatriotes, je montai à bord de deux bâtiments avec 120 hommes, et nous sortîmes des lagunes de Misolonghi; mais, comme le vent était très violent, la flotte turque, venant de Patras, étant apparue, et le flotte grecque s'étant mise en mouvement, nous fûmes contraints de rester sur la plage de Misolonghi, pour attendre l'issue de la bataille navale qui allait se livrer.

Vers midi, le vaisseau de Miaoulis et huit autres vaisseaux de guerre grecs, réussirent à se placer au-dessus du vent de la la flotte turque, tandis que les autres restèrent sous le vent. Un combat naval terrible, qui dûra plus de quatre heures, commença alors. Les vaisseaux grecs qui combattaient au-dessus du vent, coururent des dangers, parce qu'ils avaient affaire aux plus grands vaisseaux turcs; ceux qui se trouvaient sous le vent, étaient toujours libres de se retirer. Mais un vent très violent prenait en flanc les vaisseaux Turcs, et les penchait vers la mer, de sorte que les vaisseaux Grecs qui combattaient au-dessus du vent, n'en recevaient pas un bien grand dommage, en outre les boulets des artilleurs turcs, mal dirigés, passaient toujours au-dessus des vaisseaux grecs. Ceux ci, au contraire, quoique penchés également par le vent, causaient des avaries réelles aux vaisseaux ennemis. Mais le danger des Grecs qui combattaient au dessus du vent, augmenta par suite d'un mouvement des Turcs qui étaient parvenus à mettre les navires de leurs ennemis entre deux feux. Dans cette terrible circonstance, l'amiral Miaoulis étonna les adversaires eux-mêmes par son courage et son audace, et suivi par les capitaines des huit vaisseaux Grecs, qui ne s'étaient pas moins distingués pendant la bataille, il sut porter la terreur et la confusion au milieu de l'ennemi, et le forcer à se retirer en désordre vers Zante. Un vaisseau grec, percé par un boulet, se sauva à Vasiladi, et ses avaries réparées, repartit immédiatement, et alla rejoindre la flotte, qui le lendemain mit à la voile. Après cette bataille navale, je retournai à Misolonghi. La tempête étant devenue plus violente, mon expédition préméditée dans le Péloponèse fut remise.

Cependant, en demeurant à Misolonghi je ne cessais de chercher à former un nouveau corps avec les Céphallènes qui s'y trouvaient, lorsqu'André Métaxas vint du Péloponèse.

Vers le commencement de mars je fus invité par Praïdis, vice-président du Sénat de la Grèce continentale d'occident, établi à Vrachôri, à venir prendre part à cette administration provisoire. Je résolus d'accepter, pour obtenir du Sénat des secours suffisants afin de réunir en un seul corps les Septinsulaires dispersés; et pour rester libre de combattre avec eux dans n'importe quel camp de la Grèce occidentale. Je trouvai le Sénat disposé à me secourir; il me donna immédiatement 100 dollars, que j'envoyai à Misolonghi, pour réunir les Céphallènes en un seul corps. Il me promit, en outre, de m'accorder d'autres allocations, afin d'augmenter son effectif. Après l'envoi de cette somme d'argent, on forma un corps de 120 Céphallènes, qui fut placé sous le commandement de Gérasimos Phocas. Je le reçus à Vrachôri, et je partis immédiatement avec Rhangos pour les monts Agrapha, où nous savions qu'un contingent turc commandé par Soultsa-Kortsa et d'autres chefs ottomans devait passer. A Misolonghi, la Démogérontie nous donna des secours pécuniaires grâce auxquels André Métaxas et moi, nous organisâmes un deuxième corps, et nous rejoignîmes celui de Phocas dans l'Agrapha.

Tandis qu'à Misolonghi nous étions

occupés de ce projet, nous reçûmes par envoyé extraordinaire une lettre, dans laquelle on nous annonçait qu'après l'assemblée d'Epidaure, il avait été établi un gouvernement provisoire de la Grèce, composé d'un pouvoir législatif et exécutif, que le président du pouvoir exécutif, Mavrocordato, avait reçu l'ordre d'aller guerroyer dans la Grèce occidentale, et que nous étions invités, André Métaxas et moi, à passer à Corinthe, siège du gouvernement. Résolus de nous rendre à cette invitation, nous partîmes tous deux, après avoir toutefois annoncé notre départ à Phocas alors dans l'Agrapha.

CHAPITRE TROISIÈME

1822.

Avril-Juillet.

Proposition du Pouvoir Exécutif. — Je suis nommé ministre de la Justice, et André Métaxas ministre de la Police. — Mon envoi dans la mer Egée comme commissaire. — De quelle manière les îles sont gouvernées par les Turcs. — Canaris incendie le vaisseau amiral. — Peur des Insulaires, et leurs adresses à la Porte. — Négris demande la guérison du mal. — Cruel moyen de guérison, et sa réussite. — Evènements de Santorin. — La flotte égyptienne longe la côte. — Terreur des habitants de Santorin. — Les primats me saisissent et veulent me livrer aux Turcs. — Stratagème employé pour ma délivrance. — Les Céphallènes me sauvent.

Au commencement d'avril nous allâmes à Corinthe, où nous trouvâmes le gouvernement établi. Il était composé : 1° du Corps Exécutif, dont le président était Mavrocordato, le vice-président Canaris, et les membres, Jean Orlando d'Hydra, Anagnostis Délijanni et Jean Logothétis ; 2° De sept ministres, Théodore Négris, président du conseil et ministre des affaires étrangères ; Notis Botsaris, ministre de la guerre, Jean Colettis, ministre de l'intérieur remplissant aussi les fonctions de Botsaris lorsque ce dernier était absent ; Panoutsos Notaras, ministre des finances ; Théodore Vlasis, ministre de la justice, que je remplaçai ; l'évêque d'Androusa, ministre des cultes ; et Lambros Naccos, ministre de la police, qui fut remplacé par André Métaxas ; et 3° d'un corps parlementaire ou législatif, composé des députés des provinces, dont Hypsilanti était le président et Sotir Charalambis le vice-président. Le ministère de la marine était dirigé par une commission de trois membres.

Mavrocordato nous reçut d'une manière bienveillante, avec les éloges accoutumés sur nos services et nos sacrifices antérieurs, et nous proposa, au nom de l'Exécutif, de prendre part au gouvernement provisoire. Etant obligé de partir lui-même pour commander l'expédition de la Grèce occidendale, il nous dit qu'il prendrait sous ses ordres notre corps militaire qui se trouvait dans l'Agrapha, et qu'il l'unirait à d'autres Septinsulaires sous la conduite de Spyridion Panas, lequel avait également reçu l'ordre d'aller combattre dans cette partie de la Grèce. A cette proposition soudaine, qui nous fut faite fort adroitement et avec beaucoup de courtoisie, nous répondîmes que nous réfléchirions, et qu'ensuite nous lui ferions connaître notre résolution. Nous comprîmes le dessein de Mavrocordato : il désirait nous éloigner de la Grèce occidentale, soupçonnant qu'avec nos relations et nos sympathies, nous pourrions être un obstacle à ses projets politiques. Pour lui ôter tout soupçon, et ne pas devenir des causes de discorde, dans un moment où Mavrocordato était en désaccord avec Hypsilanti, nous résolûmes d'accepter provisoirement les offres du Pouvoir Exécutif.

Le lendemain nous fîmes savoir à ce corps, que notre intention était de servir militairement la patrie, avec nos compa-

triotes, pour l'affranchir du joug ottoman;
mais que, attendu l'état de notre santé
(nous avions tous les deux la fièvre inter-
mittente), nous étions obligés de prendre
un peu de repos, et de renoncer provisoirement à collaborer à l'expédition de
la Grèce occidentale. Nous occuperions
donc le siège du gouvernement, toujours
prêts à servir notre patrie. Le Pouvoir
Exécutif fut satisfait de cette réponse,
et nous reçûmes le jour même deux di-
plômes, par lesquels nous étions nommés, moi, ministre de la Justice, et André
Métaxas, ministre de la Police. Je trouvai étrange ma nomination à des fonctions, qui, vu l'état du pays, ne pouvaient pas être exercées et, avant d'accepter, je me présentai au Pouvoir Exécutif,
et lui soumis mes observations. Le président fut de mon avis, et ajouta que,
jusqu'à ce que le Péloponèse et la
Grèce continentale eussent pris une as-
siette plus régulière, il fallait me rendre
comme COMMISSAIRE dans les îles de la
mer Égée, les organiser et y recueillir des
souscriptions pécuniaires, pour l'entretien
de la flotte grecque, qui naviguait dans ces

parages. La flotte ottomane se trouvait alors dans les eaux de Chio que ses marins avait saccagée depuis peu.

Cette mission dans la mer Égée était extrêmement délicate, car la plupart des îles appartenaient aux Turcs et plusieurs autres étaient habitées par des Latins qui préféraient le joug ottoman à leur indépendance. La difficulté même de l'entreprise me fit accepter les propositions du Pouvoir Exécutif, et je procédai immédiatement à une organisation administrative provisoire, divisant les îles en provinces et en districts, et y établissant les autorités nécessaires.

L'Exécutif approuva mon projet, et me chargea, comme ministre de la justice, de le défendre devant le Pouvoir Législatif, afin qu'il devînt loi de l'État. Puis, on me donna pour collègue Benjamin de Lesbos, prêtre vénérable et instruit qui, par la considération dont il jouissait dans toute la mer Égée, me facilita l'accomplissement de mon mandat. Munis des ordres indispensables, nous partîmes, au commencement de mai pour Hydra, où m'étant entendu avec les communautés de cette île et de celle de Spetsia, je crus nécessaire que chacune d'elles adjoignit au Commissariat, un membre qui fut comme une espèce de député. Mon conseil fut suivi, et on nomma sous-commissaires : Nicolas Economos, d'Hydra; et Basile Gkinis de Spetsia, homme d'une grande probité (1).

---

(1) N° 1180.

GOUVERNEMENT PROVISOIRE DE LA GRÈCE.

Le Président du Pouvoir Exécutif

Décrète :

1° L'illustre député M. Benjamin de Lesbos, le ministre de la justice M. Constantin Métaxas, M. Nicolas Economos primat de l'île d'Hydra, et M. Basile Nicolas Gkinis, sont nommés commissaires dans les îles, la mer Égée et les Sporades.

2° M. Savas Odysséos est chargé de tenir, le registre général des actes desdits commissaires.

3° MM. les commissaires suivront les instructions écrites qui leur seront transmises par le ministre de l'Intérieur.

A Corinthe, 1er mai 1822.

A. Mavrocordato Président.
Le premier Secrétaire d'État, Ministre des affaires étrangères,
Théod. Négris.

(Voir les archives de la régénération hellénique, tome I, page 348).

D'après les instructions du gouvernement nous devions soulever et organiser toutes les Cyclades et les Sporades jusqu'à Cassos à l'Orient et Héliodromes à l'Occident. Dans ces îles il n'y avait point de Turcs ; elles étaient gouvernées par des Codja-Bachis ou Proestos, espèce de primats, créés pour l'expédition des affaires du conseil, des évêques de ces îles, et du patriarche de Constantinople,

Le Capitan-Pacha ou amiral de la flotte ottomane, comme commandant supérieur des îles de la mer Égée, apaisait, par l'intermédiaire de son représentant, beaucoup de discordes et de divisions, qui s'élevaient entre les primats. Ces discordes, occasionnaient, toutes les fois qu'elles éclataient, de grandes dépenses aux communautés, parce que, non seulement elles devaient donner de l'argent au représentant du Capitan-Pacha, mais encore au Capitan-Pacha luimême, sans compter ce qu'elles payaient directement à la Porte. De ce fait, les communautés étaient toujours grevées d'emprunts, et, lorsqu'éclata la Révolution, elles étaient criblées de dettes.

Chaque île formait une communauté distincte et avait son propre sceau, qui était divisé en quatre morceaux, dont chacun était gardé par un primat. Toutes les fois qu'on voulait composer un écrit officiel quelconque ou adresser des requêtes à la Porte, les primats devaient d'abord s'assembler, s'entendre entr'eux, réunir les quatre morceaux du sceau, et scéler ainsi les documents concernant toute affaire officielle.

Mais si les primats ne parvenaient point à s'entendre, et que les parties contendantes fussent obligées d'y donner suite, l'affaire était portée devant la Porte ou le Capitan-Pacha, et, dans ce cas entraînait de grandes dépenses.

Les habitants des îles de la mer Egée, laborieux et tranquilles, mais inaptes dans l'art de la guerre, étaient opprimés par leurs primats ou Codja-Bachis, et craignaient extrêmement les Turcs et leur gouvernement. A l'explosion de la Révolution grecque, il n'y eut pas le moindre mouvement insurrectionnel dans ces îles; la crainte et la terreur, au contraire, s'emparèrent de l'esprit de leurs habitants.

Lorsque le gouvernement fut établi dans le Péloponèse, par l'Assemblée nationale, les insulaires, à l'exception de deux ou trois, n'y prirent aucune part. Cependant, vers 1822, lorsque je fus nommé COMMISSAIRE, certaines îles parurent prendre le parti de la Révolution. Dans quelques-unes le sentiment national se maintenait au sein de la jeunesse, dans d'autres c'était parmi les primats, mais la terreur, rendait ce peuple hésitant, quoiqu'il désirât son indépendance. La catastrophe de Chio et la sortie de la flotte ottomane augmentèrent encore ce manque de confiance dans la Révolution, quoique la flotte grecque naviguât le long des côtes de cette île dans les eaux mêmes des vaisseaux turcs. Tel était l'état des îles de la mer Égée, lorsque nous en prîmes la direction.

L'objet principal de notre mission était: 1° de percevoir la contribution personnelle, et de poursuivre l'application de la loi de l'emprunt sur les personnes riches; 2° d'organiser les autorités locales, et, simultanément, installer les ÉPARQUES et les ANTÉPARQUES nommés ; 3° de faire en sorte qu'avec le temps, la perception des revenus fût faite par l'administration.

Mais la chose importante était la perception en espèces pour l'entretien de l'escadre hellénique.

Nous jugeâmes opportun de commencer d'abord nos opérations par l'île de Naxos, dont plusieurs primats étaient venus à l'Assemblée nationale d'Épidaure, et nous avaient précédés dans leur patrie, pour annoncer notre nomination et préparer les esprits. Malheureusement il y avait à Naxos beaucoup d'habitants peut-être les plus riches appartenant au rite latin, et ennemis jurés de la Révolution. Cependant, à peine eûmes-nous débarqué avec un vaisseau de 16 canons et une SCHOUNA de 4, qu'il nous fut fait le meilleur accueil, par les Grecs orthodoxes, mais il ne se présenta pas un seul catholique. Il n'est pas hors de propos de raconter comment je remplis mon mandat dans l'île de Naxos, parce que je fis de même dans les autres îles, et toujours avec le plus grand succès. D'abord, je convoquai une assemblée générale, à laquelle j'expliquai le but de la Révolution, je m'élevai contre le gouvernement tyrannique des Turcs, je démontrai les avantages de l'Indépendance et de la Nationalité, et prouvai que nous devions tous respecter et reconnaître le gouvernement national que nous représentions dans les îles de la mer Égée. Un discours semblable, prononcé par mon vénérable collègue Benjamin de Lesbos, produisit une très grande impression sur son auditoire, au milieu duquel se trouvaient l'évêque et son clergé. Après l'audition de ces discours, on arbora le pavillon grec, aux cris d'enthousiasme et au bruit des salves d'artillerie; on installa l'Eparque, qui avait été nommé par le gouvernement; et on chanta un Te Deum ; on placarda aussi dans toute la ville, des affiches du gouvernement, et d'autres des commissaires.

Cette première démonstration provoqua une excellente impression et un grand enthousiasme, ce que voyant : nous convoquâmes les démogérontes et les primats de la ville et de tous les villages de Naxos. Je leur fis part du besoin absolu d'un secours pécuniaire, et je leur dis que tous devaient payer une cotisation d'une piastre par personne. Chacun, ajoutai-je, doit contribuer de tout son pouvoir au maintien du gouvernement, et à la conservation de notre flotte nationale, sans laquelle, après le désastre de Chio, les autres îles se seraient trouvées aussi en danger. Les primats et les démogérontes se mirent aussitôt à recueillir les souscriptions. Quant aux latins, non seulement ils ne prirent aucune part à la nouvelle organisation, mais encore ils réagirent, secrètement contre les mesures des COMMISSAIRES.

Voyant que nos efforts réussissaient pleinement à encourager le peuple, nous convoquâmes dans la ville les plus riches de l'île, et nous leur demandâmes d'aider le gouvernement de leur pouvoir et de leur fortune. Ils acceptèrent volontiers notre proposition, surtout lorsqu'ils reçurent un récépissé régulier, des sommes versées qui leur était remis par un caissier particulier, nommé pour cela par les trois îles maritimes, Hydra, Spetzia et Psara. Nous fîmes de même au point central des villages de Naxos, où le concours des primats facilita les collectes et les rentrées. De la réussite de nos premières opérations nous ne recueillîmes qu'une médiocre somme d'argent, que nous envoyâmes immédiatement à Hydra, comme encouragement aux primats de cette île, leur disant que les îles faisant partie de la section, devaient apporter leur part pour le maintien de la flotte hellénique le long des côtes de Chio, puis j'annonçai ce résultat au gouvernement central.

Après l'installation de l'Éparque, nous procédâmes à la formation des Démogéronties, ou Mairies, par l'élection du peuple, chargeant l'Éparque de s'entendre avec le gouvernement central quant à la manière de la rentrée des dîmes. Obligés de nous transporter dans les autres îles pour y percevoir les contributions, je donnai des ordres précis à l'Éparque et aux démogérontes, en leur promettant que le premier but de notre mission atteint, c'est-à-dire l'argent étant recueilli, nous retournerions dans chaque île, pour y mieux organiser l'administration. C'est de cette manière, que nous exécutâmes notre mandat à Paros, Sifnos, Milo, Céa, Tinos, Sérifo, Mycone, Andros, Cos, Folégandro, Sikino, Amorgos, Santorin (Théra) et autres.

Cependant les vaisseaux turcs restés à Chio, croisaient dans la mer Égée, lorsqu'un brick de guerre turc s'approcha de Mycône. — Me trouvant alors à Tinos, je mandai Francisco Paximadis, jeune homme brave et patriote, qui réunit un certain nombre de ses compatriotes et me suivit. Nous passâmes à Mycône et à mon arrivée dans cette île, j'appris que les Turcs, ayant tenté un débarquement, avaient été battus par les habitants et quelques Céphallènes. Quatre Turcs, avaient été tués et les autres n'avaient pu regagner qu'à grand peine leur bâtiment, et gagner le large. Prévoyant le prochain retour offensif des Turcs, je restai à Mycône, mais aucun vaisseau ne reparut. La cause de cette inaction des Turcs, me fut expliquée plus tard. Après la catastrophe de Chio, les ambassadeurs des puissances chrétiennes à Constantinople, indignés des massacres et des cruautés, qui y avaient eu lieu, avaient insisté auprès du sultan pour qu'il ordonnât au Capitan-Pacha de cesser tout acte d'hostilité contre ces petites et faibles îles de l'Archipel.

Tandis que nous étions ainsi occupés, la flotte hellénique, sous les ordres de Miaoulis, croisant dans le canal qui se trouve entre Chio et l'Asie-Mineure, était souvent canonnée par l'ennemi, mais sans résultat. Les vaisseaux helléniques étant revenus à Psara, les capitaines songèrent à leur affreuse situation, en voyant les renforts qui arrivaient tous les jours à la flotte ennemie. A la fin ils résolurent de tenter de la détruire à l'aide de brûlots. Dans ce but, deux brûlôts, l'un sous les ordres de Constantin Canaris, et l'autre, commandé par Georges Pépinos d'Hydra, partirent de Psara et croisèrent autour de Chio. Dans la nuit du 6 juin, Canaris ayant attaqué bravement avec son brûlôt le vaisseau-amiral, réussit à l'incendier. Pépinos, de son côté, attaqua avec le même courage, un autre grand vaisseau, celui de Chémitzi-Pacha, mais le brûlot n'ayant pu s'y accrocher, alla se perdre au milieu de la flotte ennemie. La mort du Capitan-Pacha et le désastre de la flotte turque pendant cette nuit terrible, l'obligèrent à retourner en arrière, et à se réfugier à Ténédos. Ces exploits inespérés furent annoncés aux commissaires par les capitaines grecs de Psara, et cette nouvelle se répandit partout, semant la joie, et remplissant de courage les habitants des îles de l'Égée.

Cependant des évènements fâcheux s'étaient produit dans certaines îles, déjà visitées par les commisaires. Après notre départ, plusieurs primats, redoutant que les Turcs n'envahissent leur île, et excités surtout par les Latins, répandirent la terreur, disant, que « LES VIEILLES CAPPES, EN SE RÉVOLTANT, ET EN VOULANT COMBATTRE UN IMMENSE EMPIRE ET UN GRAND SULTAN, AMÈNERAIENT INFAILLIBLEMENT L'EXTERMINATION GÉNÉRALE DES CHRÉTIENS. » Pour prévenir un danger imminent, ces primats adressaient au Capitan-Pacha et au Sultan, des requêtes (ARZOUALIA) ils écrivaient : « que des BRIGANDS (zourbadès) ayant à leur tête Constantin Métaxas, étaient venus troubler leur tranquillité, mais qu'ils étaient toujours fidèles sujets et RAÏAS de la Sublime-Porte. » Ces requêtes, transmises à la Porte, causaient un grand mal ; elles étaient, en effet, en contradiction avec les déclarations de l'Assemblée nationale et du Gouvernement hellénique, qui dans leurs proclamations, disaient en face de l'Europe, que la nation entière, lasse de la tyrannie du joug ottoman, s'était soulevée, et avait couru aux armes pour vivre libre ou mourir.

La Porte profitait de ces requêtes et les communiquait immédiatement aux ambassadeurs des puissances européennes, pour leur démontrer que les mouvements insurrectionnels du Péloponèse et de la Grèce Orientale, étaient en réalité des actes de brigandage, dont se rendaient coupables des hommes, qui dévalisaient et violentaient les fidèles raïas. Quelques Philhellènes et des personnes habitant Constantinople, renseignèrent le Gouvernement sur ces faits, et lui conseillèrent de réprimer énergiquement la circulation de ces sortes d'adresses, qui se rédigeaient secrètement dans les îles à l'insu des commissaires. Les éparques et les antéparques avaient bien des soupçons, mais ils ne pouvaient découvrir les auteurs des manifestes, les primats étant d'accord entr'eux. La pétition était écrite, scellé du sceau de la communauté, et avait alors toute son authenticité.

Lorsque le gouvernement reçut ces renseignements de Constantinople, Théodore Négris, ministre des Affaires Etrangères, m'en fit part d'une manière semi-officielle. Il m'en imputa toute la responbilité, et me reprocha de ne pas empêcher des actes si nuisibles au progrès de la révolution, que le Gouvernement s'efforçait, dans ses proclamations, de recommander à la philanthropie des puissances et des peuples de l'Europe. Un grand embarras me saisit, en voyant que la peur pouvait porter lesprimats de certaines îles à des actes si anti-patriotiques. Réfléchissant alors à quel moyen je devais recourir, pour remédier au mal, je ne pensai pas devoir employer la force ; on eût pu croire en ce cas que la persuasion ne suffisait pas pour soulever les populations. Après avoir beaucoup parlé sans succès, je ne savais plus que faire, lorsqu'une circonstance imprévue, me fournit un moyen cruel peut-être, mais dont la nécessité politique me permettait de me servir ; la chose réussit. Certes, ni mon éducation, ni mon caractère naturellement sensible ne me permettaient d'user d'un tel moyen, mais la nécessité et l'amour de la liberté supprimaient en moi tout autre sentiment.

Je me trouvais à Tinos, lorsqu'arriva un bâtiment de guerre de Psara. Son capitaine m'annonça qu'ayant pris un navire autrichien avec des pèlerins musulmans, se rendant en Syrie, il avait fait les Musulmans prisonniers, et avait relâché le bâtiment. Il était de son devoir, me dit-il, de me remettre ces prisonniers, au nombre de trente. D'abord cette proposition m'étonna et je répondis au capitaine qu'il devait les remettre au Gouvernement central. Mais celui-ci me répliqua que, ne pouvant aller à Corinthe, et me reconnaissant comme la première autorité de la Mer-Égée, il devait me confier les prisonniers, et que, si je ne les recevais pas, il les jetterait à la mer. Alors je réfléchis que le seul moyen que je pusse employer pour arrêter les négociations entre les primats de certaines îles et les Turcs, était d'inculper les habitants de ces îles devant l'autorité turque. Parmi les corvées imposées aux insulaires il en était une qui ordonnait : lorsque, dans une tempête, un bâtiment, portant des Turcs, venait à faire naufrage sur le littoral d'une île, cette île devait payer Tzérémé, c'est-à-dire une peine pécuniaire parce qu'elle avait des écueils, et que des Turcs y avaient péri. Réfléchissant à cela, je résolus de mettre à exécution une mesure cruelle, mais nécessaire. Et d'abord j'ordonnai au capitaine du bâtiment de transporter dans chacune des îles suspectes cinq ou six Ottomans, et j'écrivis en même temps aux communautés de les recevoir et de les nourrir jusqu'à nouvel ordre. De suite, le capitaine exécuta ponctuellement mes ordres, et se chargea avec d'autant plus de plaisir de sa mission, qu'il avait à se procurer des vivres dont il manquait. Cependant, avant le départ de ce bâtiment, je confiai mon plan à un de mes employés, le céphallène Charalambe Stékoulis, homme courageux, partisan enthousiaste de la révolution, membre de la Société des Amis et habitant les îles, qui connaissait les libéraux de chacune d'elles. C'est à lui que je confiai l'exécution de mon plan : après que les primats auraient reçu et bien soigné les prisonniers Turcs, les amis de la Révolution devaient saisir l'occasion d'exciter le peuple contre les primats à cause des soins empressés, qu'ils donneraient aux Turcs jusqu'à ce qu'une discorde éclatant, les primats, devenus craintifs, prissent aussi parti contre les Turcs. Stékoulis exécuta mes ordres au-delà de mes espérances ; car s'étant rendu dans celles des îles, où les prisonniers Turcs devaient être débarqués, il organisa si bien les choses, que, peu de jours après leur débarquement, il reçut des lettres des communautés elles-mêmes, dans lesquelles on lui annonçait que les primats et le peuple ne pouvant supporter la présence des ennemis de la foi et de la patrie avaient résolu de les sacrifier et demandaient pardon s'ils avaient outrepassé mes ordres. C'est ainsi que se compromirent, non-seulement par leur action, mais encore par leur signature, ces primats qui avaient été les premiers auteurs des pétitions au Sultan. On ne vit plus depuis, aucune de ces pétitions, et les primats devinrent les meilleurs soutiens de la révolution. Cette manière d'agir fut cruelle, je l'avoue, mais alors qu'il s'agit de la liberté et de l'existence de tout un peuple, les jugements de l'histoire ne doivent pas être trop sévères.

Cependant les Turcs, commandés par Drama-Ali, envahirent le Péloponèse, s'emparèrent de l'Acrocorinthe, et arrivèrent en Argolide juste au moment où l'on négociait la capitulation de Nauplie, et que le gouvernement, qui s'était réfugié à bord d'un bâtiment de guerre, se trouvait aux Moulins de Lerne. J'étais à Santorin, lorsque cette nouvelle se répandit dans les îles ; on disait que tout le Péloponèse était tombé au pouvoir des Turcs. Quoique des lettres d'Hydra racontassent les choses comme elles s'étaient passées, deux de nos collègues, saisis de peur, me manifestèrent l'intention de passer dans cette île, avec tout l'argent que nous avions ramassé. Quant à moi et à Benjamin de Lesbos, nous restâmes à Santorin, pour donner à cette île une organisation plus régulière.

Cependant des bruits sinistres étaient répandus à Santorin par les Latins. On affirmait que le gouvernement était dissous, et que le vaisseau de guerre était parti, emmenant les deux COMMISSAIRES. L'éparque me communiquait toutes ces nouvelles, j'avais beau les démentir par des proclamations, l'esprit des habitants de Santorin n'était pas tranquille. Cela se passait dans le mois de juillet, lorsqu'un beau matin par le plus grand calme apparut la flotte égyptienne de Mohammed-Ali, très près de Santorin, elle se dirigeait vers le Bosphore, pour y rejoindre la flotte turque. A l'apparition des vaisseaux ennemis, les habitants de Santorin s'abandonnèrent au désespoir, et, à l'incitation des Latins, résolurent d'abaisser le pavillon hellénique et d'élever à sa place le pavillon ottoman. Vers midi une foule composée de gens des différentes parties de l'ile, s'assembla au lieu appelé LA CHANCELLERIE, sur le bord de la mer et avec de grands cris de joie, abaissa le pavillon hellénique. On ne tomba pas d'accord sur l'érection du pavillon ottoman, et l'on arbora celui de Jérusalem, et dès ce moment on cessa toute communication avec moi.

Personne ne m'approchait plus, excepté l'éparque et quelques autres, et encore secrètement et avec crainte. Je résolus de partir, mais les habitants de Santorin avaient pris leurs mesures, et ne m'en avaient pas laissé le moyen. Enfin vers minuit les hommes de mon entourage, me préparèrent une barque, à bord de laquelle, je partis quelques instants après. Les habitants de Santorin avertis de ma fuite, envoyèrent deux barques avec 80 hommes d'armes, qui m'arrêtèrent, et me conduisirent au village appelé Epano Méria. Ils me dirent qu'ils avaient reçu l'ordre de me garder. Ils eurent pour moi, d'ailleurs, toute sorte d'égards.

Deux mois auparavant, outre le vaisseau de guerre, j'avais sous mes ordres un brigantin commandé par le brave céphallène Béréris, et monté par 40 autres céphallènes d'élite, matelots et soldats. Ce petit bâtiment avait été envoyé à Amorgos avec des documents officiels, et on attendait son retour à Santorin, au moment où se passaient ces évènements. Cependant d'Epano Méria on me dirigea à la pointe du jour vers l'école, que j'avais fondée depuis peu de temps, et où le maître me reçut en tremblant. Au lever du soleil, je convoquai les primats de ce quartier, et je leur demandai ce qu'ils voulaient de moi, puisqu'ils m'avaient fait arrêter comme un malfaiteur, et me retenaient ainsi en prison. Ils répondirent avec trouble, que mon arrestation était l'œuvre du peuple de Santorin, et non des primats, et que le peuple devait s'assembler, pour me renseigner à ce sujet. Ne comprenant rien à cette réponse, je demandai une explication plus claire, mais ils partirent, donnant ordre à leurs hommes d'armes de ne pas me laisser sortir de l'école. En ce moment arriva un facteur de la poste, apportant une lettre pour Logothétis, un des primats de l'île. Je la lui enlevai des mains, et je lus ce qui suit :

« Vous avez bien fait d'arrêter Constantin Métaxas, car les vaisseaux de Mohammed-Ali naviguent très près de notre île. En livrant Métaxas aux Turcs, notre patrie peut être sauvée, et nous paraîtrons de fidèles RAIAS. Nous en avons donné avis aux autres primats de l'île et aux Latins, afin que nous nous assemblions tous à

Epano Méria pour délibérer sur ce que nous aurons à faire. » — Cette lettre paraissait écrite de Mérévigli, et portait les signatures des primats de ce pays. A cette lecture, je désespérai complètement de mon sort. Je fis appeler immédiatement Logothétis, qui vint à l'école, et se fâcha contre le facteur de la poste, qui m'avait remis la lettre, puis il la prit et se retira, sans vouloir m'adresser la parole.

Ainsi s'écoulait lentement ce jour néfaste, lorsqu'après-midi arriva à Santorin le brigantin que j'attendais d'Amorgos. Il aborda du côté d'Epano Méria, car le capitaine avait été averti de ma présence en cet endroit. En apercevant le navire, les habitants de Santorin accoururent se poster sur les hauteurs voisines, et ne permirent qu'au capitaine de débarquer. Je le vis tout-à-coup venir à l'École pour me remettre les dépêches d'Amorgos ; mais me voyant entouré d'hommes armés, comme un prisonnier, il n'osa me rien dire. Cependant ayant lu les dépêches, je feignis du mécontentement, et lui dis qu'on m'écrivait d'Amorgos, que lui et son équipage avaient occasionné des désordres. Béréris étonné me demanda : « Quels désordres ? » Je lui dis alors, de s'approcher, pour que je lui lusse la lettre. Les gardiens, trompés sur mes intentions, ne l'empêchèrent pas. Feignant de lire, je lui dis à voix basse : « On m'a arrêté, on m'a conduit ici, on me retient, et on me livrera aux Turcs; faites ce que vous pourrez, pour me sauver. » Béréris comprit ma position, et, feignant à son tour, il me répondit qu'il ne fallait pas croire à tout ce qu'on m'écrivait, et, partit comme s'il eût été mécontent de moi. Resté seul j'attendis avec l'espoir que les Céphallènes accourussent bientôt à mon secours. Une heure après, Béréris sortit du brigantin avec 40 Céphallènes. Les habitants de Santorin accoururent pour les repousser, mais les Céphallènes, se précipitèrent contre eux, franchirent leurs retranchements et entrèrent dans Epano Méria. Les habitants de Santorin, saisis de terreur, n'osèrent même pas tirer sur eux. D'une fenêtre de l'Ecole dès que je vis s'approcher les libérateurs je sortis, craignant que mes gardiens ne fermassent les portes. Mes compatriotes, à leur arrivée, m'entourèrent, se tenant prêts à faire feu. Alors il s'éleva un grand bruit et des cris, surtout chez les femmes. Les Céphallènes annoncèrent que, si quelqu'un faisait feu contr'eux, ils déchargeraient immédiatement leurs armes contre tout le monde indistinctement, femmes et enfants. Voyant la résolution de mes soldats, les primats de l'île, Logothétis à leur tête, s'entremirent pour empêcher l'effusion du sang. Je dis à Logothetis d'approcher, et le saisissant, je pris en même temps l'épée de Béréris, puis je fis comprendre au peuple et aux primats qu'à la moindre opposition, contre mon départ, je tuerais Logothetis le premier. — A cette vue, les habitants de Santorin, pris de crainte, nous laissèrent partir, sans nous importuner davantage. J'échappai ainsi à la mort cruelle que me réservaient ces traîtres en me livrant aux Turcs.

La flotte égyptienne s'étant approchée ensuite, grâce au calme, très près de l'île, les vice-consuls des puissances étrangères rendirent visite à l'amiral de Mohammed-Ali et lui remirent de riches présents.

———※———

CHAPITRE QUATRIÈME

1822

— Août — Décembre. —

Discordes entre le Sénat Péloponésien, Colocotronis et le gouvernement. — Délégation envoyée à Colocotronis; elle lui propose l'union. — Il repousse ces propositions. — Mon retour à la mer Egée. — La flotte Turque devant Séripho. — Mesures prises en cas de débarquement turc. — Le brigand Balis tyrannise les habitants d'Andros. — De quelle manière il est pris. — Les commissaires à Samos. — Mon départ de Samos. — Tempête. — Je me réfugie à Milo, où je trouve l'amiral de Rigny.

En quittant Santorin je me dirigeai vers Hydra, et de là aux Moulins de Lerne en face de Nauplie, où se trouvait le gouvernement. Là j'appris les évènements du Péloponèse, entr'autres la bataille de Dervénakia, où fut presque totalement détruite l'armée de Drama-Ali, mais en même temps j'eus la douleur de connaître les discordes qui régnaient entre les capitaines et les primats du Péloponèse ; discordes qui auraient infailliblement amené la guerre civile, si l'invasion de l'ennemi commun ne les eût dissipées. Il y eut aussi des tiraillements entre le Sénat péloponésien dévoué à Colocotroni et le gouvernement central. Un grand nombre de Grecs s'interposèrent, afin que le Sénat péloponésien s'unit avec le Pouvoir Législatif ; les uns désiraient sincèrement cette union afin de faire cesser le mal, mais d'autres y mettaient obstacle dans un intérêt privé.

On réussit cependant à établir une commission de trois membres qui devait être envoyée à Colocotronis pour lui dire ce qu'il devait faire en faveur de l'union. On choisit : Chrissospathis, pour représenter les Lacons ; S. Papalexopoulos, pour les Péloponésiens ; et moi, pour le gouvernement.

Malheureusement en confiant à un traître

le soin de nous procurer des montures pour le voyage, nous faillîmes être assassinés par les Turcs. Pour aller des Moulins à Argos, nous ne trouvâmes pas de chevaux, et nous fûmes obligés de passer la nuit dans cette ville déserte, où nous restâmes jusqu'au lendemain à midi. Ce retard était prémédité, pour que le Sénat, prévenu de notre mission, pût la devancer, et envoyer à Colocotronis un exprès qui lui persuadât de ne pas accepter les propositions d'union. Cependant l'armée de Drama-Ali avait campé à Corinthe, et Colocotronis, assiégeait les Turcs près de Soli. Les habitants de Nauplie occupaient la plaine d'Argos, et sortaient chaque jour pour transporter dans leur ville, des vivres dont ils s'approvisionnaient dans les villages des environs.

Suivis de trois soldats, nous sortîmes d'Argos, et nous rencontrâmes sur la route de Coutsopodi, cinq cavaliers Turcs. A leur vue nous nous postâmes derrière un tas de pierres. Les cavaliers venaient contre nous, en criant en Turc : Κόρυμα, NE CRAIGNEZ PAS! Je proposai que l'on ne tirât pas, car si on les eût manqués, les Turcs nous eussent tués. Nous tînmes tous les armes levées contr'eux, et Chryssospathis leur dit en turc de ne pas avancer. A la vue du danger ils reculèrent. Nous pûmes ainsi continuer notre route et aller coucher dans le petit bois qui fait face du côté de Saint-Georges. Trois jours après notre départ, nous parvînmes au camp de Colocotronis, ou Giannocapoulos, envoyé du Sénat, arrivait en même temps que nous. Colocotronis était un soldat brave et généreux, mais il avait de nombreuses faiblesses, et surtout un dévouement exagéré aux intérêts du Péloponèse, qu'il aurait voulu séparer de ceux du reste de la Grèce. D'abord il s'entretint en particulier avec l'envoyé du Sénat, puis il nous reçut. Nous lui annonçâmes le but de notre mission en lui remettant le document du gouvernement. Malgré tous nos efforts nous ne pûmes lui persuader d'accepter la proposition d'union. Il n'y était pas contraire, mais il voulait laisser les choses dans l'état où elles étaient. Après l'entière destruction des Turcs, il y aurait disait-il une nouvelle assemblée nationale et alors on prendrait des mesures décisives touchant le gouvernement central et son personnel. Dans un entretien particulier que j'eus ensuite avec Colocotronis, je tentai encore mais en vain de le convaincre. Notre mission ayant donc échoué, nous retournâmes aux Moulins, où nous fîmes notre rapport au gouvernement.

A la fin d'août des lettres de la communauté d'Hydra et de Spetsia annoncèrent que les flottes égyptienne et turque avaient fait leur jonction et se préparaient à attaquer les îles et à ravitailler Nauplie et qu'il était nécessaire que la flotte hellénique se mette en mouvement. Mais pour cela il fallait de l'argent et le gouvernement devait persuader Constantin Métaxas de retourner aux îles. Le gouvernement chercha à me convaincre de retourner au plus tôt dans les îles, pour y percevoir les dîmes, sans lesquelles aucun mouvement maritime n'était possible, et il mit tout en œuvre pour me persuader de partir. Me souvenant des évènements de Santorin, je commençai par refuser obstinément mais je fus contraint d'accepter, par les prières des uns et par la triste position du pays. En retour, le gouvernement me permit d'arrêter les auteurs des machinations ourdies contre moi à Santorin. Je partis avec deux Commissaires, et Hatzis Scandali de Psara, et nous recommençâmes notre tournée par l'île de Naxos.

Cette seconde mission avait trait à l'organisation administrative et à la perception des dîmes, qui avait déjà commencé, sous la direction des éparques, dans plusieurs îles. Pour la facilité et la promptitude de nos opérations, nous résolûmes de nous diviser ; deux de nous allèrent à Paros ; Ghinis et moi allâmes à Siphnos, Séripho et autres îles voisines.

Nos opérations étant terminées à Siphnos, nous étions passés à Séripho, lorsqu'à la fin de septembre, la flotte ennemie se montra près de cette île. Elle n'avait pu ravitailler Nauplie, avait échoué dans son attaque contre les îles d'Hydra et de Spetsia, et s'en retournait sans avoir pu rien faire. Il régnait un calme complet et les courants portaient une partie des vaisseaux de la flotte tout près de Séripho. Les habitants de cette île, crurent que les Turcs venaient attaquer leur île pour retrouver Constantin Métaxas. Alors, comme les habitants de Santorin, ils tentèrent toute sorte de machinations, pour me prendre et me livrer aux Turcs. Mais, prévenu à temps de leur dessein, je réunis immédiatement 50 hommes de ma garde et de l'équipage de la goëlette que j'avais sous mes ordres ; et, déployant le pavillon hellénique, je sortis de la ville, exhortant les Sériphiotes à me suivre pour repousser l'ennemi, s'il tentait de débarquer. Entraînée par cet acte de résolution, la jeunesse se joignit à nous, et je me trouvai à la tête de 150 hommes, que je divisai en trois corps. J'en plaçai deux sous des chefs de mon choix, et je pris moi même le commandement du troisième. Nous occupâmes les hauteurs près de la plage, pour mieux observer les manœuvres de la flotte ennemie. Quoique convaincu que les Turcs n'avaient pas l'intention de débarquer, je dus néanmoins prendre des mesures en conséquence, de peur que les Sériphiotes, épouvantés n'annonçassent aux Turcs que je me trouvais dans leur île, et ne me livrassent à eux. Néanmoins une goëlette turque s'étant approchée de l'île, envoya une barque à terre. Quelques hommes en sortirent, j'ordonnai aussitôt qu'on fit feu sur eux, et ils retournèrent précipitamment à leur canot ;

quelques-uns même tombèrent à la mer. La flotte demeura indifférente à ce mouvement, et, à cause du calme qui régnait ne bougea pas ; nous restâmes aussi à notre poste, jusqu'àprès midi. A cette heure un vent favorable souffla et les vaisseaux partirent toutes voiles déployées. L'enthousiasme des Sériphiotes était amusant. En revenant à la ville, ils annonçaient pompeusement qu'ils avaient combattu et vaincu les Turcs et leur flotte. Je profitai de cette occasion et me fis payer immédiatement les dîmes ; puis ayant organisé la DÉMOGÉRONTIE, je partis.

De Séripho je passai à Kythnos et à Kéa, et ensuite à Tinos. J'y rencontrai mes collègues avec le vaisseau de guerre, à bord duquel se trouvait Lycurgue Logothétis, que le gouvernement nous avait livré, afin de le transporter à Samos et de faire une sérieuse enquête sur les persécutions que les Chiotes avaient souffertes à cause de lui. Il paraît que Logothétis, s'étant entendu avec certains Chiotes, et ayant recruté des soldats Samiens, avait abordé à Chio pour y soulever cette île ; mais, la flotte turque ayant paru, il avait repris ses partisans à son bord, et s'en était retourné à Samos. Par sa folle conduite, il fut donc le principal auteur du pillage et du massacre de Chio, et de l'esclavage de ses habitants. Tels étaient les chefs d'accusation, que le gouvernement me chargea en particulier d'examiner.

Mais tandis que je me trouvais à Tinos, l'éparque d'Andros m'annonça qu'un habitant de cette île, nommé Bali, ayant recruté plus de 300 Andriotes, sous prétexte de porter les armes à Karisto, dévastait l'île et forçait les primats, ainsi que l'éparque, à s'enfermer dans la ville de Castro. L'éparque demandait le secours immédiat des commissaires ; j'envoyai mes collègues à Santorin, pour y percevoir les dîmes et arrêter les principaux auteurs des machinations dirigées contre moi, et nous décidâmes d'un commun accord que, dès que nous aurions terminé notre mission, nous passerions à Samos. De mon côté, je me rendis à Andros avec Hatzis Scandali.

Dans les premiers jours de novembre, comme le vent soufflait furieux, j'ordonnai au capitaine de me débarquer à Andros près d'un petit monastère, et d'entrer dans le port avec le vaisseau. Bali, qui se trouvait au village d'Epano-Castro, à deux heures de distance du Monastère, accourut aussitôt avec environ 150 hommes, sans doute dans l'intention de m'arrêter. Mais, usant de feinte, je le reçus avec bienveillance, je le remerciai d'être venu ainsi au devant de moi, et lui demandai s'il m'amenait des chevaux. Interdit par mes paroles, il se montra pour moi plein d'égards; ordonna à ses hommes d'armes d'amener des montures, et se plaignit de l'éparque et des primats, disant qu'ils le persécutaient tandis qu'il avait recruté des soldats pour la garde du pays, et la défense de Karisto. Je louai hautement son action, puis je partis pour Epano-Castro, où je fus informé de ses violences et de ses abus. J'allai ensuite à Castro où l'éparque, les primats et l'évêque m'énumérèrent, en les prouvant, les actions répréhensibles de Bali.

Comme je n'avais pas de forces suffisantes à opposer aux siennes, je lui écrivis que j'étais prêt à lui fournir les moyens de transport pour Karisto, et que je lui accordais un délai de huit jours pour se préparer. Si après cela il persistait encore à rester dans l'île, où les forces militaires étaient inutiles, je me verrais obligé de croire aux accusations portées contre lui. Bali n'accepta pas ces propositions; il demanda un délai de trois mois, pendant lesquels il serait nourri et payé par les habitants, et il promit de partir au printemps. Comprenant ses intentions, j'écrivis à la communauté de Psara, qui m'envoya un vaisseau avec 100 matelots. Je fis savoir en outre aux parents des partisans de Bali, que, si dans huit jours ceux qui se trouvaient avec lui n'étaient pas rentrés dans leurs foyers, on prendrait contre eux des mesures sévères, tandis que ceux qui se montreraient obéissants ne seraient point inquiétés.

Le résultat de ces mesures fut heureux. En deux jours Bali fut abandonné du plus grand nombre de ses partisans. Pendant ce temps, le vaisseau psariote, était arrivé; je joignis les matelots qu'il portait à ceux de la goëlette, et je marchais contre Bali, réfugié dans la partie d'Andros qui fait face à Tinos. Dès qu'ils nous virent, ses soldats se dispersèrent, et Bali, se réfugia vers Tinos avec dix hommes seulement. Je parvins à l'arrêter au village de Sternia et je l'envoyai au siège du Gouvernement. De retour à Andros, je reçus les nombreux témoignages de reconnaissance des primats et du peuple délivrés de ce brigand. Comme récompense, je demandai le payement de la dîme, qui se fit avec le plus grand empressement; je donnai ensuite les instructions nécessaires à l'éparque, et je m'embarquai pour Samos, où j'arrivai heureusement le lendemain. Mes collègues s'y trouvaient déjà depuis plusieurs jours, Ils m'annoncèrent que Logothetis leur ayant promis une certaine somme d'argent, ils lui avaient rendu la liberté à Samos, mais qu'à peine libre, le fourbe s'était moqué d'eux et avait oublié sa promesse. Je les réprimandai sévèrement d'avoir agi ainsi malgré les ordres du Gouvernement et de n'avoir point attendu mon arrivée à Samos. J'ajoutai que ne voulant pas me rendre solidaire de leur faute, j'allai partir immédiatement pour Hydra. Je transportai à bord tout ce que mes collègues avaient ramassé d'argent, et sans écouter leurs instances pour me faire rester, je partis la nuit même.

La vue du crépuscule entre Samos et l'Asie est d'une beauté indescriptible. Quoique nous fussions alors aux premiers jours de décembre, l'atmosphère était chaude, et dans la nuit sans lune, les étoiles scintillantes répandaient une douce lumière qui éclairait vaguement les rivages de la Grèce. Le brouillard, comme un voile transparent, cachait la terre d'Asie; mais, avec les premières lueurs du crépuscule apparurent sur la côte asiatique les collines couvertes de plantations, puis les premiers rayons du soleil découpèrent en brillantes dentelles les sommets des montagnes de Samos. Cependant poussé par un vent favorable, le vaisseau fendait rapidement les flots et ce spectacle ravissant disparut trop vite de nos regards.

Nous naviguâmes heureusement jusqu'à midi, mais, arrivés devant l'île d'Icarie, nous fûmes assaillis par une tempête formidable. La neige tombait sans cesse, le vent était furieux, la mer démontée. Nous ne pûmes aborder à aucune des îles voisines; la nuit vint effrayante et profonde, et saisis de désespoir nous nous mîmes à fuir au hasard sous l'effort de la tempête. Après minuit, nous nous trouvâmes tout-à-coup sous les hauts rochers de l'île de Kéa ; notre vaisseau s'y fut infailliblement brisé, si un matelot expérimenté qui se tenait debout à la proue, n'eût compris à l'agitation des flots, que nous étions près de la terre. Par son cri albanais : « Giastou, giastou ! » il en prévint le capitaine, qui tenait le gouvernail, et qui fit virer immédiatement le vaisseau. A la force avec laquelle la mer déferlait contre ces rochers escarpés, nous comprîmes la gravité du danger auquel nous venions d'échapper comme par miracle. J'appréciai là l'intelligence des matelots hydriotes, qui, sur leur petit vaisseau, combattirent toute la nuit contre la fureur des flots et des vents. Au lever du soleil, reconnaissant qu'il serait inutile d'essayer de lutter contre la tempête, nous nous dirigeâmes vers Milo ; en passant près de Kythnos, nous vîmes un brick jeté sur les écueils, et un grand vaisseau européen renversé sur le sable d'une plage de Séripho. Il nous fut impossible d'aborder à aucune de ces côtes, et après midi, seulement, nous pûmes nous réfugier à Milo.

L'amiral français de Rigny, s'y trouvait alors avec trois vaisseaux de guerre. Étonné à la vue de notre petit navire, il envoya un canot pour prendre des renseignements sur la terrible tempête que nous venions de traverser. Dès qu'il apprit que je me trouvais à bord, il m'invita à venir sur le vaisseau amiral français, où je fus reçu avec la plus noble courtoisie. Et comme la conversation roulait sur le danger que nous avions couru, et les deux vaisseaux naufragés, j'eus le plaisir d'entendre dire à l'amiral de Rigny que les Hydriotes étaient les premiers marins de l'Europe.

Je profitai de mon séjour forcé à Milo, pour y mieux organiser l'administration et y percevoir les dîmes. Enfin, dans les premiers jours de 1823, je revins à Hydra, et mis ainsi fin à mon commissariat dans les îles de la mer Égée.

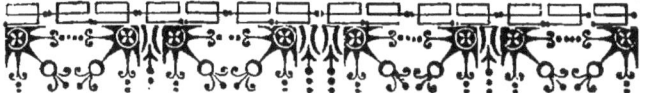

CHAPITRE CINQUIÈME

1823

Janvier-Mai —

Je suis nommé Général. — Le gouvernement hors de Nauplie à bord d'un vaisseau. — Hamilton invite Négris à une conférence. — Le Gouvernement nomme une commission de trois membres pour assister à cette conférence. — Le Gouvernement se transporte à Astros. — Conférence d'Hamilton avec la Commission. — Propositions d'Hamilton. — Ma réponse. — Seconde Assemblée Nationale à Astros. — Nouveau pouvoir exécutif. — Je recrute un corps de 500 hommes. — Le Gouvernement me nomme chef des Céphallènes. — Je porte les armes à Patras. — Je suis nommé Eparque (Gouverneur) général de la Grèce occidentale.

Le Gouvernement central s'était transporté des Moulins de Lerne à Hermione.

Je m'y rendis à mon retour d'Hydra et je remplis mes fonctions de ministre de la justice.

Je n'avais pourtant pas abandonné l'intention de recruter des soldats et de combattre pour ma patrie, car je pensais que dans une guerre si inégale le premier devoir d'un jeune homme était de prendre part à la lutte. Aussi reçus-je avec joie le décret des Pouvoirs exécutifs et législatif du 28 janvier 1823, qui m'élevait au grade de général (1).

Peu de temps après le gouvernement se transporta à Nauplie, mais par suite de la division qui régnait entre le Sénat et les

---

(1) N° 2,633.

Gouvernement provisoire de la Grèce,

A son Excellence le Président du P. législatif.

M Constantin Métaxas de Céphalonie, depuis le commencement de notre guerre nationale pour l'indépendance, conduisant spontanément un corps militaire de Céphallènes, a toujours combattu dans le Péloponèse. Au prix d'énormes dépenses, il a grandement contribué à la destruction des ennemis à Lala et au retour de Jousouph-Pacha à Patras. Il a lutté également dans la Grèce Ferme Occidentale, et bien qu'il soit ministre aujourd'hui, il n'a pas cessé d'être prêt de reprendre son épée au premier signal En foi de ce, le Pouvoir exécutif chefs d'armes, Démétrius Plapoutas, commandant de place de cette ville, ne voulut pas y recevoir le Gouvernement, et les

juge opportun de l'élever au grade de général, et réclame l'avis du corps législatif à cet effet.

A Hermione, le 28 janvier 1823.

[R. P.]

Le Vice-Président,
J. Orlando.
*Le Conseiller d'État,
Ministre des Affaires étrangères.*
Th. Négris.

N° 179.

Gouvernement provisoire de la Grèce,

Le Président du Corps législatif,

A son Excellence le Président du P. exécutif.

J'ai lu le décret du P. exécutif sous le n° 2,633 au jour du 28 du présent mois ; sur la déclaration qu'il contient touchant les services de M Constantin Métaxas. D'accord avec le P. exécutif, le P. législatif juge aussi l'homme digne de cette distinction.

A Hermione, le 28 Janvier 1823.

*Le Vice-Président de la Commission
législative,*
Basile N. . Boudouris.
Le Premier Secrétaire du Corps Législatif,
J. Scandalidis.

Archives de la Régénération hellénique, p. 124 et 308).

Pouvoirs législatif et exécutif ainsi que les Ministres restèrent dans le vaisseau en face de Nauplie.

Trois semaines se passèrent, en négociations, pour amener Plapoutas à recevoir le gouvernement dans la citadelle, mais, tous ces efforts furent vains, et l'Assemblée nationale dût se réunir à Astros, où se rendirent ensuite les membres du Gouvernement.

Vers le milieu de mars, à la veille de notre départ pour Astros, un vaisseau à deux ponts, à bord duquel était Hamilton commandant de l'escadre anglaise dans la mer Égée, entra dans le port. L'amiral anglais envoya immédiatement un canot à notre vaisseau, pour inviter Négris à une conférence particulière avec lui. De grandes dissensions existaient alors entre les primats et les capitaines. Les Anglais, disait-on, ourdissaient quelque trame contre la Révolution hellénique et Négris était considéré comme un de leurs chauds partisans. Les Pouvoirs législatif et exécutif se consultèrent et décidèrent qu'ils ne permettraient pas à Négris de se rendre à l'invitation d'Hamilton. Ils lui ordonnèrent de lui écrire que, le Gouvernement devant partir le lendemain pour Astros, ils pourraient y conférer, si Hamilton avait quelque communication à lui faire. On décida en outre, qu'on ne laisserait pas Négris aller seul à la conférence, mais, qu'afin d'éviter toute intrigue, on le ferait accompagner par une députation composée de deux membres de confiance. En conséquence, Caracatsani de Spetsia et moi fûmes adjoints à Négris. Le lendemain nous partîmes pour Astros, et bientôt Hamilton fit prier Négris de venir sur le rivage, où il se trouverait lui-même.

Il parla d'abord de notre révolution, et se mit à énumérer les grandes difficultés de la réussite devant l'immense puissance ottomane ; il parla longuement du déplorable état de nos affaires, causé par nos discordes et nos divisions, qui diminuaient encore nos faibles forces ; il invoqua notre manque de ressources pour continuer la guerre ; il ajouta que les aspirations de nos chefs n'étaient rien moins que nationales, que leur but était de se substituer aux Turcs, et qu'enfin le peuple ne serait pas moins opprimé par Odyssée ou Colocotronis qu'il ne l'avait été auparavant par Mohammed? — Ensuite, changeant de tactique, il conseilla de permettre au Lord Haut-Commissaire des Iles-Ioniennes d'intercéder pour nous auprès de l'ambassadeur d'Angleterre et à celui-ci auprès du Sultan, afin d'obtenir la cessation des hostilités et l'établissement d'une Principauté comme celles de Moldavie et de Valachie : « Je crois, disait-il, qu'il ne serait pas difficile de l'obtenir par la médiation de l'Angleterre. » Énumérant ensuite les avantages de cet établissement, il dit que les Hellènes devaient accepter cette proposition parce qu'alors ils auraient le temps de se préparer à une nouvelle Révolution, la Turquie étant en décadence, et marchant d'année en année vers sa perte.

A peine Hamilton eut-il fini de parler, que Négris, qui savait peut-être quelque chose de ce qui venait d'être dit, se tut, et tourna les yeux vers moi. N'étant pas préparé, et étonné de la proposition inattendue que je venais d'entendre, je crus qu'il était préférable d'interrompre la conférence, et je répondis comme il suit :

« Je ne veux pas discuter à présent la première partie de votre discours. La guerre que nous avons entreprise, est inégale, je le reconnais, mais la puissance du Très-Haut et la philanthropie des états chrétiens ne permettront jamais qu'elle se prolonge outre mesure. Quant à ce qui regarde la seconde partie, je vois que nos discordes s'aplanissent facilement ; nous en avons un exemple récent dans l'insurrection de Dramali, qui nous menaçait de la guerre civile. A l'approche du danger, les parties rivales se réunissent contre l'ennemi commun. Si la Révolution réussit, la restauration de ce pays dépendra des puissances européennes. Cependant, je ne puis nier que notre position ne soit extrêmement difficile, comme vous l'avez observé. Quant à votre proposition, nous ne pouvons donner aucune réponse, ni exprimer notre opinion sur elle. Permettez-moi une seule observation : Comment se peut-il que les Hellènes demandent l'intervention du Lord Haut-Commissaire, de l'ambassadeur ou du gouvernement anglais lui-même, en se basant sur cette simple conférence?

Cette proposition est contraire à tout ce que les Hellènes ont proclamé et proclament sur leur indépendance. Il me semble, pour que le Gouvernement hellénique pût s'occuper d'un tel objet, qu'il devrait exister des documents, des communications, justifiant du moins que la Grèce est conseillée par une grande puissance, comme l'Angleterre. Vous pouvez donc, si vous le voulez, exposer et envoyer par écrit au Gouvernement ce que vous avez eu l'obligeance de nous communiquer verbalement. »

Ma réponse troubla Hamilton, qui répliqua qu'il n'avait pas été chargé de tenir un tel langage et qu'il ne pouvait donc faire aucune communication par écrit ; mais comme ami de la Grèce, voulant son existence et sa prospérité, il croyait nécessaire de donner ce conseil, et comme tel les Grecs devaient l'accepter ; comme philhellène, il servirait de médiateur, dès que le gouvernement hellénique l'en aurait chargé. Puis il reprit le même thème d'une manière entrecoupée. J'ajoutai : « qu'avec le respect et la reconnaissance, que nous lui devions tous pour son philhellénisme, nous communiquerions au Gouvernement ce qu'il nous avait dit, et que l'Assemblée Nationale allait se réunir, et décider. »

Ainsi se termina notre conférence avec Lord Hamilton ; ma réponse, quoiqu'elle ne fût pas d'accord avec l'opinion de Négris, plut néanmoins à Caracatsani, et au Gouvernement.

Après la conférence, nous nous rendîmes aux *Calyvia* (Cabanes) d'Astros, où le Gouvernement s'était déjà établi, et où devait se tenir l'Assemblée. Nous pensâmes que nous devions communiquer secrètement ce qui s'était passé pendant la conférence, pour ne pas éveiller des soupçons chez le peuple réuni à Astros, et pour qu'il n'arrivât pas de désagréments à des gens, suspectés injustement peut-être, de comploter contre l'indépendance hellénique. Nous avions raison, car après avoir communiqué par écrit les faits de la conférence, le P. Exécutif fut d'accord avec nous, ainsi que plusieurs députés ; mais peu s'en fallut que nous souffrions nous-mêmes de l'agitation du peuple, qui, ignorant les détails, faisait toute sorte de suppositions. Ces soupçons furent bientôt détruits, le peuple réfléchissant que, comme j'étais membre de la commission, il était difficile que rien fut tramé contre l'indépendance hellénique, surtout par les Anglais, qui m'avaient banni de ma patrie, avaient confisqué mes biens et persécutaient mes parents. Tout soupçon contre la conférence ayant cessé, nous ne songeâmes plus qu'à la convocation de l'Assemblée Nationale.

L'Assemblée d'Astros formait deux camps : le premier, était sous la direction immédiate de Colocotroni, auquel était unis Odyssée, Rhangos et quelques autres capitaines de la Grèce Continentale, ainsi que les sénateurs du Péloponèse. Dans le second camp, on comptait la plupart des primats du Péloponèse, les membres du Gouvernement, Zaïmis, Londos, Notaras, Giatracos et d'autres capitaines. Le premier camp professait des principes démocratiques, le second paraissait plus conservateur. Les capitaines prétendaient à une infinité de droits, les primats se contentaient de droits simples et semblaient disposés à faire des sacrifices, de sorte que la rupture paraissait inévitable. Mais ceux qui étaient étrangers à ces discordes, étant intervenus, nous réussîmes à établir l'accord entre les parties rivales aux conditions suivantes :

1° Les députés des provinces des deux parties contendantes seraient validés sans examen.

2° Une commission de 7 membres chargés de réviser la Constitution d'Epidaure et les autres lois en vigueur, serait choisie dans les deux partis.

3° L'élection des membres du Corps Exécutif futur serait faite en nombre égal dans les partis. Chacun étant d'accord, l'Assemblée fut ouverte le 29 Mars. Furent élus : Pétro-Bey Mavromichali, président ; Théodoret, évêque de Vresthéni, vice-président, et Théodore Négris, premier secrétaire. Après la formation de son bureau, la chambre procéda à ses opérations. — Dans sa 1re séance, elle approuva la Loi Organique d'Epidaure, les lois sur le commandement général de l'armée, sur l'amiralat, les lois militaires, sur le ministre de la Guerre et de la Marine, et sur l'organisation intérieure de l'Assemblée.

— Dans sa 2ᵉ séance, l'Assemblée résolut d'élire une commission de sept membres parmi les Hellènes les plus connus, les plus vertueux et les plus instruits, pour la révision de la loi organique d'Epidaure. Elle procéda à l'élection de ces membres dans la 4ᵉ séance. On en choisit trois de chaque parti rival, parmi lesquels Négris, l'évêque d'Androutsa et A. Monarchidis, le 7ᵉ étant en ballotage, je fus nommé à l'unanimité comme n'appartenant à aucun parti. Quelques jours après, l'Assemblée jugea à propos d'ajouter deux autres membres, et ainsi cette commission fut de neuf membres. Dans cette même séance il fut question d'administrations particulières, du Sénat et de l'Aréopage ; leur existence fut reconnue nuisible aux intérêts du pays, et ils furent supprimés à l'unanimité par l'Assemblée. — Dans la 5ᵉ séance, on nomma une commission de neuf membres pour la rédaction du code pénal tiré des ordonnances des Empereurs Byzantins. — Dans la sixième séance le budget de la première période gouvernementale fut revu et la révision du budget de l'année suivante fut proposée ;

on nomma à cet effet une commission du 12 membres, 6 politiques et 6 militaires. — Dans la huitième séance, il fut question de choses ecclésiastiques et le ministre des Cultes reçut ordre de rédiger un projet de Constitution ecclésiastique. Dans cette séance, il plut à l'Assemblée d'ordonner à Colocotròni de lui remettre sans retard Nauplie et ses forteresses, et de lui consigner les documents venus d'Italie, qui furent lus dans la séance suivante. — Dans la neuvième séance, je soumis avec la commission à l'Assemblée le résultat de nos travaux faits sur la Constitution d'Épidaure ; elle fut approuvée comme Constitution provisoire de la Grèce, et confirmée le jour suivant par un vote particulier. — Dans la douzième séance, l'Assemblée s'occupa du budget annuel, et décida que le gouvernement, qui recevrait ses pleins pouvoirs des peuples, serait chargé du soin de pourvoir aux dépenses de la Nation, qu'il pourrait emprunter sur hypothèque des biens nationaux, et qu'il pourrait vendre ces mêmes biens conformément au décret 32me. S'étant aussi occupée de l'organisation des provinces de l'État, l'Assemblée nomma une commission de dix membres, chargée de faire des études préparatoires sur ce sujet. Mavrocordato et moi, nous fûmes élus membres de cette commission. — Dans la treizième séance, nous présentâmes sur cette organisation, un travail que l'Assemblée approuva et sanctionna par un vote particulier. — Dans les quatorzième et quinzième séances, on parla beaucoup de de l'indemnité due aux trois îles maritimes, mais la question resta en suspens, il fut rendu là-dessus un décret dans la seizième séance. Dans cette même séance, l'Assemblée s'occupa du rapport de la commission sur la rédaction des lois pénales, approuva qu'il fût envoyé au corps législatif qui le revit et le sanctionna sous le titre de « collection des lois criminelles. » — Dans la dix-septième et dernière séance, on décida à l'unanimité que Tripolis serait le siège provisoire du gouvernement, et après quelques autres actes de peu d'importance, cette deuxième Assemblée nationale fut dissoute le 18 avril.

Après la dissolution de l'Assemblée le pouvoir exécutif fut établi, son président fut Pierre Mavromichalis, et ses membres

Colocotroni, Zaïmis, Sotir Charalambis et André Métaxas, qui, vers la fin de l'Assemblée était revenu d'Ancône sans avoir pu arriver jusqu'à Vérone auprès du Congrès des Souverains. Mavrocordato fut nommé secrétaire d'Etat.

Je ne voulus pas prendre part à ce nouveau gouvernement, nourrissant toujours mon projet favori, d'organiser avec mes compatriotes un autre corps d'armée, et de partir avec eux pour la guerre. C'est avec cette résolution, que j'accompagnai le gouvernement à Tripolis. En ce moment, des lettres de Londres annoncèrent que l'emprunt négocié devait avoir lieu, et le gouvernement songea à envoyer une commission pour le représenter. Le pouvoir exécutif me proposa d'en faire partie, mais je répondis qu'étant jeune, je ne devais pas m'éloigner du champ de guerre dans ces critiques circonstances, et, comme j'avais refusé d'être ministre, je repoussai cette proposition.

Pour la réalisation de mon projet, je passai de Tripolis à Nauplie, où se trouvaient beaucoup de mes compatriotes. Je réunis plus de trois cents Céphallènes, et, pour augmenter ce nombre, je reçus des Rouméliotes, des insulaires et des habitants des côtes du Levant, de sorte que mon corps comprit bientôt 500 hommes. Comme je rencontrais de nombreuses difficultés pour armer ce corps, les frères Calergi me livrèrent 200 fusils. A la tête de ces troupes, je partis pour Tripolis, afin de me mettre aux ordres du gouvernement, et d'en recevoir des munitions.

Le gouvernement reconnaissant de ma résolution, me nomma COMMANDANT DES CÉPHALLÈNES, et m'ordonna de partir pour Patras, où se trouvaient d'autres corps, assiégeant les ennemis qui s'y trouvaient enfermés. Je partis de Tripolis vers le milieu de mai, et je campai sur les positions de Riolo et d'Ali-Tchélépi, auprès de Sissinis qui commandait les armées de Gastouni et de Patras, tous deux nous attendîmes l'arrivée des autres troupes pour resserrer davantage le siège de cette dernière ville.

Il y avait trois semaines environ que je me trouvais à Riolo, lorsque dans les premiers jours de juin, un messager extraordinaire, envoyé par le gouvernement, m'apporta différentes lettres officielles, qui m'annonçaient qu'un décret du 4 juin, m'avait nommé Eparque général de la Grèce occidentale, et qu'un autre décret du 13 de ce mois m'accordait dans la même région une autorité militaire absolue. Le gouvernement m'engageait à presser mon départ, d'après les nouvelles qu'il avait reçues, Moustaï, Pacha de Scodra, préparait une grande expédition contre Mésolonghi. Le gouvernement annonça ma nomination à Mésolonghi, et la commission qu'avait formée Mavrocordato pour administrer le pays, m'écrivit que ma présence était urgente, et que l'on m'attendait pour prendre au plus tôt les mesures nécessitées par la campagne imminente des Turcs.

CHAPITRE SIXIÈME

1823

— Juin. — Juillet. —

Je m'embarque à Glarentsa pour Mésolonghi. — Je suis poursuivi par la flotte turque. — Comment je me sauve sur le Continent. — Description de Mésolonghi. — Etat des choses dans la Grèce occidentale. — Causes de la discorde entre les capitaines. — Mon explication avec Marco-Botsaris. — Je convoque les capitaines aux KÉRASOVITICA CALYVIA (cabanes). — Paroles que je leur adresse. — Je les mets d'accord. — Discours de Botsaris aux capitaines Souliotes. — Il déchire son diplôme de général. — Dispositions des corps militaires helléniques. — Débarquement des Turcs de la flotte. — Combat de Crionéri. — 2ᵉ débarquement. — Leur défaite à Bochôri.

Le péril était grand, le patriotisme me recommandait d'accepter la mission qui m'était imposée, je ne pus que me soumettre à ce devoir et j'informai le gouvernement de ma résolution, tout en me plaignant de n'avoir pas été averti plus tôt, de manière à pouvoir prendre les mesures opportunes, et m'approvisionner des choses nécessaires.

Avant mon départ, je fus prévenu que la flotte ennemie, forte de 45 vaisseaux de guerre, naviguait le long de la côte de Mésolonghi, de sorte que le transport de mon corps d'armée par de petits bâtiments devenait impossible. J'ordonnai donc à mon lieutenant Spyridion Panas de passer par le golfe de Corinthe dans la Grèce continentale, et de se rendre à Mésolonghi (1). De

---

(1) Corps législatif. Période II, N° 79.

GOUVERNEMENT PROVISOIRE DE LA GRÈCE.

Le Président du Corps Législatif à son Excellence le Président du Corps Exécutif,

Dans la séance du Corps Législatif d'aujourd'hui il a été question de l'Eparque de Mésolonghi et de tout le Carellion. M. Constantin Métaxas ayant été proposé comme chef dans cette partie de la Grèce, où les circonstances difficiles réclament un tel homme, l'auguste Pouvoir exécutif a donc dû choisir à sa place comme chef des Céphallènes

mon côté, avec 100 hommes d'élite sous la conduite de Spyridion Valsamakis et de Tsatzos Souliotis, ayant fait mes adieux à mes soldats, je me rendis de Riôlo à Glarentsa, où se trouvaient deux petits bâtiments (mystics), envoyés tout exprès pour me transporter à Mésolonghi. Je trouvai également à Glarentsa un petit bâtiment Zantiote dont le capitaine m'attendait pour me prévenir que l'amiral de la flotte ennemie, Topal-Pacha, connaissant mon départ pour Mésolonghi, me guettait de Cryonéri à l'Achéloüs pour m'arrêter ; je remerciai le zantiote de ces précieux renseignements, et je m'entendis avec les capitaines des deux mystics sur la meilleure manière de faire la traversée. Comme le transport des soldats et de mes chevaux était facilité par le moyen de deux

---

un homme qu'il jugeait digne de commander ce corps militaire, de façon à ce que l'harmonie et l'ordre continuassent à y régner. C'est pourquoi le présent a été soumis à l'approbation du Pouvoir exécutif

Le Vice-Président du Corps législatif,
Théodoret, évêque de Vresthène.

Le Premier Secrétaire du C. L.
Jean Scandalidis.

barques (bratsèras) d'Etalico, qui se trouvaient par hasard à Glarentsa nous demeurâmes d'accord avec les capitaines de simuler notre navigation vers l'île de Céphalonie, puis Ithaque, et enfin pendant la nuit de nous retourner vers les îles Curzolaires (Echinades), et de là de nous rendre à Mésolonghi par terre ou par les canaux. Nous résolûmes de partir le lendemain pour avoir le temps de préparer les deux barques (bratsères), et vers le soir nous embarquâmes les munitions, les chevaux et les soldats.

Les quatres petits vaisseaux mirent à la voile, chaque MYSTIC traînant une barque (bratséra), afin que, en cas de danger, nous puissions nous secourir mutuellement. Nous nous trouvions entre Glarentsa et Céphalonie, lorsque de loin nous aperçûmes à la hauteur de Zante une frégate turque, qui semblait être en vedette. — Mais notre vaisseau avait un vent de sud favorable, tandis que la frégate, se trouvant dans un calme plat, ne pouvait nous donner la chasse. Nous arrivâmes bientôt sous l'île de Céphalonie, et longeant les côtes, nous approchâmes d'Ithaque ; vers le milieu du jour, nous nous trouvions à la hauteur du dernier promontoire de cette île, lorsque le vent d'ouest commença à souffler. Les commandants des MYSTICS me proposèrent de profiter de ce vent favorable, et de nous diriger vers les Echinades (Curzolaires). Je leur rappelai les renseignements que nous avait donnés le capitaine de Zante, et leur dis qu'il serait plus sûr d'attendre l'obscurité ; mais leurs observations finirent par me persuader, et nous nous dirigeâmes vers ces îlots.

Déjà nous avions parcouru une bonne partie de notre route, lorsque, vers trois heures après midi, du côté de Procopanisto, en dehors de Mésolonghi, seize grands vaisseaux turcs s'offrirent à notre vue. Comme nous étions encore loin, peut-être ne s'aperçurent-ils pas d'abord de notre présence, mais bientôt un brick déploya ses voiles, et marcha contre nous. Le vent étant contraire, il dut faire un grand détour, et prendre le vent, pour revenir sur nous ; heureusement qu'avant son retour, nous étions déjà arrivés aux îles Curzolaires, car pour éviter le danger, on ramait avec ardeur aux MYSTICS. Nous approchions de terre, lorsque nous vîmes, près du fleuve Achéloüs, huit vaisseaux Ottomans, qui auraient pu, le vent étant favorable, nous rejoindre et nous exterminer. Une grande frayeur s'empara aussitôt des matelots du MYSTIC où je me trouvais, qui voulurent couper la corde par laquelle nous traînions notre barque (bratséra), afin d'en débarrasser le vaisseau. Cependant les soldats qui étaient à bord de la BRATSÉRA, se trouvant plus élevés que nous et soupçonnant que nous voulions couper la corde, saisirent leurs armes. Dès que je vis les matelots du MYSTIC s'avancer vers la corde, je compris leur intention, et prenant, de mon côté, mon épée et un pistolet, je leur dis que je tuerais le premier qui tenterait d'accomplir cet acte de trahison. En même temps, j'entendis les soldats des BRATSÉRAS s'écrier : « Ne bougez pas, ou nous vous tuons tous. » Les matelots voyant les soldats prêts à faire feu sur eux, reculèrent tout tremblants. Alors je les encourageai, je leur distribuai une boisson spiritueuse, et ils se remirent à ramer de toutes leurs forces. Dans cette circonstance la conduite des Turcs fut incompréhensible,

En effet quoiqu'ils pussent m'arrêter et détruire mes vaisseaux et mes soldats, ils ne bougèrent pas cependant, et nous donnèrent le temps de passer au-delà des Échinades, et de mouiller en face sur la plage du continent. Les soldats et les chevaux étaient à peine débarqués, que nous vîmes venir vers nous le brick, parti de Procopanisto. Nous courûmes aussitôt nous poster sur une hauteur, appelée PÉTROVOUNI pour défendre les deux barques de transport (bratséras), les MYSTICS, ayant été mis en sûreté dans les canaux circonvoisins. Le brick envoya contre les BRATSÉRAS deux canots, que nous canonnâmes sans discontinuer, et que nous forçâmes à se retirer sans avoir rien fait. Les soldats du brick nous canonnèrent à leur tour et blessèrent légèrement trois des nôtres ; nous ne pûmes savoir quel dommages nous causâmes à l'ennemi. Le bombardement ayant cessé, nous vîmes un brûlot se diriger contre nos bratséras et les incendier. Ainsi se terminèrent les péripéties de mon passage à Mésolonghi. J'ordonnai aux soldats de venir par terre à Mésolonghi, puis je montai à bord des mystics et, j'arrivai le lendemain dans cette ville par les canaux.

Tous les incidents de notre traversée étaient déjà connus à Mésolonghi, et on m'y attendait avec impatience. L'enthousiasme avec lequel on me reçut, fut indescriptible, on salua mon arrivée par des salves d'artillerie et des coups de fusils ; civils et militaires voulurent de toute manière me témoigner leur contentement.

Mésolonghi est une ville maritime, située entre deux fleuves, l'Evenus (Phidaris) et l'Achéloüs (le fleuve blanc) ; elle est distante du premier de cinq milles, et du second de quatorze. Cette ville est au niveau de la mer, et a devant elle une lagune d'une circonférence d'environ soixante milles. Des barques appelées CHIATTES (Monoxyla) naviguent seules dans ses eaux peu profondes. Par des canaux très-profonds, la ville communique, au moyen de bâtiments acarènes, avec la mer qui en est distante de six à sept milles. Dans la lagune se trouvent plusieurs îlots, dont le plus grand s'appelle VASILADI, et est situé à l'embouchure du canal, que je trouvai fortifié et garni de canons.

Mésolonghi est éloigné de la terre ferme,

au nord, d'environ cinq milles, à partir du pied de l'Aracynthe (Zygos). Au sud s'étend une plaine jusqu'à l'entrée du golfe de Corinthe, et dans cette plaine, à environ deux heures de chemin de Mésolonghi, sont situés les villages de Bokhôri et de Galata. A l'Orient cette plaine continue jusqu'à une roche, appelée Scali, par où passe, à travers des marécages, la route qui conduit à Etolico, Stamna, Vrakhôri et d'autres provinces.

Ainsi situé entre une plaine d'un côté et les eaux basses de la lagune de l'autre côté, Mésolonghi offrait une position facile à fortifier militairement. La ville était environnée d'un profond et large fossé, communicant avec la lagune, dont les eaux le remplissaient. Sur les bords du fossé s'élevait un mur en pierre et en terre inachevé, assez élevé et assez large pour que les soldats, placés dessus, pussent, par les meurtrières, faire feu sur l'ennemi. Au haut de ce mur étaient des batteries, ayant chacune un ou deux canons. Le mur était plus fort et en meilleur état vers la Porte, où était aussi placée la grande batterie. Au-delà du fossé vers la Porte, on avait pratiqué une espèce de chemin circulaire, qui longeait la cinquième partie de tout le bastion.

La population de Mésolonghi s'élevait à environ 6.000 habitants, en grande partie marins ou pêcheurs ; 1.000 environ étaient des soldats, que les assauts précédents, avaient aguerris. Tel était l'état dans lequel je trouvai Mésolonghi en juin 1823.

Deux membres seulement, Vlachopoulos et Papadakis, de la commission formée par Mavrocordato, restaient à Mésolonghi ; leur trésor étant vidé, ils avaient peu de munitions et manquaient surtout de plomb. Deux jours après mon arrivée ils partirent tous les deux, malgré mes efforts pour les retenir. Vlachopoulos surtout, qui était militaire, devait, au lieu de se retirer avec les quelques hommes qu'il avait, défendre la patrie, au moment où elle était menacée par le Pacha de Scodra (Scutari) d'une nouvelle expédition.

A Mésolonghi se trouvaient encore Marco-Botsaris, Zygouris et Kitsos Tsavellas et Tsongas avec leurs corps militaires, qui s'élevaient à 1.000 hommes, et étaient nourris chez les habitants ; la gêne et le mécontentement des Mésolonghites étaient grands. En général l'état de la ville était fort triste, et elle le devint plus encore par suite de la division, portée à son comble, entre les capitaines et les gens du pays. Cela me plongea dans un tel désespoir, que d'abord je songeai à partir; mais après réflexion je me décidai à rester, et à m'efforcer d'assoupir les divisions intestines, que mon départ n'eût pu que faire dégénérer en guerre civile.

Je découvris d'abord qu'il y avait dans la ville un parti de Mavrocordato, dont Marco-Botsaris était le chef, et que la commission qui venait de cesser son mandat, avait adroitement répandu le bruit que j'étais envoyé par le gouvernement à Mésolonghi pour combattre ce parti. Mais les véritables causes des graves divisions survenues entre les capitaines, étaient celles-ci :

Premièrement la promotion de Marco-Botsaris au grade de général déplut aux Tsavellas, parce que Zygouris, le plus vaillant de tous, n'avait pas ce grade. Le généralat de Marco-Botsaris fut regardé comme un commandement général, parce qu'aucun des capitaines de la Grèce occidentale n'était investi d'un grade si élevé, et on pensait que tous devaient lui être soumis; ce qu'on ne pouvait tolérer. — La seconde cause était que l'Assemblée nationale avait décidé de donner aux Souliotes Zapanti avec toutes les propriétés turques; cela déplut beaucoup aux habitants du pays, qui, ne pouvaient souffrir les Souliotes. — La troisième cause était la question du commandement de Xéroméron. Une profonde inimitié existait entre les Chasapéi et Théodore Grivas, qui, avant mon arrivée, avait tué trois des leurs. Tsongas, qui ambitionnait aussi le commandement de Xéroméron, secourut les Chasapéi. Soutenus aussi par les hommes de Marco-Botsaris, les Chasapéi battirent Grivas, et l'enfermèrent dans une tour près de Dragamesto. Grivas appela à son secours Tsavellas, qui, mû par un pur sentiment de générosité, le sauva et le laissa se réfugier chez les autres capitaines de la Grèce occidentale. Tsongas et Botsaris, étant unis, occupèrent Mésolonghi, et jurèrent qu'ils ne feraient jamais de sortie contre les Turcs, tant que Grivas ne serait pas expulsé de la Grèce occidentale. Les Mésolonghites, de leur côté, ne pouvant supporter les dépenses qu'occasionnait le maintien des troupes de Botsaris, de Tsongas et des Tsavellas, qui ne bougeaient pas de leur ville, se préparaient à les attaquer; de sorte que la rupture était imminente.

Tel était l'état des choses dans la Grèce occidentale, que menaçaient deux expéditions; d'un côté, celle de Moustaï, Pacha de Scodra qui entrait par l'Agrapha; et de l'autre, celle d'Omer-Pacha-Vryoni, qui se préparait à pénétrer par Macrynoros, pour faire jonction avec le Pacha de Scodra, de sorte que, la discorde régnant parmi nous, il n'y avait ni forces unies, pour être opposées à l'ennemi, ni argent, ni munitions. Dans une circonstance si difficile, je priai la Divine Providence d'avoir pitié de moi et de m'éclairer sur ce qu'il y avait de mieux à faire pour le salut de la patrie.

Et d'abord je cherchai à détruire les soupçons mal fondés, que, mon arrivée avait fait naître, sans raison, chez les amis de Mavrocordato. J'appelai ensuite Marco Botsaris, je lui parlai sincèrement, et lui exposai que je n'avais pas eu d'autre intention, en venant à Mésolonghi dans de si difficiles circonstances, que d'être utile à la patrie. Je ne connaissais même pas primitivement ma nomination, et, si je l'eusse connue auparavant, j'aurais refusé mon consentement. Attendu que je me trouvais déjà à Patras à la tête de 500 soldats, j'ajoutai que les lettres du gouvernement et celles de la Commission de Mésolonghi, en me représentant les nécessités du moment, m'avaient décidé à venir, malgré le péril que je courais d'être capturé par la flotte Turque ; enfin je dis à Botsaris que je préfèrerais m'en retourner plutôt que d'être la cause de plus grandes dissensions, et de paraître involontairement chef de parti contre Mavrocordato. J'ajoutai que, pour faire cesser les divisions, je m'adressais principalement à lui plutôt qu'à tout autre, connaissant son patriotisme et sa valeur.

Botsaris, qui ne manquait pas de qualités morales, sentit profondément mes raisons, et me répondit que, quoique les affaires de Grèce occidentale fussent dans un bien triste état, il pensait néanmoins que les obstacles pouvaient s'aplanir, si je donnais des preuves des sentiments que j'exprimais, non pas tant pour lui-même, que mes raisons avaient convaincu, mais pour ses collègues, qui conservaient toujours leurs soupçons.

Je répondis à Botsaris que j'étais prêt à lui donner de semblables preuves, et que, puisque je n'avais pas encore nommé le personnel qui devait former mon bureau, il voulut bien me désigner lui-même qui pourrait être capable d'être mon secrétaire. Supposent que j'hésiterais à accepter, il me proposa Nicolas Louriotis, partisan dévoué de Mavrocordato, mais homme sage et bon patriote. J'acceptai sans observation, et j'écrivis immédiatement sa nomination, que je remis à Botsaris, pour qu'il la lui portât. Ce premier acte fit avouer à Botsaris que lui et ses amis se trompaient sur mes sentiments. Cette difficulté aplanie, nous nous occupâmes d'autres questions. Je lui montrai la nécessité d'éloigner de Mésolonghi tous les capitaines de la Grèce occidentale, pour faire cesser leurs soupçons, contre les Souliotes, et leur faire comprendre leur devoir sacré envers la patrie. Je lui dis qu'il serait peut-être difficile d'éloigner Grivas, mais que je ne désespérais pas de le faire. Lui-même et les autres comprendraient qu'il ne devait pas se trouver dans les campements, en contact avec les parents et les amis des Chasapéi qu'il avait assassinés. — A ces observations, Botsaris m'encouragea, et me dit que Tsongas serait inexorable. — Je répondis que je ne désespérais pas, mais que lui-même Botsaris devait chercher à faire disparaître la division qui existait entre lui et les Tsavellas, parce que l'union des Souliotes constituait une force puissante qui pouvait encourager les autres à repousser l'ennemi. — Botsaris me répondit qu'il ferait cesser les dissensions qui existaient entre les Souliotes et lui. Cette conférence terminée à la satisfaction des deux partis, je m'occupai immédiatement de l'exécution de mon plan.

Je convoquai les PRIMATS et LES DÉMOGÉRONTES de Mésolonghi, et les invitai à contribuer au maintien des troupes qui se trouvaient dans la ville, et à mettre à leur disposition des maisons pour quelques jours seulement, c'est-à-dire jusqu'à ce qu'elles fussent prêtes à sortir contre l'ennemi. Les autorités Mésolonghites ayant volontiers accepté ma proposition, je nommai intendant Mitros Déligeorgis. Après cela, je fis venir Botsaris, Tsongas et Tsavellas, et je leur dis de déterminer le nombre des portions de pain pour les vrais soldats, à qui l'Intendant les distribueraient tous les jours, et de loger leurs hommes dans les maisons qui leur seraient assignées par les DÉMOGÉRONTES. Ma proposition fut accueillie de bonne grâce, et le bon ordre rétabli.

Les capitaines, qui se trouvaient hors de Mésolonghi, étaient : André Iscos et Jean Rhangos, capitaine de la province du Valtos, chez qui s'était réfugié Grivas ; Pésylis et les Gioldassei, de Carpénisi ; Sadimas, de Vlochos ; Zanganas de Vénético ; et Macris de Zygos. Par une circulaire je les invitai à se réunir aux KERASOVITICA CALYVIA, où je me rendrais moi-même pour une conférence.

Dans les premiers jours de juillet, accompagné de trois primats de Mésolonghi, Carapépéris, Cotsicas et le bon citoyen Bonisélis, je me rendis vers le milieu du jour aux Kerasovitica Calyvia. J'y trouvai réunis les capitaines de la Grèce occidentale et quelques primats ; il s'y trouvait encore plus de 2.000 hommes d'armes. Ils me reçurent tous avec la plus grande courtoisie. Assemblés sous l'ombre des arbres, je leur lus les documents concernant ma nomination, et je leur représentai que le péril imminent de leur patrie avait seul pu me persuader de venir combattre avec eux ; j'énumerai les difficultés de la guerre et notre peu de ressources, et, en terminant mon discours, je leur dis que, par la persévérance, la concorde et la volonté du Très Haut, nous pourrions surmonter tous les obstacles, et vaincre l'ennemi.

Après moi, Iscos, qui était le personnage le plus important, prit la parole, et me répondit, au nom des capitaines, que c'était avec plaisir qu'ils avaient appris ma nomination, car, par ma prudence et mon patriotisme bien connus, je pouvais les conduire à la victoire, il ajouta beaucoup d'autres paroles flatteuses, qui me firent espérer que ma mission réussirait. Après ce discours préliminaire, ils se plaigniren du gouvernement dissout, qui n'aurait jamais dû accorder le commandement-en-chef à Botsaris, qui était étranger, que, par cette nomination, les chefs indigènes se regardaient comme dédaignés, ce pourquoi ils refusaient tous de la reconnaître; ils me dirent aussi que le gouvernement avait mal fait de donner ZAPANTI, aux Souliotes qui n'avaient pris aucune part à l'affranchissement de ce pays, tandis que les corps militaires seuls de la Grèce occidentale en avaient chassé les Turcs au prix de leur sang. D'autres capitaines exprimèrent les mêmes plaintes, montrant ainsi leur aversion contre les Souliotes.

Je leur répondis qu'ils se trompaient, s'ils croyaient que le commandement militaire était la même chose que le gouvernement; je leur démontrai qu'en ma qualité de gouverneur de la Grèce occidentale, dirigeant ses affaires militairement et politiquement, tous me devaient obéissance, Botsaris aussi bien que les autres capitaines. Lorsque je leur lus les instructions du gouvernement, ils avouèrent qu'ils s'étaient trompés, et me répondirent tous qu'ils m'acceptaient et me reconnaissaient comme représentant du gouvernement, et que comme tels ils me rendraient les honneurs qui m'étaient dus.

Je repris ensuite la question de Zapanti, et je leur prouvai que nous ne pouvions pas dire que ce lieu était affranchi, puisque cela dépendait de la réussite de la révolution et que c'était une folie de se prendre de querelle pour une chose que nous n'avions pas encore acquise; j'ajoutai que si le gouvernement avait concédé Zapanti aux Souliotes, c'était afin qu'ils pussent se fixer quelque part, puisqu'ils avaient perdu leur patrie. Ils ne pouvaient d'ailleurs prendre possession d'un lieu exposé de toutes parts aux attaques des ennemis. C'est pourquoi le gouvernement n'avait pas limité les droits de ceux qui prétendaient en avoir sur ce pays, et qui pourraient soumettre leurs réclamations aux Assemblées nationales qui devaient avoir lieu.

Les dissensions de ce genre étaient donc vaines, car, si par l'aide du Très Haut notre révolution réussissait, et la Grèce devenait libre, les citoyens pourraient s'adresser au gouvernement qui serait alors établi et qui reconnaîtrait leurs droits.

La rupture du joug, dis-je, est donc le seul objet digne de notre attention, et, cela obtenu, toutes les autres difficultés s'aplaniront d'elles-mêmes. C'est une honte pour nous de nous disputer, quand nous devons faire face au danger imminent d'une expédition formidable et d'entrer en contestation avec les Souliotes qui peuvent nous être d'un grand secours contre l'ennemi commun.

Ainsi finit notre première conférence, dans laquelle je réussis à résoudre les deux premières questions.

Restait celle de Grivas, qui était la plus difficile; je jugeai opportun de n'en pas parler dans l'Assemblée. Comme nous étions au coucher du soleil, je la prorogeai, et je convoquai les capitaines pour le lendemain, afin que j'eusse le temps de persuader en particulier aux plus influents d'entr'eux que Grivas devait s'éloigner. La nuit étant survenue, je fis venir Iscos et Jean Rhangos, et je leur parlai de la position des armées, leur disant qu'ils ne pouvaient réussir que par la concorde et que Théodore Grivas se trouvant au milieu d'eux, serait peut-être la cause d'évènements fâcheux ; sa conduite blâmable contre les Chasapéis l'ayant rendu impopulaire, il serait bon qu'il s'éloignât pour la tranquillité du pays. Beaucoup de paroles furent échangées, mais à la fin tous deux consentirent à parler à Grivas, et nous demeurâmes d'accord de n'en rien dire le jour suivant, parce qu'ils se chargèrent de persuader à Grivas de demander lui-même à se retirer dans le Péloponèse.

Le lendemain nous étant de nouveau réunis en assemblée, Grivas se présenta et dit à l'assemblée que, puisque Tsongas et Botsaris le haïssaient, il ne désirait plus rester dans la Grèce occidentale, et me demandait la permission de se retirer dans le Péloponèse. J'ordonnai ensuite à Iscos et Rhangos de se poster dans le Macrynoros, aux autres CAPITAINES de rester à Carpénisi jusqu'à nouvel ordre, et à Macris de ne pas quitter le Zygos jusqu'à ce que je me fusse entendu avec les Souliotes et Tsongas. Ayant terminé toutes choses comme je le désirais, je repartis immédiatement pour Mésolonghi.

Là j'engageai les capitaines Souliotes à

songer où ils posteraient leurs troupes, parce que les dernières nouvelles m'annonçaient que le Pacha de Scodra et Omer-Vryoni approchaient pour envahir le territoire hellénique. Je m'expliquai longuement avec Botsaris, lui disant qu'à présent que toutes les difficultés étaient aplanies, était le moment de tenir sa promesse et de se réconcilier avec ses compatriotes les Tsavellas. Le lendemain par suite de notre entretien, Marcos ayant convoqué tous les CAPITAINES souliotes, officiers et soldats, dans le vestibule d'une grande maison turque, appelée VOÏVONTALITICON leur parlat en Albanais leur langue, et leur fit un discours plein d'enthousiasme et de patriotisme. Voici la partie essentielle de sa harangue :

« Mon âme se brise en voyant que mes compartriotes, qui me soupçonnent injustement de vouloir leur commander à tous s'éloignent de moi. Nos divisions amèneront la ruine des Souliotes, et c'est peut-être ce que désirent nos ennemis. Nous avons perdu notre patrie, et nous cherchons à nous faire une nouvelle demeure, mais y parviendrons-nous jamais, étant désunis ?

Nous voulons conserver notre réputation militaire, mais pourrons-nous la maintenir, étant en désaccord ? Nous sommes peu nombreux, mais à cause de la réputation de notre nom, beaucoup d'étrangers s'unissent à nous, et la gloire de nos victoires revient à nous seuls, quoique nous soyons aidés par eux. Quand nous sommes unis, nous formons un seul corps militaire, nous sommes des Souliotes ! Chaque gouvernement nous caresse. Divisés nous serons obligés de nous unir à d'autres, le nom de Souliote s'éteindra et nous deviendrons les suivants d'Iscos, de Rhangos et du reste. Nous devons nous souvenir de ce que nous devons à notre patrie particulière, à Souli, à nos ancêtres, à nous-mêmes ! Si nous avons perdu nos maisons, notre terre nous portons en nous le nom de Souli, que nous ne saurions conserver qu'en étant unis. Nous portons le nom de nos glorieux ancêtres, qui ont toujours combattu contre leurs tyrans pour leur liberté. Quel nom nous resterait ? A moi celui de Botsaris ; à toi, celui de Tsavellas ; à toi celui de Zervas, de Photomaras, de Danglis, si nous étions divisés et inscrits dans les rangs de Plapoutas, de Colocotroni, d'Iscos et d'autres ! Frères, nous avons des devoirs envers nous-mêmes, envers notre honneur, envers notre réputation militaire, envers nos propres familles ! Quelle utilité pouvons-nous retirer de nos divisions ? Quel avantage pour nos enfants ? La fraternité donc, l'accord entre nous sont les seuls moyens par lesquels nous pouvons honorer notre sainte patrie, et nous rendre utiles à la liberté de la Grèce. — Moi, compatriotes, je n'ai pas demandé de grades au Gouvernement, ni n'ai été nommé commandant en chef, cependant un grade m'a été accordé, mais ne le méritez-vous pas tous comme moi ? Eh bien ? pour vous prouver que je suis très éloigné de nourrir des sentiments d'égoïsme et d'ambition, et que je suis ce même Marcos, que vous avez toujours vu combattre à vos côtés, je déchire devant vous mon diplôme de général, et je vous jure que je ne veux d'autre dignité, que celle qu'avaient mes ancêtres, et que vous avez tous vous-mêmes. Nous sommes, frères, et nous n'avons qu'une chose de commun, LA GLOIRE ET L'HONNEUR. Voici l'ennemi qui nous attend;

c'est sur le champ de bataille seulement que nous devons glorifier et honorer le plus brave. »

Ayant parlé ainsi à ses concitoyens, Marcos déchira son diplôme de général. Son discours et son acte émurent jusqu'aux larmes tous les assistants qui se levèrent aussitôt, et s'embrassèrent les uns les autres. Emmenant alors Tsavellas et les autres capitaines Souliotes, il les conduisit chez moi, où je les reçus en versant des larmes de joie; ils m'annoncèrent qu'ils étaient prêts à marcher en corps contre l'ennemi là où je le jugerais convenable. Après leur avoir exprimé toute ma joie de leur réconciliation, je leur dis de prendre avec eux Tsongas, et Macris, afin qu'ils décidassent ensemble les positions les plus propres à leurs campements.

Le jour suivant, vers le milieu de juillet, Tsongas, Botsaris, Tsavellas, Macris et quelques autres capitaines s'étant réunis chez moi, décidèrent d'un commun accord qu'Iscos et Rhangos avec les Valtinais iraient se poster à Macrynoros, comme il avait été déjà décidé à KERASOVITICA CALYVIA ; Macris, dans une position appelée

Laspi ; et Tsongas, à Vonitsa. Ces quatre corps, s'élevant à 4.000 hommes, s'entendraient et se secoureraient mutuellement, lorsqu'ils seraient attaqués par Omer-Vryoni, qui devait entrer en Grèce par Macrynooros, pour faire sa jonction avec le Pacha de Scodra. Marco-Botsaris, Tsavellas et d'autres Souliotes devaient se rendre à Carpénisi, et s'unir à Gioldasi, Pisili, Sadimas et autres capitaines de la Grèce occidentale, qui s'y étaient postés, comme il leur avait été recommandé à Kerasovitica Calyvia.

Je communiquai par une circulaire cette résolution aux capitaines des environs, et j'ordonnai de préparer, les munitions nécessaires pour chaque corps militaire, après avoir distribué aux capitaines un peu d'argent de ma pauvre cassette particulière. Ensuite, toutes les troupes qui se trouvaient à Mésolonghi, partirent pour le lieu de leur destination ; comme il n'existait pas de magasins de blé, chaque corps devait tirer ses provisions de la province à laquelle il appartenait. Les habitants de ces provinces n'ayant payé ni dîme ni au- n droit national, étaient obligés de nourrir le CAPITAINE et les soldats sous ses ordres.

Tandis que les CAPITAINES guerroyaient, je restais à Mésolonghi, et j'entretins avec eux et le gouvernement une correspondance continuelle. Je m'occupai surtout de fortifier cette ville et de lui procurer des munitions et du plomb, dont on avait le plus grand besoin. Je rassemblai le plus de provisions possible, pour soutenir un siège, si les armées helléniques échouaient au dehors. Vers la fin de juillet, Topal-Pacha, amiral de l'escadre ennemie, informé de mes opérations stratégiques, débarqua près de Cryonéri un corps de plus de 300 hommes, qui s'avança jusqu'à Bochôri et Galata, à deux heures de Mésolonghi. Avec ma garde particulière et quelques Mésolonghites, je marchai contr'eux, et je donnai en même temps des ordres pour faire venir des renforts d'Etolico. Nous attaquâmes les Turcs près de Cryoneri, mais les vaisseaux ennemis, qui étaient mouillés tout près, tirèrent sur nous, tuèrent trois des nôtres, mon cheval, et blessèrent onze soldats. Enfin, les Turcs vaincus, se retirèrent, et furent forcés de remonter sur leurs navires. Ce combat eut lieu vers le coucher du soleil ; comme je pensais que le lendemain il y aurait un nouveau débarquement, je résolus de ne pas m'éloigner, d'autant plus que je venais de recevoir de Mésolonghi et d'Etolico de nouveaux renforts. J'ordonnai donc à Tsatsos, commandant de ma garde, de se fortifier à Bochôri avec cent hommes, et à Spyridion Valsamakis, avec cinquante à Galata ; de mon côté je me postai à une demi-heure de Bochôri, près de la mer, dans une position appelée Déké, aux pieds du mont Varasova, avec environ cent cinquante soldats, et je me retranchai fortement dans les ruines de quelques maisons. J'ordonnai également à Valsamakis et à Tsatsos de venir au secours de cette position, qui ne manquerait pas d'être attaquée, mais de se tenir cachés, afin que les Turcs de la flotte crussent qu'ils étaient partis.

Cependant Topal-Pacha pendant la nuit transporta de Patras dans ses vaisseaux des Laliotes et des Albanais, et le lendemain il débarqua à terre environ six cents Turcs, parmi lesquels il y avait des soldats et des matelots. Du Déké où je me trouvais, avant le jour, à peine les vis-je venir, que j'en avisai immédiatement ceux de Bochôri et de Galata. Les Turcs, se partagèrent en deux corps : le premier, composé de 150 hommes, prit la direction de Bochôri, comme avant-garde ; une demi-heure après, le second corps se mit aussi en mouvement. L'avant-garde des Turcs s'avançait hardiment vers Bochôri, pensant que les maisons en étaient évacuées ; mais, Tsatsos fit ouvrir le feu contre eux, leur tua soixante-dix hommes et, poursuivit les autres qui prirent la fuite. Le second corps se dirigeait du côté de Galata ; les soldats de Valsamakis s'élancèrent à sa rencontre, et, accourant nous-mêmes du Déké, nous le prîmes en flanc, de sorte que ce corps de Turcs qui était le plus nombreux, attaqué de tous côtés, et découragé par la défaite de l'avant-garde, commença à battre en retraite. Nous le poursuivîmes jusqu'à la plage, mais nous fûmes arrêtés par les vaisseaux, qui tirèrent sur nous, et par leurs canots, qui étaient revenus avec de petits canons. Les Turcs purent se rembarquer, et mettre fin à ce combat, qui avait duré près de trois heures.

Nous eûmes huits hommes tués, trois à à Bochôri, et cinq du corps que je conduisais à Déké, deux Céphallènes, deux de Mésolonghi et un d'Étolico; trois seulement furent blessés. Du côté des Turcs, il resta sur le champ de bataille plus de 95 morts, parmi lesquels on remarquait un jeune homme de 20 ans; à sa beauté, à la richesse de ses vêtements, on l'eût pris pour le commandant de l'avant-garde, mais, comme nous l'apprîmes plus tard, c'était le fils adoptif de Topal-Pacha. Beaucoup de sabres et de fusils furent le butin de la journée.

J'annonçai aussitôt aux CAPITAINES l'heureuse issue de la bataille, leur recommandant de ne pas quitter leurs postes, parce que nous étions en nombre suffisant pour repousser toute attaque des ennemis. Nous restâmes tout le jour et toute la nuit à nos places, et les Turcs demeurèrent immobiles à bord de leurs vaisseaux. Le jour suivant une frégate partit pour Patras, et revint bientôt après. Nous ne vîmes à bord que son équipage; j'en conclus donc, qu'elle avait transporté à Patras les soldats qu'elle avait pris la veille.

Deux jours après arriva Macris avec environ trois cents hommes, je lui reprochai sévèrement d'avoir quitté son poste sans ma permission. Il me répondit que, comme capitaine de la province attaquée il n'avait pas pu demeurer indifférent à la nouvelle du débarquement des Turcs, mais que, d'accord avec Tsongas, il avait laissé à Laspi deux cents de ses soldats qui, joints à ceux qu'avait envoyés Tsongas lui-même suffisaient pour garder cette position. Il ajouta qu'il n'avait reçu ma lettre qu'en route, et près de Mésolonghi, et qu'il avait cru bien faire en venant à ma rencontre, avant de rebrousser chemin. Les circonstances m'obligeaient à ménager les capitaines, je dissimulai donc mon mécontentement, et lui dis que, puisqu'il était venu, il allât se poster à Déké, où je me trouvais, et renforcer Bochori et Galata, en cas d'un nouveau débarquement des Turcs.

Ma présence étant désormais inutile, je retournai le soir à Mésolonghi avec plusieurs de ses habitants et quelques Étolikiotes ; j'y reçus en arrivant l'accueil le plus enthousiaste.

CHAPITRE SEPTIÈME

1823.

— Août. —

Arrivée de Lord Byron à Céphalonie. — Intrigues. — Tséléledim Bey campe à Carpénissi. — Plan militaire de Marco-Botsaris. — Attaque nocturne du camp ennemi à Carpénissi. — Mort de Marco-Botsaris et son convoi funèbre. — Bataille de Caliacouda. — Mort de Zigouri Tsavellas et de Nicolas Condojanni. — Mesures prises pour défendre Mésolonghi.

Afin de me procurer le plomb qui manquait à Mésolonghi j'avais écrit à Zavos à Ithaque et à Denys Romas à Zante, tous deux partisans dévoués de la Révolution ; mais je ne reçus d'eux aucune réponse à cause des mesures sévères du gouvernement Ionien ; je me trouvais donc, dans un extrême embarras, lorsque le Métropolitain Ignace m'envoya de Livourne un canon de 48, qu'il accompagnait d'une lettre très-flatteuse. Par crainte d'un siège futur, je pris des mesures générales, et je ne négligeai rien pour me procurer des aliments, mais l'argent me faisait défaut; il ne m'était possible d'avoir aucune communication, avec Céphalonie car mes frères persécutés par le gouvernement Anglo-Ionien m'avaient écrit de ne me fier à personne. A cette époque Lord Byron, se dirigeant vers la Grèce, était arrivé à Céphalonie et avait exprimé à mes frères, le désir de se rendre à Mésolonghi ; il contribua par l'autorité de son nom à apaiser la haine que le gouvernement Ionien nourrissait contre mes parents qui purent songer à me secourir. Ils engagèrent Lord Byron à partir pour Mésolonghi, mais Mavrocordato, qui préparait son départ pour cette ville, envoya à Céphalonie, avec des lettres pour le Lord, Praïdis qui fit tous ses efforts, pour lui faire remettre son voyage jusqu'à l'arrivée de Mavrocordato à Mésolonghi. Ce retard fut une vraie fortune pour les Hellènes, car la défaite du Pacha de Scodra eût été attribuée à un Anglais, et non à ceux qui, sans ressources et par leur seule valeur, firent échouer l'expédition ennemie.

Botsaris ayant appris l'arrivée de Byron, m'écrivit de Carpénissi le 30 juillet, qu'il était bon, comme représentant du gouvernement hellénique, que j'invitasse le Lord à venir dans la Grèce occidentale. Je ne confiai à personne les renseignements que j'avais reçus de Céphalonie, et je répondis à Botsaris que, comme AUTORITÉ, je ne pouvais pas inviter OFFICIELLEMENT un tel personnage, sans instructions du gouvernement; mais que lui et les primats pouvaient l'inviter, et que, s'ils le faisaient, je ne voyais pas de difficulté à transmettre moi-même leurs lettres pour qu'elles parvinssent sûrement entre les mains du Lord à Céphalonie.

Le 4 août 1823, je reçus une nouvelle lettre de Botsaris, dans laquelle il me disait qu'il suivrait mon conseil, et que, préparant contre l'ennemi un plan d'attaque, du succès duquel il ne doutait pas, il écrirait plus tard au Lord, afin de lui annoncer sa victoire en même temps qu'il lui transmettrait l'invitation. Il me fit savoir, en outre, que le Pacha de Scodra était entré en Grèce par l'Agrapha, et que son avant-garde, composée de cinq mille hommes, infanterie et cavalerie, sous les ordres de Tséléledim-Bey, était déjà campée près de Carpénissi.

Après cette lettre, je m'attendais à apprendre d'un jour à l'autre la nouvelle de quelque bataille, lorsque le 8 août Basile Goudas, secrétaire de Botsaris, m'apporta une lettre de lui à Mésolonghi. Il me priait de remettre une certaine somme d'argent à Goudas, pour l'envoyer à sa famille, qui était à l'étranger; et avait chargé ce dernier de me donner de vive voix des renseignements détaillés sur son plan d'attaque, craignant qu'une lettre ne s'égarât, et que les Turcs n'apprissent son projet. Il terminait, en disant, que bientôt nous jouirions à Mésolonghi, de son succès comme la patrie et moi le désirions. Hélas! Ce Marcos, qui écrivait ainsi, on me l'apporta mort deux jours après!

Goudas me donna sur le plan d'attaque les renseignements suivants:

Dès que Tséléledim-Bey aurait assis son

camp à Corpénissi, Botsaris, d'accord avec les capitaines Souliotes, l'attaquerait pendant la nuit, et l'écraserait facilement. Les Turcs, poursuivis par les Hellènes, rencontreraient en route les restes de l'armée turque et le Pacha de Scodra; cette armée n'étant pas prête non plus, perdrait courage, et battrait en retraite. Les Hellènes alors, aidés par les provinces voisines, poursuivraient les Turcs jusqu'à l'Agrapha, et ainsi finirait l'expédition ottomane. Goudas me disait encore que Botsaris n'avait pas confié son projet aux autres CAPITAINES de la Grèce occidentale, et qu'il les avait tous postés sur une hauteur, peu distante de son camp et de celui des Turcs, avec l'ordre formel de ne se mouvoir contre l'ennemi, que lorsqu'ils seraient prévenus. Ils devaient s'ils entendaient des coups de fusils, y répondre par une fusillade continue, mais ne pas quitter leurs places, Marcos prit cette mesure, craignant que quelques CAPITAINES, peu expérimentés dans une guerre nocturne, ne tuassent des Souliotes au lieu de Turcs; un grand nombre en effet ne connaissaient pas le mot d'ordre, qui était, en langue albanaise, pour la demande KISTE (qui es-tu ?), et pour la réponse STOURNARI (pierre de fusil), et si quelqu'un avait hésité un instant de répondre, il eût été pris pour un turc et tué.

Le camp ottoman se composait de Turcs de Scodra, de Mérédites, de Tchamides d'Albanais, et le vêtement, l'armement, la taille et la langue des Albanais ne différaient en rien de ceux des Souliotes; or pour connaître ce qui se passait dans le camp ennemi, Marcos y envoya secrètement Noutsos Botsaris, son parent, qui espionna les Turcs ; il s'introduisit dans le camp ennemi, le parcourut sans crainte, en se mêlant aux Turcs, lorsqu'on l'interrogeait, il répondait aux Tchamides qu'il était Albanais, et aux Albanais qu'il était Tchamide. Les Turcs, campés dans un extrême désordre, ne conçurent pas le moindre soupçon, de sorte qu'il put rester le 6 et le 7 août dans le camp Turc. Il revint le 8 dans le camp hellène, et raconta à Marcos ce qu'il avait vu. Il y avait diverses tribus de Turcs, qui ne se connaissaient pas mutuellement, campaient çà et là en désordre, et se soupçonnaient les unes les autres à cause de fréquents larcins qui se commettaient. Hormis les Turcs de Scodra et quelques Abanais, les autres étaient de mauvais soldats, faciles à vaincre. Goudas me dit, en outre, que Botsaris avait l'intention d'exécuter son projet, dans la matinée du 9 août, et comme je lui faisais observer qu'il risquait ainsi le coup définitif, il m'assura que la réussite était certaine.

Cette bataille nocturne eut lieu, en effet, vers l'aube du 9 août. Dans la matinée du 10, j'entendis des cris et des gémissements hors de ma maison, et je vis entrer Goudas, tout en pleurs, qui m'annonça la mort de Marcos, et me dit qu'on apportait son cadavre. Je restai muet de douleur à la nouvelle de cette catastrophe. Je sortis immédiatement de chez moi, et, ayant réuni en un clin d'œil les habitants de Mésolonghi, je me précipitai hors de la ville à sa rencontre, et je reçus dans mes bras la dépouille mortelle de ce grand homme.

Une sœur de Marco, appelée Marô, mariée avec un Agraphiote, demeurant à Mésolonghi, me fit prévenir par Goudas qu'elle me priait de faire transporter le mort chez elle, pour l'honorer de toutes les cérémonies funèbres d'usage dans Souli. Nous devions ensuite l'accompagner à l'église, d'où, après les prières religieuses, nous le conduirions à sa dernière demeure. Nous portâmes donc le mort chez Marô, à qui j'exprimai les sentiments pénibles que me causaient la perte de ce chef, mon ami, et un des plus puissants soutiens de la Révolution hellénique. En la consolant, je lui dis qu'il n'était pas en notre pouvoir de nous dérober à la volonté du Très-Haut. Marô me remercia de mes paroles amicales, et me répondit, les larmes aux yeux : « Nous sommes habitués à des morts de cette nature, car depuis le moment où nous avons connu le monde, nous n'avons entendu parler par nos pères et nos frères, que de guerres et de morts. Hélas! C'était aussi le sort de l'infortuné Marco! » Et en disant cela, elle tomba sur le cadavre de son frère.

A ma sortie de la maison de Marô, je donnai les ordres pour les funérailles.

Trente-sept coups de canon, un à chaque quart d'heure, annonçaient l'âge de Marcos. L'évêque et le clergé de Mésolonghi, d'Etolico et du voisinage, tous les habitants de la ville, civils et militaires, toutes les femmes, les cheveux épars, accompagnèrent le mort à l'église. La cérémonie religieuse terminée, il fut déposé dans le tombeau, et tout le premier, avec l'évêque, je jetai de la terre sur le corps de cet homme généreux, en qui la patrie avait mis de si grandes espérances.

Le lendemain de la sépulture, ceux qui avaient été blessés à Carpénissi, furent transportés en ville au nombre de 42 ; leurs blessures, produites plutôt par la poudre que par les balles, démontraient que le combat avait eu lieu corps à corps. Voici la description exacte de la bataille.

Environ 900 Souliotes et Continentaux furent mis en mouvement dans cette attaque nocturne contre le camp ennemi. Sur une hauteur voisine furent postés, comme il a été dit, plus de 2.000 Hellènes, sous la conduite des CAPITAINES Gioldaséi, Pisilis, Sadimas, Zanganas et autres. Les Souliotes se mirent en marche en bon ordre deux heures avant le jour ; ce qui fut une très-grave faute ; ils auraient dû se mettre en marche au moins quatre heures plus tôt.

Marco, qui dirigeait cette attaque, avait décidé avec Tsavellas d'assaillir avec 500 hommes l'aile gauche du camp ennemi, où, d'après les renseignements de Noutsos, les Turcs étaient plus nombreux; Tsavellas, de son côté, devait assaillir l'aile droite avec les 400 hommes restants. Marcos, devait prévenir Tsavellas, au son de la trompette, de chaque mouvement qu'il ferait. Les Hellènes entrèrent ainsi sans coup férir dans le camp des Turcs une heure et demie avant le jour. Ils les trouvèrent endormis. La tuerie dura plus d'une demi-heure. Ensuite commença la fusillade dans le camp, suivie bientôt de celle des Hellènes qui se trouvaient sur la pente voisine. Cependant Marco est blessé légèrement au côté, et son trompette gravement frappé, mais le carnage et les cris des Turcs et des Hellènes n'en continuaient pas moins. Tséléledim-Bey d'abord étonné de cette attaque imprévue, rassemble les Scodriens, entre dans un parc de brebis qui se trouvait près de lui, et commence une fusillade plus régulière sur les combattants, sans s'inquiéter si ce sont des soldats hellènes ou turcs qu'il frappe. La perte fut sensible chez les Hellènes, qui attaquaient les Turcs campés autour du parc. Marco songeait à l'échec de cette tentative, si avant le jour il n'avait chassé les Turcs postés dans le parc ; il communiqua cette crainte aux officiers qui l'entourent, à son frère Costas, à Noutsos, et réunissant autour de lui plus de deux cents hommes, donne l'assaut aux Turcs retranchés dans le parc. Mais ne connaissant pas leur nombre, il ordonne à ses soldats de tirer, afin que la fusillade des Turcs, lui permette de juger de leur nombre. Mais, à la riposte des Turcs, une balle frappe Botsaris au front près de l'œil droit, l'étend raide mort. Ceux qui étaient auprès de lui, découragés, enlevant le cadavre, commencèrent à battre en retraite, invitant les autres à faire de même, car le jour approchait. Ils cachaient la mort de Marco, pour que les soldats ne perdissent pas leur sang-froid. Mais, au milieu de cette terrible confusion, ils oublièrent de prévenir Tsavellas, qui combattait avec succès à l'aile droite, de sorte que les troupes sous les ordres de Marco se retiraient, tandis que Tsavellas continuait à combattre. Tséléledim-Bey, voyant la retraite des Hellènes et le combat continuer à l'aile droite, ordonne à environ 200 cavaliers de se diriger par le bas, de traverser un pont, et de tomber sur les derrières de Tsavellas, pour écraser les Hellènes, pendant leur retraite. Jean Tsaousis, officier de Botsaris, voyant le mouvement des cavaliers, se précipite au devant d'eux avec quelques soldats, les attaque au passage du pont, en tue un grand nombre, et force les autres à retourner sur leurs pas. Alors Tsavellas, averti, se retire en bon ordre, se joint à Tsaousis et aux autres, apprend la mort de Marcos et la blessure du trompette qui l'a empêché de donner le signal de la retraite. Après cet insuccès, les Hellènes, regagnèrent la position qu'ils occupaient auparavant.

Dans ce combat, il resta sur le champ de bataille environ soixante Hellènes ; il y eut 42 blessés, qui furent transportés à Mésolonghi. Du côté des Turcs, on compta 1.500 morts, et un petit nombre de blessés; comme on combattait corps à corps, les blessures étaient presque toutes mortelles. Les Hellènes prirent 1.600 fusils, 1.800 pistolets, 300 sabres petits et grands, 1.200

chevaux, 30 mulets et d'autres bagages de guerre. On m'apporta, en outre, à Mésolonghi quatre drapeaux, dont un en soie, sur lequel était brodée une main montrant une demi-lune, les trois autres portaient seulement une demi-lune, mais tous étaient de couleur verte.

Après la mort de Marcos, j'écrivis une lettre de condoléance à son frère Costas, Botsaris, et une autre aux CAPITAINES souliotes, partageant leur douleur pour la mort de leur grand compatriote ; je louais en même temps leur triomphe remporté à la bataille de Carpénissi, et les priais de me faire connaître quelles mesures ils pensaient prendre pour empêcher l'irruption de l'ennemi. Mais il manquait cet homme, dont la gravité effaçait toutes les jalousies des Souliotes, qui, par sa valeur et son talent militaire, commandait, non seulement le corps des Souliotes, mais encore tous les CAPITAINES qui se trouvaient dans la Grèce occidentale. Après la mort de Marco, Zigouris Tsavellas avec Kitsos voulaient prendre la direction du camp, mais Costas Botsaris, les Danglis, les Zervas et d'autres ne voulaient pas la leur céder.

Les frères Tsavellas se mirent d'accord avec les capitaines de la Grèce occidentale, qui avaient intérêt à ne pas être abandonnés par les Souliotes, et se séparèrent de ceux de Botsaris. Contre toute espérance, Costas Botsaris m'écrivit qu'il avait l'intention d'abandonner la position qu'il occupait, et que Tsavellas, de son côté, uni avec les capitaines de la Grèce occidentale, devait aller camper dans une nouvelle position vers Carpénissi, d'où il menacerait le camp ottoman.

Cependant le Pacha de Scodra, traversant l'Agrapha, s'unit à Tséléledim-Bey à Carpénissi, et Omer-Vryoni, apprenant l'irruption de Scodra, entra dans la Grèce occidentale par Macrynoros. Iscos, Rhangos et Tsongas, après la mort de Marco et l'entrée de Scodra à Carpénissi, virent qu'il leur était impossible de résister à la marche d'Omer-Vryoni. J'écrivis alors à Costas Botsaris d'occuper les ponts d'Alam-Bey ; à Tsongas, de venir à Paliomaïna près de l'Achéloüs, ei de s'entendre avec Costas Botsaris ; à Iscos et à Rhangos, de se consulter avec les Tsavellas et les autres capitaines, pour occuper la position la plus convenable.

En ce moment je reçus du Péloponèse des lettres d'André Londos, m'annonçant qu'il avait reçu l'ordre de se rendre dans la Grèce occidentale avec 2.000 soldats Comme il ne pouvait à cause de la flotte ennemie aller par mer à Mésolonghi il avait déjà mis en mouvement 400 soldats qui gagnaient la Grèce Ferme en traversant l'isthme de Corinthe.

Je communiquai à Londos les mesures que j'avais prises après la mort de Marco, en lui envoyant le plus capable de mes employés, Constantin Goulimis, pour lui faire connaître le péril imminent de Mésolonghi, et le manque de vivres. Je lui fis part, en outre, de la nécessité de s'unir avec Tsavellas, pour former un camp redoutable sur les derrières de Scodra, qui n'avançait plus depuis qu'il savait que d'autres positions avaient déjà été occupées précédemment par Tsongas et les Souliotes. Londos hâta l'envoi des 400 hommes, et obligea Sissinis à m'expédier 1.800 mesures (kila) de blé de Turquie.

Sur ces entrefaites, Tsavellas avec les autres CAPITAINES de la Grèce occidentale alla occuper la position de Caliacouda près de Carpénissi, où étaient déjà campés les 400 Péloponésiens de Rhodopoulos, le fils de Mitsos Condojanni de Patratsiki et quelques autres troupes de Crawara, de sorte qu'il se trouva à Caliacouda un camp de plus de 2.500 hommes. Dès qu'ils furent fortifiés dans cette position, ils décidèrent que Sadimas avec 200 soldats garderait un défilé de difficile accès, d'où les Turcs pouvaient, une fois passés, s'élever sur la hauteur qui se trouvait derrière le camp. Ce passage était si escarpé et si bordé de précipices, que 50 soldats seulement, et non 200 auraient suffi pour le garder. Avec ces précautions, la position de Caliacouda, qu'occupaient les Hellènes, devenait très forte et presqu'inexpugnable.

Scodra pensait qu'il n'importait pas du tout d'attaquer aussitôt Mésolonghi ; sachant qu'il trouverait de la résistance en route, et, ayant sur ses derrières un camp redoutable, il résolut, de le détruire. Sur la fin d'août, il marcha contre les Hellènes qui occupaient Caliacouda.

Trois fois il se précipita avec toutes ses forces contre les fortifications des Hellènes mais il fut repoussé avec des pertes considérables. Ayant compris alors qu'il ne lui était pas possible de prendre cette position, il employa la corruption et acheta les gardiens du défilé placés sous les ordres de Sadimas, comme il a été dit, qui lui livrèrent le passage. Pendant la nuit, il y envoya un détachement et le lendemain il assiégea de nouveau les fortifications helléniques de Caliacouda. Alors qu'il était repoussé les Turcs apparurent tout-à-coup sur les hauteurs qui étaient derrière nos soldats, les Hellènes pris entre deux feux se virent perdus. Un seul parti leur restait à prendre, s'ouvrir un chemin à travers les bataillons ennemis. Dans un élan d'héroïsme ils se précipitèrent hors des retranchements et se frayèrent un passage au milieu des Turcs stupéfaits par tant d'audace. Il resta sur le champ de bataille plus de 200 hommes, parmi lesquels les capitaines Zigouris Tsavellas, Nicolas Condojanni et quelques autres officiers. Les Hellènes, en fuyant, perdirent tous leurs bagages, leurs vêtements de dessus, et ne conservèrent que leurs armes.

Un tel désastre, amena la dispersion de l'armée et permit à Scodra-Pacha de marcher librement contre Mésolonghi. De son côté, Omer-Vryoni ayant aussi appris la défaite des Hellènes à Caliacouda, envahit immédiatement notre territoire, et s'arrêta à Lépénou, à huit heures de Mésolonghi.

En apprenant cette catastrophe, je me laissai aller au découragement : il n'était plus possible, pensai-je, d'empêcher Scodra d'avancer, mais voulant combattre jusqu'à la dernière heure je concentrai les restes des armées à Etolico et à Mésolonghi ; j'écrivis à Kitsos Tsavellas de faire rentrer en ville ses soldats ; à Rhangos, Iscos et aux autres, de camper hors de Mésolonghi, où ils le pourraient, puis je me dirigeai à la rencontre de Tsongas vers Paliomaïna, et de Botsaris vers Angélocastron.

Après avoir conféré avec Tsongas à Paliomaïna, nous décidâmes qu'il irait lui-même à Mésolonghi avec son corps, et que Dimos Tsélios se rendrait à Lésini, forte place, entourée de lacs, où il rassemblerait les habitants des villages voisins, afin de les soustraire à l'esclavage. J'engageai Costas Botsaris et Macris, à se rendre avec leurs troupes à Mésolonghi, tandis que deux lieutenants de Macris, Tserpélis et Lalios, occuperaient avec des forces suffisantes quelques îlots le long de l'Achéloüs, et qu'ils y recueilleraient les familles des provinces de Vlochos et de Zygos. Après cela, j'ordonnai aux Démogérontes des villages voisins de se retirer avec les habitants dans les deux villes. De retour à Mésolonghi, je proclamai que toutes les femmes et les enfants, qui le voudraient, étaient libres de partir pour Calamos ou les autres îles soumises aux Anglais ; mais je défendis aux hommes propres à porter les armes de s'éloigner. Ces précautions eurent un heureux résultat, et, tout le temps que dura la guerre, Scodra ne put pas faire un seul prisonnier.

Je mis ensuite tous mes soins à me procurer des vivres et à tout ce qui pouvait être nécessaire pour soutenir le siège, et j'écrivis à Londos, afin de l'engager à partir sans délai pour la Grèce occidentale.

Cependant Scodra s'étant joint à Omer-Vryoni, marcha contre Mésolonghi à la tête d'une armée de 15.000 hommes d'infanteri de deux mille chevaux. Tsongas, Botsaris, Macris et Tsavellas le dernier rentrèrent tous dans la ville avec environ deux mille soldats. Je plaçai sous leurs ordres tous les hommes qu'ils purent rassembler dans les environs de Mêsolonghi, de sorte qu'ils eurent sous la main un corps de 3.500 hommes.

J'ordonnai à Tsongas et à Botsaris d'occuper toute l'enceinte de Mésolonghi jusqu'à la grande batterie près de la porte à gauche ; à droite, je plaçai Tsavellas et Macris ; et à la porte de la ville, Tsongas avec ma garde ; à la batterie, je plaçai les Mésolonghites, comme plus expérimentés et plus exercés, et je retins sous mes ordres immédiats 250 soldats d'élite, pour courir avec eux au secours de la partie qui serait attaquée par les Turcs.

Telles furent les mesures que je pris pour la défense de Mésolonghi.

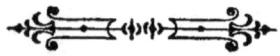

CHAPITRE HUITIÈME

1823

— Septembre-Novembre. —

Etolico. — Manque de plomb. — Clifford visite Mésolonghi. — Son action généreuse. — Scodra campe à Paléosaltsena. — Siège d'Etolico. — Echec d'une machination, et meurtre de Denys Phocas. — Embûche contre les Turcs à Scali. — Curieuses anecdotes. — Secours de Céphalonie. — Levée du siège.

Etolico est un îlot plat, situé dans le lac de Mésolonghi ; sur cet îlot s'élève la ville de même nom. Distante de la terre ferme à l'Est, de près d'un quart de mille, et à l'Ouest d'environ la moitié ; elle en est très éloignée au Nord et au Sud elle communique avec la pleine mer par un canal et se trouve à environ 7 à 8 milles de

Mésolonghi. La position de cette ville était donc forte et inexpugnable, la lagune étant en notre pouvoir, mais à cette époque elle était encore sans fortifications ; de nombreuses familles du Xiroméron s'y étant réfugiées, elle comptait plus de 2.000 habitants. J'y trouvai, une garnison de 200 hommes, auxquels j'en adjoignis 300 autres d'Etolico, et je formai un corps que je plaçai sous le commandement d'Apostolis Cousouris et de Kitsos Costas Souliotes. Je choisis comme mon représentant Denys Phocas, de Céphalonie, bon et brave patriote, qui dirigea les affaires d'Etolico pendant mes courtes absences, car ma résidence était à Mésolonghi.

Ayant ainsi organisé la défense d'Etolico, je postai hors de Mésolonghi des grands' gardes qui devaient m'annoncer l'arrivée de l'ennemi, puis j'attendis les Turcs qui s'avançaient du côté de la Clisoura. Cependant le manque de plomb m'inquiétait vivement, car nous en avions à peine pour deux ou trois jours de combat.

Sur ces entrefaites une frégate anglaise commandée par le commodore Clifford, mouilla hors de Mésolonghi. Ce dernier envoya en ville un canot, avec un sous-officier, me portant une lettre, qui m'ordonnait de lui payer immédiatement 8.000 colonnats comme indemnité pour des dommages causés à un petit navire sous pavillon Ionien par un bâtiment de Mésolonghi. La chose avait eu lieu en effet, mais avant mon arrivée à Mésolonghi, de sorte que je n'en étais pas responsable. Je demandai au sous-officier anglais un peu de temps avant de répondre ; celui-ci me soumet alors une demande de Clifford qui désirait visiter Mésolonghi. Quel qu'innocente que me parût cette demande, je crus devoir, dans cette circonstance, réunir en conseil les quatre CAPITAINES qui se trouvaient à Mésolonghi, et je leur soumis le désir de Clifford. Ceux-ci répondirent à l'unanimité que, si j'y consentais ils n'y faisaient pas d'opposition. J'annonçai alors au sous-officier que Clifford était libre de venir à Mésolonghi, et que j'allais me préparer à le recevoir. Le sous-officier se rembarqua aussitôt ; mais comme la distance était grande du vaisseau à la ville, avant de s'en approcher, il fit quelques signaux au commandant, et une heure et demie après, Clifford, le commandant en second du vaisseau et un autre Anglais sans uniforme vinrent à terre. Ma maison étant située près de la mer, loin des fortifications, je les y reçus et les traitai avec la plus grande courtoisie ; je leur dis que je nourrissais pour les Anglais la plus profonde estime, et que c'était avec un extrême plaisir que j'avais consenti à ce qu'ils pussent visiter nos fortifications, surtout au moment où nous attendions l'ennemi. Les Anglais me remercièrent, et nous nous dirigeâmes vers les travaux de défense ; pendant notre visite, on m'annonça que les Turcs avaient paru. J'ordonnai immédiatement qu'on m'apportât mes armes et en chemin je dis à l'intendant militaire Déligeorgis ce qu'il devait faire. Cependant les troupes de la ville, avaient couru aux armes et venaient prendre leurs postes. Les trois Anglais voyaient avec étonnement ce mouvement tumultueux, tandis que je donnais des ordres. — Interrogé par eux sur ce dont il s'agissait. — Je leur répondis qu'on m'avait annoncé l'approche des Turcs, et qu'ils pouvaient, s'ils le désiraient, retourner sur leurs vaisseaux ; mais que, s'il leur plaisait d'assister à une escarmouche entre les Hellènes et les Turcs, ils n'avaient qu'à me suivre. Les Anglais s'étant consultés me répondirent cordialement que je les obligerais beaucoup en leur permettant de me suivre. Arrivés près des fortifications, nous trouvâmes les soldats rangés en bon ordre, et les commandants nous reçûrent avec les honneurs militaires. Les Anglais virent les batteries prêtes, et les mèches allumées ; ils restèrent étonnés de notre belle discipline et de nos préparatifs de guerre. Tandis que nous visitions les ouvrages de défense, nos vedettes m'annoncèrent que la poussière qu'elles avaient vue, était causée par les troupeaux, qui, à l'approche de l'ennemi, se réfugiaient à Mésolonghi. En disant cela aux Anglais, je les conduisis au tombeau de Marco-Botsaris, et je leur racontai ses exploits et sa mort héroïque. Cependant les Hellènes en apprenant que la première nouvelle était fausse, retournèrent la plupart en ville, au moment où j'y retournais moi-même avec les étrangers. Ceux-ci trouvant les soldats à leurs postes. et voyant la multitude qui affluait à Mésolonghi, me demandèrent quel était le nombre de nos forces militaires. Je leur répondis que nous étions tous soldats sans distinction, et que notre nombre s'élevait à plus de dix mille hommes. A cette époque, il nous fallait dissimuler le petit nombre de nos troupes.

L'impression que firent sur Clifford nos travaux militaires, fut excellente, et, à ses paroles, je compris qu'il était honnête, généreux et philhellène. De retour chez moi, je lui parlai de l'indemnité qu'il m'avait demandée par sa lettre ; je lui dis que je ne connaissais pas du tout cette affaire, que je n'avais pas d'argent, et que pour une affaire de ce genre, il devait s'adresser directement au gouvernement. Clifford me répondit qu'il était très fâché de m'avoir causé de l'ennui, qu'il voyait combien étaient difficiles les circonstances où nous nous trouvions, et il me pria de lui faire une réponse succincte, en m'assurant que je ne serais plus importuné. Les manières nobles de Clifford m'inspirèrent tant de confiance, que je me risquai à prendre une résolution hardie. Je le pris, à part, et lui dis, que ses sentiments philhelléniques et sa courtoisie m'encourageaient à lui faire une demande. Et, non sans une secrète émotion, je lui avouai que nous n'avions que peu de plomb, et que si, dans cette circonstance, il pouvait nous secourir, il serait le sauveur de Mésolonghi. — Clifford demeura interdit et troublé devant une telle confidence. D'abord, il me répondit que le plomb qui se trouvait à bord de la frégate, appartenait au gouvernement Anglais, et qu'il ne pouvait pas en disposer. A ces observations je répliquai, qu'il pourrait à Corfou ou ailleurs remplacer le plomb qu'il m'aurait cédé, et que son gouvernement ne saurait lui en vouloir d'être venu à notre secours, surtout quand il apprendrait que je lui avais fait connaître notre lamentable état, et sollicité sa protection. Clifford me serra la main avec bienveillance et répondit que je pouvais compter sur lui. Prenant ensuite la réponse que mon secrétaire avait préparée, il partit avec les deux autres Anglais.

Je restai quelque temps triste et pensif, lorsque tout-à-coup je vis une barque s'approcher du rivage, et les matelots Anglais déposer sur la côte environ 1.500 oques de plomb (1), et de plus, une caisse contenant 60 bouteilles d'un vin généreux. Un sous-officier me remit en même temps une lettre de Clifford, par laquelle il m'annonçait la liberté qu'il avait prise de m'envoyer du vin, si nécessaire dans les difficiles circonstances où nous nous trouvions ; mais pas un mot du plomb. Je lui répondis en lui exprimant toute ma reconnaissance de son envoi, sans faire non plus mention du plomb, et je lui promis de boire à sa santé avec mes camarades et de battre l'ennemi selon ses vœux.

Muni de ce secours, je fis part aux capitaines de ma résolution hardie, et de son heureux résultat.

Un peu après la mi-septembre arriva le Pacha de Scodra à la tête de son armée. Au lieu de camper en face de Mésolonghi, il campa sur le continent à gauche d'Etolico. Son camp s'étendait sur toute cette partie vers Paléosaltséna, vis-à-vis des

---

(1) L'oque est une mesure ottomane qui vaut un peu plus de 2 livres et 1/2.

îlots Echinades (Curzulaires), il opérait avec la flotte ennemie, déjà occupée au siège du côté de la mer. Tant que les Turcs restaient ainsi campés, on ne savait laquelle des deux villes ils avaient l'intention d'assiéger, quoique beaucoup d'eux vinssent tous les jours examiner les positions sur le front d'Etolico.

Je m'entendis avec Kitsos, Costas et Cousouris et dans les premiers jours d'octobre nous envoyâmes un détachement qui débarqua dans la partie occidentale de la terre ferme pour surveiller l'ennemi. Dans une escarmouche entre ce détachement et l'avant-garde de Scodra, les Hellènes perdirent 3 hommes et un officier, Basile Souliotis. Un grand nombre de Turcs périrent, et leur commandant, Abdulach-Bey fut blessé.

Les Turcs cependant transportèrent de Naupacte (Lépante) et de la flotte deux canons de 48, deux de 24 et deux mortiers, dont un très gros. Ils placèrent ces pièces en face d'Etolico, et commencèrent aussitôt à bombarder cette ville. Mais, comme la communication entre Etolico et Mésolonghi était libre du côté de la mer, nous transportâmes six canons de Mésolonghi, parmi lesquels celui du Métropolitain Ignace, sous la direction de l'ingénieur Kokinis, et le lendemain, nous commençâmes aussi à canonner l'ennemi. Parmi nos artilleurs le céphallène Marino Lykiardopoulos, se distingua particulièrement. Mais, comme nous n'avions pas de boulets du calibre du canon d'Ignace, je fus obligé de faire rechercher ceux que les Turcs nous lançaient avec les canons de 48, et de 24, et de leur rendre les projectiles qu'ils nous envoyaient.

Il paraît toutefois que parmi les artilleurs ottomans il y avait aussi des européens, car les bombes bien dirigées tombaient dans la ville. Les Turcs avaient près de la plage plusieurs pièces qui faisaient beaucoup de mal aux maisons. L'ingénieur Kokinis désigna alors un endroit convenable pour la construction d'une nouvelle batterie; comme le lieu était exposé, elle fut élevée pendant la nuit, et je fus obligé moi-même, pour servir d'exemple aux autres, de transporter de la terre sur mes épaules. Tous se mirent alors à travailler avec ardeur, quoique sous le feu continuel de l'ennemi, qui tua trois des nôtres. La batterie fut prête dès le matin ; nous y plaçâmes deux canons de 18, et celui de l'archevêque Ignace. Alors commença des deux côtés une canonnade incessante, mais après-midi l'habile Lykiardopoulos fit cesser le feu de la batterie turque. Plus tard, les Ottomans établirent à une plus grande distance dans le bois d'oliviers une autre batterie, à laquelle la nôtre ne pouvait faire aucun mal; mais, vu l'inégalité du terrain, eux aussi, ne pouvaient nous atteindre.

Les Turcs néanmoins, pour couper toute communication entre Mésolonghi et Etolico, construisirent une nouvelle batterie loin de leur camp, près d'un endroit appelé Saint-Nicolas. Un jour que, sur un canot (MONOXYLON, fait d'une seule pièce de bois), j'allais de Mésolonghi à Etolico, je fus reconnu par les Turcs; car ils me saluèrent d'une quantité de boulets, qui, faillirent nous couler. Un de ces boulets même était dirigé avec tant de précision, qu'ayant passé au-dessus de ma tête, il enleva des mains du nocher la perche avec laquelle il poussait la barque. L'ingénieur me fit observer que l'îlot, au niveau de la mer, appelé Poros, et qui se trouve au milieu de lac, était très propre à y élever une batterie. La nuit, nous transportâmes du continent de grands paniers et des sacs pleins de terre, et le lendemain matin deux canons saluèrent les pièces ennemies de Saint-Nicolas. Notre nouvelle position était très bonne, car les boulets des Turcs, tombaient devant nous dans la mer, ou passaient au-dessus de l'îlot. Cette canonnade dura jusqu'à midi; à ce moment nous vîmes les Turcs quitter précipitamment leur batterie, et la communication se trouva rétablie entre les deux villes.

Pendant le siège une conjuration se tramait. La réussite eût amené peut-être la chûte d'Etolico et quoi qu'elle ait échoué, elle entraîna la mort d'un de nos plus honorables combattants, le céphallène Denys Phocas, mon lieutenant à Etolico.

Parmi les capitaines de la Grèce occidentale se trouvait Varnakiotis, un des plus illustres. Il ne pouvait malheureusement se persuader que l'entreprise des Grecs contre les Turcs, réussirait jamais ; aussi dès le commencement de la révolution, vivait-il amicalement, tantôt avec Ali Tépélin, tantôt avec d'autres Pachas, et particulièrement avec Omer-Vryoni et d'autres Beys Albanais. Lorsqu'en 1822 Mavrocordato se trouva à Mésolonghi, il soupçonna sans doute sa conduite car il n'eût pas pour lui autant d'égards qu'il l'eût voulu. Mécontent Varnakiotis se rendit à Prévéza, là s'étant uni avec Omer-Vryoni, il fit la campagne dans le camp du Pacha de Scodra. Cependant Denys Phocas, qui avait quelques soupçons, m'avertit de me méfier de Sipsas et de Dovas, qui, quoique sous-officiers de Macris, demeuraient sans raison à Etolico. D'après lui, de concert avec Varnakiotis, ils avaient l'intention de me tuer, d'exciter des désordres à Etolico, et, de laisser les Turcs se rendre tranquillement maîtres de la ville. Malgré la plus sévère investigation, je ne pus rien découvrir. Mais quelques jours après ayant passé la nuit à Etolico, Sipsas entra le matin dans ma chambre ; me voyant avec Phocas et deux militaires, il fut intimidé, et alléguant quelques prétextes futiles, il me fit une demande. Simulant de ne m'être aperçu de rien, j'usai de courtoisie avec lui, et je l'engageai à se rendre auprès de son commandant. Le lendemain, Sipsas partit, Dovas plus audacieux que lui, resta à Etolico, et résolut de tuer avant moi mon représentant. Tandis que je me trouvais à Mésolonghi, il se rendit chez Phocas de grand matin, et l'ayant trouvé seul, il voulut faire usage de ses pistolets. Mais Phocas le prévint, tira contre lui, et le blessa au bas-ventre. En même temps, les camarades de Dovas firent feu, de leur côté, contre Phocas, le frappèrent de trois balles à la tête, et le tuèrent. La mort d'un grand patriote tel que Phocas assassiné par des traîtres m'affligea beaucoup. Je convoquait immédiatement Costas Botsaris, Tsavellas, Tsongas, et plusieurs des principaux de Mésolonghi, pour leur faire part de la mort tragique de Phocas, et du danger que j'avais couru moi-même. Les CAPITAINES apprirent cela avec indignation, me témoignèrent la reconnaissance de leur patrie, et me déclarèrent qu'ils étaient prêts à sacrifier leur vie pour me défendre. Cependant il ne me permirent pas d'aller à Etolico, mais ils en chargèrent Costas

Botsaris, qui partit avec l'Evêque et cent soldats pour faire les funérailles de Phocas avec tous les honneurs qui lui étaient dus. Botsaris voyant l'indignation de tous les soldats et des habitants d'Etolico contre l'abominable action de Dovas, assembla les primats et les commandants de la garnison Cousouris et Kitsos Costas les harangua, ordonna de transporter à Mésolonghi le blessé Dovas, et d'éloigner d'Etolico tous ses adhérents. Nos soupçons sur une entente préexistante avec Varnakiotis, augmentèrent encore quand nous vîmes que les Turcs avaient cessé le bombardement le jour du meurtre et les deux jours suivants, pour le reprendre seulement le quatrième jour.

La blessure de Dovas étant mortelle, il fut décidé que l'on éloignerait de Mésolonghi les deux parents de Dovas, Sipsas et ses adhérents. Botsaris, Tsavellas et Tsongas engagèrent Macris à les éloigner lui disant qu'il se compromettait lui-même, en conservant de tels hommes dans son corps.

Macris, nous annonça le jour suivant qu'il partageait notre opinion. Trois jours après la sépulture de Dovas, ses parents partirent tous avec des lettres de Macris, pour aller se joindre aux corps militaires hors de Mésolonghi.

Mésolonghi était étroitement assiégé par mer seulement, mais, comme les Turcs, pour s'approvisionner, envoyaient à Bokhôri et à Galata de nombreux détachements de cavalerie et d'infanterie qui passaient près de la ville, nous ne pouvions pas en sortir librement, ne voulant plus supporter l'audace des Turcs, je convoquai LES CAPITAINES et leur dis qu'il était honteux de rester ainsi inactifs et de laisser nos soldats vivre dans l'oisiveté dans les murs de Mésolonghi ; et qu'il fallait attaquer les détachements Turcs, et leur enlever les vivres dont nous avions besoin. Ces paroles excitèrent l'amour-propre des CAPITAINES, et Tsavellas fut chargé d'attaquer les Turcs, à leur retour de Bokhôri, où ils étaient allés, au nombre de 1.000 environ. Tsavellas partit avec 300 hommes d'élite, et alla se poster à Scali. Cette position, située à l'est de Mésolonghi, est une roche escarpée, au pied de laquelle passe la route qui conduit à Etolico ; au-delà s'étendent des marécages infranchissables. Cette position était donc très favorable. Tsavellas posta ses soldats près de la route de Bokhôri, et plaça quelques vedettes sur le sommet de la roche. Vers midi, on nous annonça qu'une multitude de Turcs, cavaliers et fantassins, venait d'Etolico. Ce corps était envoyé pour accompagner et renforcer les Turcs qui avaient passé par Bokhôri. Tsavellas remarquant que l'avant-garde, se compose de 300 cavaliers, cache ses soldats, derrière la roche, et lorsque les ennemis sont engagés entre la roche et le marais, il ouvre le feu contre eux et les met en fuite. Quelques-uns furent forcés de se précipiter dans le marais, et les autres trouvèrent un asile au milieu des fantassins qui, terrifiés, étaient restés immobiles au milieu de la plaine. Les Hellènes descendant alors de la roche, recueillirent les dépouilles des Turcs, qui avaient été tués, et retournèrent à Mésolonghi. Je les attendais en dehors de la ville, ils me présentèrent 130 têtes, pour recevoir de moi les récompenses accoutumées ; 195 fusils, 160 pistolets et une quantité de vêtements ; 40 chevaux furent pris vivants.

Aucun des Hellènes ne reçut la moindre blessure. Le lendemain, les soldats trouvèrent, dans les marécages, sept cadavres et quatre carcasses de chevaux. Tels furent les résultats de l'embuscade de Scali. Les autres Turcs restèrent, stationnaires toute la journée, et la nuit ils se réunirent à ceux de Bokhôri, et retournèrent à leur camp.

Les Hellènes de Mésolonghi, encouragés par ce succès, sortaient la nuit, et dressaient des embûches aux Turcs. Ceux-ci ne se doutant de rien, s'éloignaient de leur camp pour faire paître leurs chevaux, nos soldats les tuaient, et m'apportaient ainsi chaque matin jusqu'à huit têtes de Turcs. Cet état des choses dura jusqu'à la fin du siège. Il me fut remis 120 têtes, de nombreuses dépouilles, et plusieurs chevaux, qui tombèrent entre les mains des Hellènes pendant ces excursions nocturnes.

Cependant la flotte ennemie était repartie pour Constantinople, hormis trois ou quatre briks, que l'amiral avait laissés aux ordres du Pacha de Scodra, le bombardement d'Etolico néanmoins continuait avec furie, mais sans résultat, lorsque le 20 Novembre un éclat de bombe tua le brave artilleur en chef Lykiardopoulos. Civils et militaires pleurèrent la mort de cet excellent patriote que nous ensevelîmes avec les honneurs qui lui étaient dus. Quoique nous eussions encore d'autres artilleurs céphallènes, la perte de Lykiardopoulos nous fut très sensible.

Des faits étranges qui semblaient être une manifestation de la protection divine se passaient à Etolico et servaient d'encouragement aux assiégés. Dans la cour d'une maison où des hommes et des femmes étaient assis et causaient, une bombe tombe s'entortille dans une couverture de laine, pendue à une fenêtre et s'éteint; personne ne fut atteint. — Un autre jour une vingtaine de personnes, militaires et civils, étaient réunies chez moi, tandis que nous conférions, une bombe, perce le toit passe au milieu de nous, et fait explosion sans causer de mal à personne. — Nous manquions d'eau à Etolico, et nous nous en procurions difficilement de la terre ferme. Une bombe, tombant au centre de la ville, creuse un fossé d'où jaillit une eau abondante et d'excellente qualité, qui cause le salut des habitants. — Un matin j'étais assis près de la porte avec quelques primats. Une bombe tombe entre dans une fosse nouvellement creusée, où on avait enseveli une femme. La bombe fait explosion, lance la morte hors du tombeau, et ne cause de mal à aucune des personnes présentes. Il arriva quantité d'autres faits semblables, mais leur récit m'entraînerait trop loin.

Dès le commencemant du siège, j'avais défendu, l'exportation des poissons, lorsqu'un habitant de Corfou me pria de lui permettre d'en acheter à Vasiladi, et d'en vendre aux Turcs, afin d'observer ce qui se passait dans leur camp. J'acceptai cette proposition, et quelques jours après, cet homme m'avisa que les Turcs ayant reçu du bois pour fabriquer de petits bâteaux, travaillaient sur le rivage, et avaient l'intention de débarquer à Etolico, et de s'en emparer. J'ordonnai immédiatement d'armer avec de petits canons huit PASSEURS (petits bâteaux naviguant dans des eaux peu profondes), et, avec cette flotille, nous nous présentâmes à l'improviste devant le camp ennemi, faisant feu continuellement non pour causer quelque dommage aux Turcs, mais pour les faire désespérer du succès du débarquement projeté. Ayant passé la nuit dans un port près d'Etolico, nous vîmes après minuit un incendie près du camp ottoman. C'étaient les Albanais, qui terrifiés à l'aspect de notre flotille brûlaient leurs barques. Scodra abandonna dès lors son projet de débarquement.

Le bombardement d'Etolico continuait néanmoins avec ardeur, lorsque le même habitant de Corfou m'annonça que Varnakiotis devait partir pour Prévéza. J'envoyé Mitro Déligeorgis, intendant militaire, avec un MYSTIC pour l'arrêter, mais, il échoua, Varnakiotis était déjà parti. Ce départ m'avait fait supposer prochaine la levée du siège, je fis alors tous mes efforts pour exciter les commandants à poursuivre l'ennemi, mais ce fut en vain. Dans les premiers jours de décembre, Scodra, voyant qu'il ne pouvait pas réussir, résolut de lever le siège. Ayant envoyé les canons et les bombes sur les vaisseaux Turcs mouillés en cet endroit, il partit pendant la nuit, et débarrassa ainsi ces provinces de la présence des Turcs.

Je ne puis oublier que, privé de vivres et manquant d'argent, j'écrivis à Céphalonie, et que les nobles et généreux frères Corialénia m'envoyèrent, 30.000 oques de farine américaine, avec laquelle les garnisons d'Etolico et de Mésolonghi, furent nourries durant tout le siège. Mes frères me secoururent aussi avec 2.500 colonats, qui servirent à satisfaire en partie les besoins des CAPITAINES et les soldats.

Le siège d'Etolico dura plus de 70 jours, et les Hellènes, eurent peu de pertes à déplorer ; à peine 20 furent tués, quelques-uns furent blessés, pas un ne fut fait prisonnier. Les Turcs, au contraire, souffrirent beaucoup ; outre ceux qui restèrent sur le champ de bataille dans les combats, je remarquai dans leur camp beaucoup de tombeaux pleins de cadavres ; d'après les renseignements que je reçus, ils perdirent plus de mille hommes. Ils furent donc forcés de lever le siège, et par manque de vivres et par la maladie qui les décimait ; ils eussent d'ailleurs continué ce siège que c'eut été sans résultat pour eux.

CHAPITRE NEUVIÈME

1823

— Décembre. —

Division entre le Pouvoir Exécutif et le Législatif. — Nomination de Mavrocordato à Mésolonghi. — Arrivée de Byron à Mésolonghi. — Ma rencontre avec Byron. — Mécontentement des CAPITAINES contre Mavrocordato, et les propositions qu'ils me firent. — Je pars pour le Péloponèse.

Pendant ce temps la discorde et la guerre civile déchiraient le Péloponèse. De graves désaccords s'étaient élevés entre le Pouvoir Législatif et l'Exécutif, et, même parmi les membres de celui-ci des divisions avaient surgi. D'un côté, Colocotronis, Pétro-Bey, Charalambis et avec eux André Métaxas, paraissaient étroitement liés ; Zaïmis, André Londos et Mavrocordato étaient unis avec les

Hydriotes et les Spetsiotes. Le Pouvoir Législatif, après avoir destitué le Ministre des Finances, Péroucas, sous prétexte qu'il avait établi le monopole du sel dans le Péloponèse, sans loi préalable, remplaça par Coletti, André Métaxas qui, sans l'autorisation de ce même pouvoir, était allé à Acova, dans un moment où les familles Plapoutas et Délijanni en étaient venues aux mains. Mavrocordato naguère secrétaire du Pouvoir exécutif, était devenu président du Pouvoir Législatif; informé par Praïdis que Byron avait différé son départ de Céphalonie pour Mésolonghi, il chercha à se faire envoyer dans cette ville. N'ayant pu obtenir cette mission du Pouvoir Exécutif, dont la majorité lui était hostile, il se la fit donner illégalement par le Pouvoir Législatif. Le gouvernement central se trouvait dans un tel désordre, qu'excepté l'envoi d'André Londos, je ne reçus aucun secours pendant tout le siège, tant les membres du Pouvoir Exécutif étaient désunis! Uniquement occupés de leurs querelles, ils oubliaient que Mésolonghi, ce rempart de la Grèce, était en danger, et ils n'avaient guerre souci des souffrances et des privations qu'enduraient ses braves défenseurs.

Dans l'ignorance de ces douloureux évènements, nous fûmes fort étonnés de voir Mavrocordato arriver à Mésolonghi avec neuf vaisseaux de guerre, qu'il avait pu réunir sur la promesse qu'ils seraient payés avec l'argent de Lord Byron. Cela se passait heureusement huit jours après la levée du siège et le départ de Scodra, car ces évènements lui eussent été attribués. Son arrivée m'embarrassa, je voyais clairement l'illégalité de sa nomination, et il ne me présentait aucun document officiel indiquant mon remplacement. Réflexion faite, je pris le parti de dissimuler, et je lui cédai la place puisque la Grèce occidentale était libre, et que les Turcs s'étaient retirés. Considérant donc ma mission comme terminée et mon amour-propre satisfait, je rendis visite à Mavrocordato, à qui je fis part de ma résolution et malgré tous ses efforts pour me retenir je ne changeai rien à ma décision.

Quatre jours après l'arrivée de Mavrocordato celle de Lord Byron nous fut annoncée. On savait déjà à Mésolonghi que le noble Lord portait beaucoup d'argent, et 4.000 soldats s'y rassemblèrent. Quatre vaisseaux mirent à terre vingt tonneaux pleins d'argent ; après quoi, Lord Byron débarqua. L'enthousiasme des Hellènes était indescriptible, ils le reçurent avec de grandes acclamations ; toute la ville retentissait de coups de fusils et de canons.

Après que j'eus annoncé mon départ à Mavrocordato, mon secrétaire Louriotis le pria d'en nommer un autre pour recevoir mes archives. A partir de ce moment je me considérai comme un simple particulier, et, comme tel, je n'assistai même pas au débarquement de Lord Byron. J'avais néanmoins l'intention de lui rendre visite avant mon départ ; je lui avais écrit à Céphalonie après la levée du siège, et il m'avait répondu d'une manière très-courtoise. J'appris qu'aussitôt débarqué, Byron avait dit à Mavrocordato qu'il désirait me voir. Mavrocordato, voulant justifier mon absence, lui répondit que j'étais malade. Le lendemain le Lord m'envoya, le colonel anglais Stanhope. Je le reçus avec bienveillance, et nous causâmes du siège. Après Stanhope, le comte Gamba vint me voir et me demanda si j'avais vu le Lord. Je lui répondis que je devais donner au Lord le temps de se reposer des fatigues de la traversée, et que j'avais l'intention d'aller le voir plus tard. Deux jours après je rendis visite à Lord Byron. Il me fit un accueil fort gracieux, loua ma conduite durant le siège, me dit qu'il avait appris de Mavrocordato que je devais bientôt partir, et m'en exprima tous ses regrets. Il me pria en même temps, si quelqu'autre nécessité urgente ne s'y opposait pas, de rester à Mésolonghi pour combattre avec lui pour la régénération de la Grèce, pour l'amour de laquelle il était venu au milieu de nous. A peine le Lord eut-il parlé, que Mavrocordato entra. Je répondis à Byron, que j'avais rempli mon devoir envers la patrie, mais qu'on devait aux Hellènes seulement d'avoir chassé l'ennemi, et d'avoir conservé l'ordre et la discipline pendant tout le temps du siège. J'ajoutai que je tiendrais à honneur de combattre avec le noble Lord, mais que, connaissant le talent de Mavrocordato, je me regardais comme inutile, et que j'avais résolu de partir. Mavrocordato dit, alors à Byron : « Moi aussi, Mylord, j'ai tout fait pour engager Métaxas à rester, et c'est pour cela que j'ai refusé de recevoir ses archives jusqu'à votre arrivée, afin que vous puissiez vous-même m'aider à le persuader.» — Je répondis que si je savais pouvoir être utile en quelque chose, je croirais manquer à mon devoir en partant.

Mavrocordato commença alors à développer un plan d'administration, qu'ils devaient appliquer en commun, car il paraît qu'ils avaient tenu là-dessus lui et Byron une autre conférence. Ce plan avait pour but la réorganisation de l'armée; il enlevait aux chefs militaires leur autorité dans les provinces et nommait des gouverneurs, en un mot il donnait au pays un gouvernement régulier. Après cette explication, le Lord me demanda mon opinion. Je lui répondis que ce plan était excellent, et peut-être le seul qui fût d'une réelle utilité, mais je lui fis observer que le manque de temps empêchait d'en assurer la réussite. Vous rencontrerez lui dis-je d'insurmontables difficultés, il importe d'ailleurs en ce moment, que les capitaines aient quelque autorité dans leurs provinces, car, dans le cas d'une invasion, ils peuvent rassembler les habitants, et se trouver à la tête de nombreux hommes armés. Pouvez-vous donner à Macris, par exemple, 200 hommes payés? Lui, au contraire, comme CAPITAINE de la province de Zygos, réunira en un instant 500 soldats. Pourra-t-il le faire, si vous restreignez son autorité ? Et ne détruisez-vous pas la confiance que le peuple a dans ses capitaines ? Nous sommes maintenant à la fin de Décembre, au printemps prochain les Turcs envahiront de nouveau notre territoire ; sera-t-il possible en deux ou trois mois d'organiser convenablement les milices et les provinces? Cela me paraît bien difficile, et je crains que vous ne dépensiez beaucoup d'argent inutilement. — Mavrocordato fit différentes observations pour soutenir son projet. Mais le Lord l'interrompant, me dit : « Puisque vous n'êtes pas d'accord, je vous en prie, faites-nous connaître sincèrement ce que vous croyez devoir être fait, pour le bien de la Grèce. » Je lui répondis ainsi : « Plus de

4.000 soldats sont venus à Mésolonghi, parce qu'ils ont appris que vous apportiez de l'argent. Ces Hellènes sont pleins d'enthousiasme, ce serait une occasion d'en profiter pour le bien du pays. Nous n'avons dans la Grèce occidentale d'autres fortifications que celles de Mésolonghi. Les Turcs ont fait deux expéditions pour détruire cette ville, et ils ont échoué, mais, ils en feront d'autres avec des forces plus grandes. Si nous avions une autre citadelle, nous pourrions opposer des obstacles insurmontables aux entreprises de l'ennemi. Naupacte (Lépante) manque de vivres, et sa garnison est composé d'Albanais qui sont facilement corruptibles ; je ne crois pas cette citadelle difficile à prendre, et elle tombera par la force ou par la corruption. Allez, par mer, à Naupacte avec Mavrocordato, tandis que j'irai par terre avec toute notre armée. Cette attaque formidable par terre et par mer épouvantera les ennemis, et la ville tombera en notre pouvoir ; je soutins chaudement mon opinion, et, en terminant, je dis à Lord Byron que s'il acceptait mon projet, je resterais à Mésolonghi, car j'aurais alors une occasion de me montrer utile à la patrie. » — Byron écouta mes raisons avec la plus grande attention, mais Mavrocordato les combattit, objectant, le froid de l'hiver, la difficulté pour les soldats de s'approvisionner, l'impossibilité de persuader aux CAPITAINES de se mettre en campagne, etc., de sorte qu'il n'accepta pas mon opinion. — Pour ne pas entrer en contestation, j'interrompis la discussion, et je dis au Lord que c'était à lui maintenant de réfléchir et de décider. Pour moi j'assurai que je ne resterais à Mésolonghi que dans ce seul cas. Puis, saluant le Lord, je partis.

Cependant les capitaines, qui commandaient dans Mésolonghi, voyant Mavrocordato flatter les Souliotes, conçurent du dépit, et, pour le contraindre à quitter la ville, résolurent de le contrarier dans tous ses projets. Comme ils n'avaient pas de chef, et qu'ils me croyaient mécontent, ils chargèrent Jean Rhangos, qui était assez familier avec moi, de m'engager à me mettre à la tête des opposants, dont le principal but était d'éloigner Mavrocordato de Mésolonghi. Rhangos, chercha de toute manière à me faire accepter ce commandement me disant, que Mavrocordato était la cause de la division dans le Péloponèse, et que tous les capitaines, Colocotroni, Pétro-Bey, Charalambis et les autres étaient contre lui. Je répondis à Rhangos qu'étant venu en Grèce pour aider les Hellènes contre l'ennemi commun, je ne pouvais prendre part à des guerres civiles, pour l'extinction desquelles j'avais accepté ma nomination dans la Grèce occidentale, que, grâce à Dieu, les Turcs étaient partis, et que ma mission finissait avec une pleine réussite. J'ajoutai que je nuirais mortellement à ma réputation, en prenant part à des divisions, dont la conséquence serait une guerre civile, désastreuse pour les Hellènes de la Grèce occidentale, surtout devant un Anglais, tel que Byron. Je priai Rhangos, pour le bien de la patrie, de renoncer lui-même et de faire renoncer les autres à de pareils sentiments, et lui dis que sa proposition contribuait encore à précipiter mon départ. — Informé bientôt que mon projet concernant Naupacte n'était pas adopté, je me décidai à partir, ne voulant pas faire croire que je fomentais des divisions. Vers le commencement de janvier 1824, je partis pour le Péloponèse.

CHAPITRE DIXIÈME

1824

Les deux Gouvernements. — Guerre civile. — Mort de Pano Colocotroni. — Théodore Colocotroni et ses partisans exilés à Hydra. — Camp de l'Élide. — Rencontre avec des cavaliers turcs. — Mort de Byron.

Le Péloponèse se trouvait dans le plus déplorable état, car la division avait engendré la guerre civile. A Carytaine, pour des questions d'intérêts locaux, quelques coups de fusils avaient déjà été échangés entre les partisans de Plapoutas et ceux de Canélos Délijanni. La discorde s'était encore glissée entre les membres du gouvernement. La plupart des députés s'étaient réfugiés à Cranidi et avaient formé un nouveau gouvernement exécutif, dont le président était Coundouriotis, vice-président, Panagiotis Botasis de Spetsia, et membres Anagnostis Spéliotakis et Nicolas Londos du Péloponèse ; Jean Coletti représentait la Terre-Ferme. Notaras, André Londos et Giatracos, ainsi que plusieurs autres sous-capitaines du Péloponèse et de la Grèce continentale s'unirent à eux.

De Nauplie l'ancien Pouvoir Exécutif, composé de Pétro-Mavromichalis, président, et de trois membres Sotir Charalambis, Colocotroni et André Métaxas, se transporta à Tripolis, Zaïmis passa au parti du pouvoir de Cranidi. Il resta encore à Tripolis quelques députés, qui, quoiqu'en petit nombre, élurent pour président Anagnostis Délijannis. Grégoire Dikéos, d'abord d'accord avec Mavromichalis, déserta plus tard, et passa au parti de Coundouriotis. Les capitaines de la Grèce occidentale se divisèrent eux aussi après l'arrivée de Mavrocordato à Mésolonghi : les Souliotes et Tsongas s'unirent à ceux de Cranidi, Rhangos et quelques autres à Colocotroni. Nauplie cependant était entre les mains de ce dernier, dont le fils Panos était commandant de place ; avec lui marchaient d'accord Tsocris d'Argos, Nikitas, Plapoutas, les Petmézas et Sisinis. Il y eut donc deux gouvernements : celui de Cranidi et celui de Tripolis. Le premier cependant était le plus fort. l'emprunt négocié en Angleterre ayant réussi, la commission qui appartenait au parti de Cranidi, lui envoya l'argent, grâce auquel il put recruter des soldats, s'entourer d'hommes politiques et détacher du corps de Nikitas les cavaliers Bulgares sous les ordres de Hatji-Christos.

Tel était l'état du Péloponèse, lorsque de Mésolonghi je me rendis à Tripolis. En arrivant je fus fort affligé, de ce qui se passait et je résolus de ne pas me mêler à ces discordes entre citoyens. Cependant je rédigeai un long mémoire sur les évènements de la Grèce occidentale, me plaignant amèrement de l'acte illégal dont le Corps législatif s'était rendu coupable par la nomination de Mavrocordato dans cette partie de la Grèce, je présentai ce rapport au Pouvoir exécutif, siégeant à Tripolis, que je reconnaissais comme plus légal que l'autre, et j'en reçus la réponse suivante :

Période 2ᵉ. — 3.992.

Gouvernement provisoire de la Grèce,

Le Corps exécutif,

Au très noble seigneur Constantin Métaxas.

Par les rapports qui lui sont parvenus le gouvernement a pu apprécier votre patriotisme, ainsi que vos sacrifices et vos efforts pour défendre le pays. Il a pu le faire aussi lorsqu'il confia le commandement de la Grèce occidentale à votre expérience. Vous avez prêté à la patrie l'appui de vos talents politiques et militaires, et vous l'avez soutenue de votre propre fortune à un instant où l'on ne pouvait vous pourvoir des choses nécessaires ; le gouvernement connaît les sommes dont il vous est redevable, et quoiqu'il ne puisse vous les rendre en ce moment, il vous offre par la présente la reconnaissance de la Nation, et rendant un hommage mérité à votre zèle patriotique. Il vous remet la présente attestation afin qu'elle vous serve dans un temps opportun pour faire valoir vos droits. Il vous exhorte à ne pas cesser de combattre d'une manière digne de votre caractère hellénique, pour les droits sacrés de la nation, dont vous vous dites avec raison un des membres les plus dignes.

A Tripolitza, 22 mars 1823.

Le président,
(T. S.)   Pétro-Bey Mavromichalis
Sotir Charalambis. — A. Zaïmis.

De Tripolis étant passé à Nauplie j'envoyai une copie de mon rapport aux députés de Cranidi; il leur déplut tellement qu'ils voulaient me citer devant eux et qu'ils m'eussent condamné, s'ils n'en avaient été empêchés par le Pouvoir exécutif de Cranidi. Immuable dans ma résolution de ne pas prendre part à la division lamentable qui déchirait le pays, et prévoyant que les partisans du pouvoir de Cranidi assiègeraient Nauplie, je résolus de passer à Hydra. Mais là aussi il y avait des dissensions, car, quoique Coundouriotis, la plupart des primats et le peuple fussent d'accord avec le gouvernement de Cranidi, on soupçonnait certains primats de s'entendre secrètement avec Colocotroni. A Hydra malgré ma liaison avec Lazare Coundouriotis et d'autres primats, on me prit pour un employé du gouvernement de Tripolis, de sorte que je fus forcé pour que mon existence ne courut pas de danger de revenir à Nauplie et de là à Tripolis, me proposant d'y rester jusqu'à ce que j'eusse vu la fin de ces désordres lamentables.

Cependant le gouvernement de Cranidi renforcé par les troupes venues de la Grèce orientale, avec Notaras, André, Londos et Gitaracos, prit Argos et assiégea Nauplie. Le pouvoir législatif, s'installa à Argos et l'exécutif aux Moulins de Lerne avec cinq vaisseaux de guerre, qui servirent au siège de Nauplie, puis Londos, Notaras et Giatracos, ayant Zaïmis à leur tête, marchèrent contre Tripolis. A Tripolis se trouvaient les membres du gouvernement Colocotronis avec son fils Gennaios, Canélos Délijanni et Théodore Grivas qui, occupant quelques maisons hors des murs de la ville, commença le premier à tirer sur ses adversaires. Voyant Tripolis assiégée, les membres du gouvernement résidant dans cette ville tinrent conseil, et résolurent de l'abandonner, pour courir chacun dans sa province y recruter des soldats. Pétro Mavromichalis irait à Calamata, Colocotroni, Charalambis, les Délijannis et autres devaient se rendre dans leur propre pays, pour y réunir leurs adhérents, et marcher ensuite, lorsqu'ils se sentiraient assez forts, contre ceux de Cranidi. Ils s'entendirent avec Zaïmis pour partir librement et laissèrent la ville entre les mains de leurs adversaires. Cette entente en cachait une autre plus secrète entre Zaïmis et Londos fort dégoutés du nouveau pouvoir exécutif qui ne s'inquiétait guère des droits des Péloponésiens, ils persuadèrent à Colocotroni de leur remettre une lettre pour son fils Panos, dans laquelle il lui disait de livrer Nauplie aux André, c'est-à-dire André Londos et André Zaïmis, à condition qu'il serait nommé commandant de place avec une garnison de Péloponésiens. Après cela, le pouvoir exécutif de Tripolis fut dissous, et les armées occupèrent la ville au nom du pouvoir exécutif de Cranidi.

André Métaxas se trouvait alors à Nauplie, avec Panos Colocotroni. Son père

Colocotroni, Pétro Mavromichalis et Charalambis me proposèrent de les suivre ; mais toujours ferme dans ma résolution de rester étranger à cette déplorable division nationale, je refusai, et, pour plus de sécurité, je demandai à Zaïmis la permission de me retirer aux Moulins de Lerne. Là Coundouriotis, Botasis et Coletti, avec qui j'avais eu auparavant des relations d'amitié et qui connaissaient ma façon de penser, me reçurent à leur bord. Sur le même vaisseau était l'amiral Miaoulis, qui dirigeait les opérations du siège, et qui eut pour moi les plus grands égards, j'étais presque toujours présent, quoique bien à contre cœur, aux conseils qui se tenaient dans le vaisseau contre Panos et André Métaxas, qui étaient enfermés dans Nauplie. Ma position était donc extrêmement délicate. Je demandai à Coundouriotis une lettre de recommandation pour son frère Lazare à Hydra ; si je n'y trouvais pas de sécurité, il me serait alors facile de passer dans une des îles de l'Archipel. Coundouriotis connaissant à fond mes sentiments, me proposa d'abord de rester auprès du gouvernement. Je refusai mais je promis de revenir après la prise de Nauplie. Il me remit alors une lettre pour son frère, qui me fit à Hydra le plus aimable accueil.

Pendant que Nauplie était assiégée. Colocotroni et Plapoutas avec d'autres capitaines, s'étant mis en campagne, vinrent dans la plaine d'Argos, et engagèrent diverses escarmouches hors des murs de cette ville et de ceux de Nauplie ; mais le nouveau gouvernement fit échouer leurs desseins. Zaïmis et Londos étant venus à Nauplie, présentèrent la lettre de Colocotroni à son fils Panos, pour qu'il leur livrât cette ville, mais le pouvoir exécutif ne consentit pas que la citadelle leur fût livrée, et qu'il y fut placé une garnison de Péloponésiens ; il voulut que le gouvernement y nommât un commandant de place et y mît une garnison de son choix. Un débat fut engagé, Zaïmis, pour ôter tout prétexte de soupçon contre lui, consentit à ce que la cession fut faite au gouvernement et, il fut permis à Panos Colocotroni desortir de la citadelle, et de se retirer, sans être inquiété, auprès de son père. André Métaxas, mécontant de ce que Colocotroni n'avait pas fait mention de lui dans sa lettre à son fils Panos, se retira à Léonidi, où il vécut plusieurs mois en simple particulier loin des affaires publiques. Cependant la citadelle fut évacuée, le gouvernement entra dans Nauplie le 12 juin et Zaïmis et Londos se retirèrent dans leurs provinces le premier à Calavryta et le second à Vostitsa.

Coundouriotis, après son arrivée à Nauplie, écrivit à son frère Lazare de m'engager à y venir; ne pouvant m'y refuser, je quittai immédiatement Hydra.

Cependant Colocotroni, les Délijannis et les capitaines de leur parti, d'accord avec Zaïmis et Londos, après la prise de Tripolis et de Nauplie par leurs adversaires recrutèrent des troupes, et se mirent en marche pour assiéger Tripolis. Le gouvernement de Nauplie, de son côté, ayant réuni des forces considérables sous le commandement des capitaines Hatji-Christos et Vasso-Dyovouniotis, résolut de les envoyer contre Colocotroni. Coundouriotis et Botasis m'invitèrent à prendre le commandement de ce corps, mais conformément à mon principe de ne pas participer à la guerre civile, je ne voulus point accepter. Les capitaines Vasso et Hatji-Christos, s'approchèrent alors de Tripolis, et battirent à Tricorpha les troupes de Colocotroni, dans une bataille où Panos Colocotroni lui-même fut tué. Le camp fut détruit et le vieux Colocotroni s'enfuit accablé de douleur.

Le gouvernement ordonna aux troupes de Tripolis de poursuivre Colocotroni. Beaucoup de ses amis, hommes sages et prudents, lui conseillèrent de quitter le Péloponèse pour empêcher le pillage des provinces, dans lesquelles, on le poursuivrait. Pour mettre fin à la guerre civile Colocotroni se décida alors à venir à Nauplie, et à se présenter au gouvernement avec les capitaines de son parti. Le pouvoir exécutif, condamna Colocotroni et ses partisans les capitaines Anagnostis et Canellos Délijanni, Théodore Grivas, Notaras et quelques autres, à se retirer à Hydra, et à y rester jusqu'à nouveaux ordres. C'est ainsi que Colocotroni, le capitaine tout puissant du Péloponèse demeura en exil, à Hydra.

Dans le mois de juin de cette même

année 1824, l'île de Psara, fut saccagée par les Turcs ; ils tuèrent et firent esclaves plus de dix mille chrétiens. La prise de cette île causa un grand désespoir ; une grande partie de la marine hellénique, qui faisait tant de mal à l'ennemi, fut détruite dans le combat qui livra cette île aux Ottomans.

Cependant le gouvernement, informé que Méhémet-Ali préparait une expédition contre le Péloponèse, et qu'un corps de l'armée turque devait débarquer en Elide, forma dans cette province un camp de 3.000 hommes, où se trouvaient les Souliotes de Notis et de Costas Botsaris, les Tripolitains de Varvoglis, les Cayrtinais de Plapoutas et les Eléens de Georges Sissinis. Le Pouvoir Exécutif était embarrassé sur le choix du commandant général de ce corps, ne voulant pas froisser l'amour propre des Péloponésiens, en donnant le commandement à Notis Botsaris, ni celui des Souliotes, en le donnant à un Péloponésien ; il se bornait à ordonner aux capitaines de s'entendre dans leurs mouvements contre l'ennemi. Le gouvernement désirait néanmoins avoir un homme de confiance dans ce camp afin que par sa prudence il sût apaiser les dissensions qui pourraient s'élever. On me proposa en conséquence de me rendre en Élide, sous le prétexte de demander compte à celui qui en était chargé, de la perception des revenus de cette province, et de les employer à l'approvisionnement du camp qui s'y trouvait, mais ma mission était, en réalité, de marcher d'accord avec les capitaines, et de diriger, leurs mouvements militaires. Comme ce service était tout-à-fait indépendant des discordes civiles j'acceptai. Mais ce fut en vain que ce camp fut établi, car rien ne fut entrepris par Méhémet-Ali, et aucun évènement mémorable n'eut lieu, hors le suivant.

Lorsqu'en 1822 Dramali fut battu, un détachement de cavalerie turque sous le commandement d'un certain Délibachi s'était refugié à Patras. Délibachi, encouragé par une expédition qu'il avait faite depuis peu contre Léchéna, sortit de Patras avec 300 cavaliers, et tomba sur les villages de Tragni et de Marcopoulos, où il fit quinze prisonniers Hellènes, et enleva tous les bestiaux. Nous apprîmes cela à

Gastouni à 3/4 d'heure à peine de ces villages. Nous nous mîmes aussitôt à la poursuite des Turcs ; Plapoutas avec ses fantassins prit la direction de Patras, les fils de Sissinis, quelques Tripolitains, Costas Botsaris avec un petit nombre de Souliotes et moi-même, tous à cheval, nous nous avançâmes à travers la plaine. Mais les Turcs, purent se retirer à temps. Cependant, arrivés près d'Ali-Tsélépi, à quatre heures de Gastouni, nous apprîmes que les Turcs n'étaient pas loin de nous et que les fils de Sissinis, qui nous précédaient, les avaient attaqués. Cette nouvelle nous parut fausse, les Sissinis n'ayant que dix cavaliers, il leur était en effet impossible d'attaquer les Turcs. Nous n'en pressâmes pas moins notre marche pour voir ce qui s'était passé. Ayant recommandé à Ali-Tsélépi d'envoyer l'infanterie à notre secours aussitôt qu'elle arriverait, nous prîmes la direction d'un bois vers les MONTAGNES NOIRES. Peu de temps après nous rencontrâmes, sortant de la forêt, les fils de Sissinis, qui nous annoncèrent que là, dans le voisinage, se reposaient les soldats de Délibachi, au nombre d'environ deux cents, tandis qu'environ 100 autres retournaient à Patras avec le butin et les esclaves. Nous avançâmes alors tous ensemble pour observer les positions de l'ennemi et nous vîmes sur une hauteur les Turcs assis, et tenant leurs chevaux par la bride. Chrysanthos Sissinis me les montra et me dit : « FAISONS-LEUR UNE SURPRISE. » Je lui répondis de s'adresser à Botsaris, qui lui fit observer qu'il ne devait être fait aucun mouvement avant l'arrivée de l'infanterie. Mais les deux frères Sissinis et leurs dix camarades, de bonne humeur pour avoir un peu trop bu, se précipitèrent contre les Turcs ; Botsaris et moi, les suivîmes avec 40 cavaliers que nous avions avec nous. Quand nous fumes arrivés assez près des Turcs, nous commençâmes à faire feu. Ceux-ci, voyant notre petit nombre, furent d'abord stupéfaits ; mais bientôt, revenus de leur stupeur ils sautèrent sur leurs chevaux, s'élancèrent contre nous, nous mirent en fuite, et nous poursuivirent 20 minutes environ. Heureusement qu'au bruit des coups de fusil des Turcs, Boucouras comprit ce qui se passait, et, accourant avec 100 soldats, avant-garde de Plapoutas, il ouvrit le feu. Les Turcs craignant quelqu'embuscade se retirèrent après avoir tué treize des nôtres, et avoir fait prisonnier Charalambopoulos de Patras, qu'ils empalèrent dans cette ville. Nous eûmes perdus plus de monde si Boucouras ne fût venu à notre secours ; pour moi, je fus blessé au pied gauche par une balle de pistolet. Tel fut le résultat d'une folle entreprise.

Les Turcs poursuivirent ensuite leur marche, et arrivèrent à Patras sans être inquiétés. Nous décidâmes que nous laisserions un corps de troupes dans cette position et à Riolo, pour empêcher toute nouvelle attaque des Turcs. Nous retournâmes à Gastouni, où je restai jusqu'en Octobre ; ensuite, ayant reçu la permission dn gouvernement, je revins à Nauplie, où je vécus oisif jusqu'à la fin de l'année 1824. Bientôt le camp de l'Elide fut dissous et en même temps les soupçons contre Zaïmis, Londos et Sissinis lui-même ayant augmenté, le gouvernement fit venir ce dernier à Nauplie, et l'envoya à Hydra. Prenant ensuite des mesures contre Zaïmis et Londos, il envoya Lambros Véïcos avec des hommes armés pour les arrêter ; mais ceux-ci eurent le temps de se réfugier à Mésolonghi.

Dans la Grèce occidentale il n'arriva rien de mémorable pendant l'année 1824. Byron, saisi d'une fièvre rhumatismale et n'ayant pas voulu se laisser saigner, mourut le 7 avril. Je ne veux point parler de sa mort, mais il est certain qu'elle fut hâtée par l'insuccès de ses projets avec Mavrocordato. Qui sait si, se rappelant tout ce que je lui avais dit avant mon départ de Mésolonghi, il ne se repentit pas de n'avoir pas adopté mon projet ?

Mavrocordato, après la mort de Byron, quitta Mésolonghi, et remplit les fonctions de Secrétaire-général du Pouvoir Exécutif. Mais, comme à l'ordinaire, ne pouvant supporter la supériorité de Coletti, il jeta de nouveau dans ce corps, des germes de discorde. — Tels furent en résumé les évènements de l'année 1824, auxquels je pris part.

CHAPITRE ONZIÈME

1825

Expéditions d'Ibrahim et Kioutahy contre la Grèce. — Coundouriotis est proclamé généralissime et part pour la Messénie. — Approvisionnement. — Evènements de guerre sur terre et sur mer. — Coundouriotis battu, retourne à Nauplie. — Colocotroni est rappelé d'Hydra. — Bataille de Maniaki. — Corps militaire placé sous mon commandement et celui d'Evangelis Panas. — Evènements survenus à Tripolis ; j'incendie cette ville. — Ibrahim menace Nauplie. — Mouvements militaires contre lui. — Commissions pour le recrutement d'une armée régulière. Ma mission dans l'Egée à cet effet. — Ibrahim part pour Mésolonghi pour renforcer Kiatahy.

En 1825 eurent lieu de grands malheurs. Outre les divisions existant déjà, outre la relégation du vieux Colocotroni, Sissinis et autres capitaines à Hydra, les discordes civiles dans le Péloponèse étaient arrivées à l'état aigu ; Zaïmis et Londos, d'accord avec la plupart des autres capitaines, travaillaient contre le gouvernement dont les membres étaient désunis par suite des rivalités de Mavrocordato et de Coletti. Néanmoins l'Etat, toujours renforcé par l'argent provenant de l'emprunt de Londres, faisait de continuelles levées de troupes.

Deux formidables expéditions se préparaient contre la Grèce : l'une de Méhémet-Ali contre le Péloponèse, et l'autre de Méhémet-Reschid-Pacha ou Kioutahy contre la Grèce occidentale et Mésolonghi. La première, sous la conduite d'Ibrahim-Pacha, fils de Méhémet-Ali, débarqua à Méthone vers la mi-février ; et vers la fin d'avril la seconde, sous les ordres de Kioutahy, dressa ses tentes au pied du Zygos et assiégea Mésolonghi.

Le gouvernement contraint de prendre des mesures efficaces, crut opportun de proclamer Georges Coundouriotis, Président du Pouvoir Exécutif, généralissime contre l'expédition d'Ibrahim. Dans la Grèce occidentale, quoiqu'il eût été question de moi, on nomma d'après l'avis de Mavrocordato, pour diriger les affaires de Mésolonghi, une commission de trois membres, composée de Pappadiamantopoulos de Patras, de Démétrius Thémélis et de Georges Canavos. Cette commission n'ayant pas pu soutenir le siège, à cause du manque de vivres, n'empêcha pas la chûte de Mésolonghi. Coundouriotis se laissa persuader d'accepter ce grand commandement, tandis qu'il était plus propre à tout autre service; un homme qui n'était jamais monté à cheval, ne connaissait pas l'usage des armes et ne s'était trouvé dans aucune expédition, pouvait-il commander des armées contre un général de la valeur d'Ibrahim Coundouriotis accepta cette situation, sur les conseils de Mavrocordato, qui, quoique connaissant l'incapacité militaire de Coundouriotis, voulait empêcher que Coletti, membre du Pouvoir Exécutif, ne fût nommé chef de l'expédition.

Cependant Coundouriotis, avant de se mettre en campagne, visita sa famille à Hydra, d'où il m'adressa une lettre pour m'inviter à aller le voir. J'y allai, et il me communiqua aussitôt son plan de campagne : il devait d'abord se rendre en Messénie, et, dès qu'il aurait posté les armées helléniques en face de celles d'Ibrahim, il irait à Patras, où s'étaient réunis plusieurs corps militaires, dont une partie devait rester au siège de cette ville, et l'autre partir pour la Grèce occidentale ; il me priait de diriger l'approvisionnement du camp, et d'envoyer à Mésolonghi une partie des vivres. Je refusai ce service. — Il me répondit qu'il n'avait pas l'intention de m'y laisser longtemps ; mais que, voyant que la Commission de Mésolonghi n'était pas écoutée, il désirait principalement se rendre à Patras, et me mettre à la tête des affaires de la Grèce occidentale, si je voulais accepter. A cette condition j'acceptai la proposition de Coundouriotis, avec la promesse formelle que je passerais à Mésolonghi comme Directeur Général.

De Nauplie, Coundouriotis et Mavrocordato partirent pour Tripolis avec les armées de la Grèce continentale et du Péloponèse ; quant à moi je gagnai Patras, afin d'exécuter mon mandat. De là, j'écrivis à Zante, à Céphalonie et ailleurs, et je m'approvisionnai de blé et d'autres aliments. Ces denrées furent en partie déposées à Glarentsa, et les autres furent transportées à Ali-Tsélépi pour servir à l'usage des capitaines campés dans les environs (1).

Quatre mille hommes partirent pour la Messénie sous les ordres du Président, qui avait mis à leur tête Démétrius Scourtis, habile homme de mer, mais peu expérimenté dans les combats sur terre. Les armées destinées au siège de Patras se composaient des Souliotes sous les capitaines Georges Dracos, Diamantis, Georges et Toussa Zervas et Lambros Véicos; des habitants de l'Elide, sous divers capitaines, Plapoutas, avec les Carytinais; de Phlessas, neveu de l'Achimandrite, avec les Léontarites et d'autres; de Coundouriotis avec les Patréens, et quelques sous-capitaines de de Calavryta.

Dès que tout fut préparé à Patras, et tandis que nous attendions avec impatience

(1) Tricoupis rapporte par erreur, dans le tome 3ᵉ de son histoire, qu'en ce temps j'allai à Zante. Comment aurais-je fait, étant exilé des Iles Ioniennes sous peine de mort ?

l'arrivée ne Coundouriotis, nous reçûmes de mauvaises nouvelles de son expédition en Messénie, de sorte que je résolus d'aller moi-même au-devant de lui. Je pris avec moi quarante cavaliers Gkelbéséi, bergers et montagnards des provinces de Gastouni et de Calavryta que j'avais sous mes ordres immédiats et je passai d'abord en Arcadie. J'appris alors d'une manière positive, qu'une grave bataille avait été livrée à Cremydi par Tsami Caratasos, Costas Botsaris et autres chefs du continent. Plus de 3.000 Turcs avaient attaqué le camp hellénique; durant le combat, les Hellènes pris par les ennemis entre le feu de l'infanterie et celui de la cavalerie avaient éprouvé de très grandes pertes, et avaient laissé sur le champ de bataille 400 morts et de nombreux prisonniers entre les mains des Turcs. J'appris, en outre, qu'Ibrahim avait débarqué à Néocastron, qu'il s'était emparé du Vieux-Navarin, assiégeait Néocastron par terre et par mer, et était déjà maître de Sphactérie, où Tsamados avait été tué. Dans un grand nombre de provinces du Péloponèse, parmi lesquelles on comptait l'Arcadie, la Messénie, Carytaine, Léontari et même Tripolis, on réagissait contre l'autorité de Coundouriotis, et l'on réclamait Colocotroni pour commander les troupes. Coundouriotis avec ses partisans se trouvait à Scala, village situé sur les côtes du golfe de Messénie.

Sur ces renseignements, je partis immédiatement pour Scala, où j'arrivai le lendemain après midi, mais je trouvai le lieu vide et des documents officiels déchirés répandus, çà et là. Un paysan m'apprit que Coundouriotis avait pris la direction de Calamata; je me rendis pendant la nuit dans cette ville, et j'y fus informé qu'il était parti pour Almyros vers le Mane et que l'expédition avait complètement échoué. Les armées, mécontentes de la mauvaise direction, se retiraient dans la Grèce continentale, et les habitants de Calamata se préparaient à quitter leur ville, par crainte d'Ibrahim. Pétro Mavromichalis se trouvait encore avec les Lacédémoniens et beaucoup d'autres habitants du Péloponèse, dans la ville appelée Nisi sur les côtes du golfe de Messénie. J'allai, le lendemain, à sa rencontre; il me raconta la malheureuse issue de cette campagne, causée par l'inexpérience militaire de Coundouriotis. J'appris également la chûte de Néocastron, la mort de Jean Mavromichalis, fils de Pétro-Bey, la captivité de Tsocris, de Georges Mavromichalis, fils lui aussi de Pétro-Bey, de Hatji-Christos et de l'évêque de Méthone, qui mourut dans les prisons. Pétro-Bey et son entourage, étaient mécontents et désespérés.

Je passai la nuit dans la maison de Pétro-Bey. C'était vers le soir du 30 avril; nous vîmes un incendie dans le port de Méthone, nous comprîmes que des brûlots avaient été lancés contre les vaisseaux ennemis qui se trouvaient là, et nous entendîmes le bruit d'une terrible explosion. Le lendemain nous apprîmes que Miaoulis avait brûlé huit vaisseaux turcs, qui étaient restés à Méthone, mais que malheureusement la grande flotte ennemie se trouvait à Néocastron. Nous vîmes les vaisseaux helléniques à la hauteur d'Almyros, se dirigeant vers le cap Malée, et nous conjecturâmes qu'ils portaient Coundouriotis. Pétro-Bey se retira, ne pouvant à lui seul teuir tête à l'armée d'Ibahim, et moi désespéré, je partis pour Nauplie.

Combien était misérable l'état des provinces que je traversai! Le trouble et le désespoir régnaient partout; la haine des Péloponésiens contre les Hellènes du continent, était arrivée à son comble. Il y avait des Péloponésiens qui se postaient dans les défilés, et tuaient les Hellènes du continent, qui se rendaient à Tripolis, de sorte que je fus obligé plusieurs fois de recourir au bras de mes soldats, pour sauver bon nombre d'entr'eux. Mes paroles n'avaient souvent aucun effet sur la haine et l'aversion des Péloponésiens, cela me désespérait.

Arrivé à Tripolis, je trouvai les habitants terrifiés et attendant des nouvelles; les commuications avaient été interrompues. Je dus cacher la vérité des évènements, pour ne pas porter le désespoir dans leur âme, et j'allai à Nauplie, où l'on ne connaissait encore ni le départ de Coundouriotis, ni la prise de Néocastron, ni l'incendie des vaisseaux à Méthone. Je racontai aux membres du Gouvernement exécutif présents à Nauplie les évènements survenus avec beaucoup de détails, je leur représentai surtout le triste état du Pélonèse, la démoralisation de l'armée, et leur assurai qu'Ibrahim pouvait, sans obstacle, parcourir toutes les provinces de la péninsule, s'en rendre maître et en réduire toute la population en servitude. J'engageai le gouvernement à prendre des mesures le plus tôt possible, sinon, la patrie était perdue. Pendant ce temps Mésolonghi était étroitement assiégé par Kioutahi, et manquait de vivres ; le camp de Messénie était dissous, et il ne restait que celui de Patras à cause des précautions qu'on avait prises pour qu'il fut toujours bien approvisionné. La nécessité obligea alors le gouvernement à négocier avec Colocotroni, afin que celui-ci consentit à sortir d'Hydra, tout le peuple le réclamant comme le seul homme capable de le sauver des armes d'Ibrahim.

Colocotroni, en bon citoyen, informé du triste état du Péloponèse et ne consultant que ses sentiments patriotiques, promit, pourvu qu'on lui donna les moyens de repousser l'ennemi, de se consacrer uniquement à le combattre et à fortifier le gouvernement existant. — Il sortit d'Hydra avec ses hommes, et partit pour Nauplie, où il fut de nouveau proclamé général-en-chef du Péloponèse par les membres du gouvernement exécutif ; puis, il se rendit à Tripolis et dans d'autres provinces pour recruter des troupes, et les conduire contre Ibrahim.

Un des opposants de Colocotroni était l'Archimandrite Phlessas, qui voyant l'échec de Coundouriotis, et considérant que Colocotroni allait sortir d'Hydra, résolut, par quelqu'action d'éclat, d'acquérir une réputation militaire plus grande que la sienne. C'est pourquoi, vers le milieu du mois de mai, occupant la position de Maniaki, le long du golfe de Messénie, avec Panagiotis Képhalas et plus de 400 soldats, il attendit l'ennemi. Ibrahim marcha contre lui avec 2.000 hommes de cavalerie et d'infanterie, et il fut livré une terrible bataille, dans laquelle les Hellènes combattirent valeureusement et étonnèrent Ibrahim lui-même par leur courage ; ils ne purent cependant résister à l'armée égyptienne régulière, et après avoir tué plus de 270 Turcs ils périrent tous avec Phlessas et les autres capitaines.

L'expédition de Coundouriotis ayant

échoué, il me fut impossible de me rendre à Mésolonghi, comme nous l'avions convenu entre nous. Je proposai au pouvoir exécutif d'en nommer un autre à ma place pour recevoir les provisions entreposées dans les magasins. Le Pouvoir Exécutif accueillit ma proposition, et me pria d'aller moi-même à Glarentsa, et d'expédier à Mésolonghi toutes les provisions qui s'y trouvaient. J'avais l'intention dans ces circonstances critiques, de ne pas rester simple spectateur, et je m'étais entendu avec mon compatriote Evangélis Panas pour recruter un corps, et nous porter là où le besoin l'exigerait. Ayant reçu à cet égard les ordres du gouvernement, je partis avec Panas pour l'Elide, j'expédiai heureusement à Mésolonghi les provisions emmagasinées à Glarentsa, et je consignai le reste à l'officier chargé par le gouvernement de le recevoir. Après cela Panas et moi, nous campâmes à Riolo vers le milieu de mai, avec 250 Céphallènes, et nous eûmes les meilleures relations avec les Péloponésiens.

Colocotroni cependant ayant levé d'assez nombreuses troupes, campa le long du golfe de Messénie pour empêcher les Egyptiens d'avancer. Alors le gouvernement envoya Théodore Grivas à la tête d'un corps militaire, afin de tâcher de pénétrer dans Mésolonghi ; il ordonna en même temps à Botsaris et aux Souliotes qui assiégeaient Patras, de s'unir aux Hellènes du continent, et d'établir un camp près de Mésolonghi, afin d'attaquer l'ennemi par derrière. Telles étaient les mesures prises par le gouvernement, mais malheureusement on manquait d'argent et cela augmentait encore la malveillance générale que l'échec de Coundouriotis avait suscitée contre le gouvernement.

Quelques escarmouches, avaient lieu entre Ibrahim et Colocotronis, et les Hellènes souffraient toujours plus que les Turcs. Cependant nous, qui nous trouvions à Patras, attendant la venue de Colocotroni, nous demeurâmes sans rien faire ; dès que les armées des Souliotes furent parties, pour se réunir avec Costas Botsaris, je résolus avec Panas, qu'il resterait à Riolo avec notre corps, tandis que moi prenant 30 cavaliers, j'irais au devant de Colocotroni. Ce fut dans les premiers jours de juin que j'exécutai cette résolution prise en commun.

Je me trouvais dans la plaine de Dimitsana, lorsque je rencontrai un courrier de Colocotroni, qui se rendait dans divers villages de Carytaine avec des lettres, par lesquelles il engageait les habitants à courir le plutôt possible à son secours ; j'appris de lui que Colocotroni ne pouvant tenir tête à Ibrahim, battait en retraite. Pressant ma marche, j'arrivai vers le soir au village d'Alonistaina, dont les habitants tremblants et désespérés m'annoncèrent que Colocotroni reculait, tandis qu'Ibrahim s'avançait du côté de Léondari et de Carytaine. Le soir tombait, lorsque j'arrivai à un lieu appelé Papaina, à deux heures et demie de Tripolis et je résolus de passer la nuit en ce lieu. J'ordonnai aux hommes sous mes ordres de tenir nos chevaux tout prêts, et aux sentinelles de veiller. Après minuit, on entendit un bruit de voix et de piétinements ; nous nous levâmes tous, et bientôt nous apprîmes que les habitants de Tripolis s'étaient dispersés à l'approche d'Ibrahim, et que la plupart fuyaient vers Nauplie, pour se réfugier dans les parties montagneuses de Carytaine. Parmi ces fugitifs se trouvaient Rhigas Palamidis avec sa famille, qui me fournit ces renseignements. A ceux qui me demandaient de les secourir, je recommandai de n'avoir aucune crainte, car les Turcs n'étaient pas encore arrivés jusque là. Ensuite, je me transportai à Tricorpha, et j'observai de là si Tripolis n'était pas déjà occupée par les ennemis ; ne remarquant aucun signe de leur présence, j'envoyai trois cavaliers comme avant garde, je partis moi-même bientôt après, et je me dirigeai vers la ville, où j'entrai. Quel lamentable spectacle ! Pas âme qui vive dans cette grande cité ! les maisons abandonnées ! les boutiques ouvertes ! Des oiseaux et des animaux domestiques erraient çà et là, cherchant leurs maîtres ! Comme la matinée était avancée, et la chaleur insupportable, je résolus de rester quelque temps dans la ville, peut-être quelqu'un se présenterait-il pour nous donner des renseignements. Nous entrâmes dans quelques grandes maisons, où nous trouvâmes des vivres en abondance ; puis, laissant quelques soldats avec nos chevaux, je sortis pour parcourir Tripolis avec les autres, et surtout pour aller à la grande batterie, où se trouvaient quelques canons. En chemin nous rencontrâmes tout-à-coup 13 hommes sans armes, bien vêtus et presque gais. Je leur demandai qui ils étaient. Ils me répondirent qu'ils étaient Tripolitains, et qu'ils revenaient à Tripolis pour prendre leurs effets, qu'ils n'avaient pu emporter la nuit, car lorsque le bruit s'étant répandu qu'Ibrahim était entré dans la ville, les habitants s'étaient enfuis avec précipitation. Mais leur prononciation, qui ne ressemblait pas à celle des Tripolitains, me fit soupçonner que ce pourrait bien être des Turcs depuis longtemps faits prisonniers, et j'ordonnai aux soldats de les arrêter. En entendant mes paroles, ils prirent la fuite. Aussitôt nous fîmes feu, nous en tuâmes cinq, et nous reconnûmes, en effet, que c'étaient des Turcs, faits prisonniers, et restés à Tripolis, attendant l'occasion de pouvoir se joindre à l'armée d'Ibrahim. Nous poursuivîmes les autres, pour les prendre, ou les mettre à mort. Mais les soldats qui gardaient nos chevaux ayant entendu les coups de fusil, et pensant qu'Ibrahim était entré dans Tripolis, sortaient de la ville au moment même où quatre des Turcs que nous poursuivions, en sortaient eux aussi ; les ayant rencontrés par hasard, ils les tuèrent. Ainsi sur treize Turcs, neuf furent tués, et quatre se cachèrent. Ces derniers s'enfuirent pendant la nuit et se réfugièrent auprès d'Ibrahim, dont ils hâtèrent l'arrivée, en l'informant que les habitants de la ville étaient partis, et qu'il n'y était resté aucune force militaire pour lui tenir tête.

Ensuite j'enclouai les canons qui se trouvaient dans la batterie ; puis, pensant que le gouvernement enverrait des troupes pour occuper Tripolis, je ne mis pas le feu à la ville et je partis dans la direction de Parthéni. J'y trouvai la commission du gouvernement, Hypsilantis, Boucouras et Carapavlos, qui, se trouvant à Tripolis, s'en éloignèrent, quoique chargés de sa défense, lorsqu'ils apprirent l'arrivée prochaine d'Ibrahim. Je leur demandai à l'instant même pourquoi ils n'avaient pas brûlé la ville. Boucouras me répondit en me demandant pourquoi je ne l'avais pas brûlée moi-même. Je lui dis que, n'étant pas autorisé à le faire, les Péloponésiens pourraient se plaindre justement que j'aie brûlé leur plus belle ville. J'ajoutai que, s'ils me remettaient un document écrit et signé de leur main, comme commission du gouvernement, je n'hésiterais pas à retourner à Tripolis et à la brûler. Hypsilantis me dit alors. « Y vas-tu, Métaxas ? » « Je n'épargne, répondis-je, ni ma santé, ni ma vie, lorsqu'il s'agit d'être utile à la patrie. » Et, ayant reçu le document demandé, je retournai à Tripolis. Il était déjà minuit, lorsque j'envoyai dans les parties les plus centrales de la ville les soldats sous mes ordres avec des matières inflammables ; et bientôt de tous côtés les flammes s'élevèrent jusqu'au ciel, et formèrent un horizon de feu, qui éclairait les villages tout à l'entour. Quel terrible spectacle que celui d'une ville en flammes au milieu de la nuit ! Au jour, une grande partie de Tripolis étant réduite en cendres, je m'éloignai avec trois soldats, les autres étant restés pour recueillir du butin, s'échappèrent par un autre chemin. Le lendemain Constantin Mavromichalis étant venu à Tripolis avec quelques Spartiates, mit aussi le feu dans les parties de la ville qui n'avaient pas été complètement incendiées, de sorte que, lorsqu'Ibrahim entra, il trouva la ville toute fumante et entièrement réduite en cendres.

De Tripolis je retournai à Nauplie, et de là j'écrivis à Evangélis Panas, que j'étais tombé malade de fatigue, je lui disais, ou de rester au camp de Patras, ou de se joindre à Colocotroni. Mais la prise de Tripolis amena la dissolution de ces camps, et Panas avec un petit nombre de soldats revint à Nauplie, où au bout de quelques mois, étant tombé malade, lui-même, il mourut.

Evangélis Panas fut le premier qui, comme nous l'avons raconté, partit de Céphalonie pour le Péloponèse. Il passa toute sa vie dans les camps hellènes, ayant toujours des Céphallènes sous ses ordres, à Néocastron et dans la Grèce occidentale ; il se signala dans divers combats, et dépensa toute sa fortune pour la guerre de l'indépendance nationale. Il mourut pauvre laissant un fils et une veuve, à qui ne fut pas accordé la plus petite pension.

Tandis qu'Ibrahim, après la prise de Tripolis, se préparait avec des forces nombreuses à marcher sur Argos, le bruit se répandit qu'une conjuration s'ourdissait à Nauplie ; on accusait même injustement Coletti d'en faire partie, et l'on disait que d'accord avec d'autres de ses complices, il devrait livrer cette ville à Ibrahim. Nauplie devait contenir alors plus de trente mille habitants, qui y avaient cherché un refuge; la défiance, l'incertitude et le désespoir étaient arrivés à leur comble, et les membres du gouvernement ne savaient quelles mesures prendre pour garantir la sécurité des Moulins de Lerne, du Palamidi et de la ville. Les pouvoirs législatif et exécutif ordonnèrent alors à Hypsilantis, d'aller avec un détachements de soldats d'élite, occuper les Moulins, et celui-ci s'y rendit avec Macryjanni, un corps de trois cents hommes choisis et deux compagnies de l'armée régulière. Pour la ville et la forteresse du Palamidi, le gouvernement choisit André Métaxas et moi, en nous disant qu'il ne pouvait confier à d'autres les deux derniers refuges qui restaient aux Hellènes. André se chargea de la défense de la ville avec Rosche, et moi, quoique malade, je passai au Palamidi avec cinquante céphallènes et les réguliers sous les ordres de Rodios ; le souliote Photomaras était alors commandant de place de cette citadelle. Démétrius Sactouris fut nommé commandant du fort de la mer (Thalassopyrgos) et Jean Contoumas fut envoyé à Hydra pour inviter ses habitants, si les circonstances le voulaient, à remplacer les gardes de la ville et des forts. Vers le milieu de juin, Ibrahim arriva et attaqua les Moulins, mais il fut bravement repoussé, Macryjannis fut blessé, et les Egyptiens couverts de honte et de confusion, se replièrent sur Argos, et brûlèrent cette ville. Du Palamidi nous reçûmes à coups de canons une avant garde de cavalerie, qui s'était avancée jusqu'au village d'Aria devant les portes de Nauplie. Ibrahim voyant qu'il ne pouvait rien faire dans ce lieu, se retira dans Tripolis, et de là il se mit à parcourir les diverses provinces intérieures du Péloponèse, portant partout la ruine, le pillage et la servitude. Il est digne de remarque, que quoiqu'Ibrahim usât d'une clémence rare chez les Turcs, il ne put obtenir la soumission d'aucun Péli ponésien.

Colocotronis put enfin, en dehors de Tripolis, vers Tricorpha, former un camp puissant, contre lequel Ibrahim s'empressa d'accourir avec toute son armée. Le 25 juin les Egyptiens attaquèrent ce camp et s'en emparèrent. Beaucoup d'Hellènes tombèrent dans cette bataille, mais ils ne montrèrent pas de faiblesse, se reformant toujours, et ne cessant de combattre les ennemis, malgré leurs forces trop faibles devant celles d'Ibrahim. Après la bataille, ce dernier parcourut le Péloponèse ruinant et détruisant tout sur son passage en Laconie, Carytaine, Arcadie, Calavryta et dans d'autres provinces.

En ces temps si douloureux le colonel Fabvier avait déjà posé le pied sur le sol hellénique. Le gouvernement considérant alors que les victoires d'Ibrahim étaient dues principalement aux troupes régulières qu'il avait dans son armée, reconnut que sans de pareilles soldats, il lui serait désormais impossible de repousser l'ennemi. Il résolut d'organiser l'armée régulière, et de la placer sous les ordres de Fabvier ; pour cela il forma des commissions, composées d'hommes influents, dans le pays afin de faire, dans le Péloponèse, la Grèce continentale et les Iles, la nouvelle levée pour les corps réguliers en création. Zaïmis et Colocotroni en furent chargés pour le Péloponèse, Gouras et Nacos, pour la Grèce continentale, et moi pour les îles de la mer Egée.

Comme cette mission était difficile, je pris avec moi, comme auxiliaire, Panagiotis Dimitracopoulos, primat de Paros, et guerrier de l'indépendance nationale jouissant d'une grande considération dans les Iles. Je me dirigeai d'abord vers l'île de Naxos, où je pensais réussir plus facilement, car je croyais que, si je parvenais à réunir des conscrits dans une île, la besogne, soit par amour propre, soit par obligation, deviendrait plus facile dans les autres. Pour donner plus d'importance à ma mission, je jugeai opportun de joindre à mes soldats irréguliers, 50 soldats réguliers avec un tambour, sous le commandement de mon compatriote Charalambis Ingléssis, officier de l'armée régulière, jeune homme plein d'enthousiasme et de patriotisme, qui s'était distingué dans diverses batailles, avait l'estime de Fabvier, et qui fut tué plus tard en combattant à Phalère.

Je convoquai une assemblée générale dans les villages de Naxos. Je parlai avec force de la nécessité de l'établissement d'une armée régulière; je citai dans mon discours les puissances étrangères, et surtout la France et la Russie, qui engageaient principalement le gouvernement hellénique à la création et à l'augmentation d'une telle armée, j'ajoutai que la France nous avait envoyé un général capable de l'organiser (un tel langage était nécessaire pour persuader ce peuple). Je dis à mes auditeurs que la reconnaissance de notre indépendance nationale aurait lieu, dès la formation de notre armée régulière, que notre pays prouverait ainsi sa volonté de se conformer aux coutumes des autres nations de l'Europe. J'observai qu'à l'exception de la contribution de 1822, les Iles n'avaient offert aucun autre secours à la nation, tandis que les Péloponésiens et les habitants du continent hellénique après avoir sacrifié leurs villes et leurs fortunes, combattaient eux-mêmes contre les Turcs; enfin je leur promis qu'aussitôt notre indépendance reconnue, ils recevraient la récompense nationale méritée. Il importait donc aux Insulaires de présenter spontanément des hommes pour l'armée, et de prouver qu'ils étaient prêts à prendre leur part des charges de notre révolution. M'adressant ensuite à la jeunesse, je lui parlai de la vie militaire, de l'avancement et du plaisir que chacun aurait après la victoire à raconter comme témoin oculaire les faits de la guerre. Enfin je m'efforçai de convaincre les vieillards, et de donner de l'enthousiasme aux jeunes gens; après mon discours, plus de quarante de ceux-ci s'enrôlèrent. Cela fait, j'obligeai les parents qui avaient plus de deux fils, d'en donner un pour l'armée, et en très peu de temps, je recrutai, à Naxos seulement, 170 jeunes gens, que j'envoyai au centre du gouvernement. La levée des nouvelles recrues se fit de la même manière dans les îles de Paros, de Siphno, de Séripho, de Kéa, de Kythnos, de Syros, de Tinos, d'Andros et de quelques autres petites îles. Je recrutai, jusqu'à la fin de 1825, plus de 960 conscrits, qui prirent du service dans l'armée régulière, et je puis dire que ce que je fis avec succès dans les îles, les autres commissions nommées pour cela sur le continent et dans le Péloponèse ne purent le faire. Mais l'exemple donné par les habitants des îles fut salutaire, parce que beaucoup de volontaires s'enrôlèrent ensuite dans l'armée régulière. Ayant en partie, terminé ma mission je fus contraint, à cause du froid excessif qu'il faisait de retourner à Nauplie, et je demandai au gouvernement de me remplacer dans mon emploi. Il ne serait pas difficile à celui qui en serait chargé de le remplir dans les îles où je n'étais pas allé, en citant l'exemple de celles où j'avais pu enrôler un nombre suffisant de recrues. Mais malheureusement à cause de l'incapacité de mes successeurs, les négociations ne réussirent pas dans les autres îles.

Je ne puis passer sous silence la haine que nourrissaient, contre nous, dans les îles de la mer Egée, les adeptes de l'Église d'Occident. Non seulement, en 1822, sous mon commissariat, ils refusèrent de s'imposer la moindre contribution, mais encore lors de l'enrôlement des nouvelles recrues, aucun ne voulut y prendre part; bien plus, ils s'y opposèrent de tout leur pouvoir, en semant partout la peur et le désespoir.

CHAPITRE DOUZIÈME

1826

Troisième assemblée nationale à Epidaure. — Commission Administrative. — Ma mission auprès de la garnison de Mésolonghi à Pérachora. — Commission directrice dans l'Égée. — Violences de l'amiral autrichien Paulucci. — Mesures prises par moi contre la piraterie, et sa disparition. — Désordres à Nauplie. — La Commission Administrative se transporte à Egine. — Corps militaire de Céphallènes et de Zacynthiens.

Dans les premiers jours de 1826, le gouvernement convoqua les représentants des provinces à Épidaure. Les habitants, quoique dispersés procédèrent comme ils purent à leur élection et la troisième assemblée nationale, dite d'Épidaure, fut formée. Elle commença ses travaux sous la présidence de Panoutsos Notaras. Au commencement d'Avril, Mésolonghi, après la sortie glorieuse des Hellènes, tomba au pouvoir des Turcs. Cette terrible nouvelle émut la nation entière et suspendit les travaux de l'Assemblée. Mais les représentants, avant de se séparer, formèrent une commission de onze membres, appelée COMMISSION ADMINISTRATIVE, dont André Zaïmis fut le président, et les membres Pétro-Bey Mavromichalis, Anagnostis Délijanni, Georges Sissinis, André Iscos, Panagiotis Démitracopoulos, Démétrius Tsamados, Anagnostis Monarchidis, André Hatji-Anargyris, Spyridion Tricoupis et Jean Vlachos. L'assemblée forma aussi une autre commission de 13 membres chargés de s'entendre avec la première touchant les relations de la Grèce avec les autres nations ; car dans les circonstances difficiles où se trouvait la patrie, il serait peut-être jugé nécessaire d'ouvrir des négociations avec quelque Cour étrangère.

Les troupes échappées du siège de Mésolonghi s'étaient jointes à celles du dehors envoyées à leur secours. Elles voulaient se venger du gouvernement qui, ayant négligé d'envoyer des approvisionnements, était cause que la ville avait été prise, le pays dévasté et les habitants traînés en esclavage. Elles se réunirent à Pérachora, et menacèrent de piller Nauplie. La Commission Administrative, y siégeant, n'avait aucun moyen de satisfaire les exigences des capitaines et des soldats, que les souffrances et privations avaient rendus intraitables, et personne n'osait accepter de traiter avec eux au nom du gouvernement. Appelé alors par la Commission Administrative, on me pria d'accepter cette mission. Ce mandat était important et sa réussite difficile, cependant me rendant aux sollicitations de la Commission, je cédai, quoique je visse qu'il y avait danger même pour ma vie, et suivi de quelques soldats, chargé des pleins pouvoirs de la commission administrative, je partis pour Pérachora. A Loutraki j'appris que les soldats, suspectant leurs généraux, avaient nommé une commission de cinq membres composée de simples soldats comme eux, et qu'ils avaient chargé cette commission de représenter l'armée et d'assister leurs chefs, qui ne pouvaient rien faire sans sa participation. Je crus nécessaire d'écrire de Loutraki aux soldats de Pérachora, et de leur demander s'ils me recevraient comme envoyé du gouvernement, ou comme simple patriote et ami. J'adressai cette lettre en général aux soldats de l'héroïque garnison de Mésolonghi. Leur réponse fut qu'ils me recevraient comme simple patriote, et non comme représentant du gouvernement, parce qu'ils n'empêchaient ni n'empêcheraient jamais les bons patriotes de venir les voir. Encouragé par cette réponse, j'allai à Pérachora, où je trouvai les capitaines Notis Botsaris, Kitsos Tsavellas, Lambros Véïcos, Christodoulos Hatji-Pétros, Georgios Vaïas, Goustis et quelques autres, qui étaient de la garnison de Mésolonghi; Costas Botsaris, Georgios Dracos, Diamantis Zervas et quelques autres, qui étaient du camp en dehors de Mésolonghi. Ils étaient environ 2.000 soldats, dont 1.000 de la garnison de la ville.

A peine fus-je arrivé à Pérachora, qu'ils s'assemblèrent tous, capitaines et soldats. Ceux de la garnison de Mésolonghi étaient couverts de haillons, ensanglantés, nus et rongés de vermine ; leur physionomie avait encore quelque chose de féroce. Tels devaient être en effet, ces héros, qui après une année du siège le plus rigoureux, et tant de furieux combats résolurent de sortir de Mésolonghi, les armes à la main, à travers des milliers d'ennemis, sous un feu incessant d'artillerie et de mousquetterie, et arrivèrent enfin jusqu'à leurs montagnes, où ils trouvèrent à l'improviste Moustam-Bey posté avec un corps nombreux d'Albanais. Ces hommes étaient vraiment dignes du nom de héros, car, après avoir souffert des maux inouis, de 3.500 qu'ils étaient environ à leur sortie, il en était resté à peine 1.200. Je restai troublé devant tant d'héroïsme et tant d'abnégation ; comment défendre le Gouvernement, qui, en les abandonnant, avait laissé périr tant de leurs camarades, tomber Mésolonghi et emmener tant de leurs familles en esclavage ? Je commençai mon discours, en louant leurs exploits, et leur héroïsme généreux ; je justifiai leurs plaintes contre les gouvernants d'alors, qui avaient négligé de secourir ce rempart de la Grèce, j'ajoutai que la Nation, voyant l'incapacité de ceux qui gouvernaient le pays, avait constitué une autre Assemblée Nationale, et établi une nouvelle administration, qui était prête à adoucir leurs souffrances, dans les limites de ses ressources pécuniaires. Je m'attachai à leur prouver que la garnison de Mésolonghi elle-même, si admirée par les Européens pour ses héroïques exploits, perdrait sa considération méritée, si elle était le premier auteur de l'anarchie. Après ces paroles, qui produisirent une certaine impression, je donnai à comprendre aux soldats que ce n'était nullement la faute de ceux qui gouvernaient en ce moment, puisqu'ils n'avaient pris l'administration actuelle qu'après la chûte de Mésolonghi. Quel secours pécuniaire peuvent-ils espérer, s'ils arrivent à dissoudre le gouvernement ? Quel tort a le peuple pour supporter ainsi les conséquences de l'anarchie ou du pillage ? Je leur dis que la Commission Administrative n'épargnerait rien pour les secourir et leur fournir des armes et des vêtements, mais que de leur côté ils devaient maintenir l'ordre et modérer leurs prétentions. Je ne vous parle pas, leur dis-je, comme envoyé du gouvernement, ni comme ayant fait partie du gouvernement précédent; mais comme patriote et camarade, je crois devoir vous dire toute la vérité, et placer sous vos yeux vos véritables intérêts et ceux de la patrie. La fin de mon discours les émut beaucoup et on vit briller sur leur visage les sentiments du patriotisme hellénique. — La commission des soldats me répondit alors : « Nos plaintes sont grandes, mais elles ne s'adressent qu'au gouvernement révoqué; les soldats sont nus, et la plupart presque sans armes ; ils ne veulent ni piller le peuple ni lui apporter l'anarchie, ils demandent seulement un soulagement à leurs misères, et, d'accord avec leurs capitaines, ils borneront leurs prétentions aux seules choses nécessaires ». — Le lendemain tous devaient me suivre à Nauplie, et me chargèrent de m'entendre avec le gouvernement pour le payement de leur solde. J'acceptai volontiers cette proposition, et les capitaines, me répondirent de l'ordre pendant ce temps. J'en fis part immédiatement par un courrier à la Commission Administrative, l'engageant en même temps à ne rien négliger pour adoucir les souffrances de la garnison ; et le lendemain je partis pour Nauplie, accompagné de l'armée.

En chemin je reçus une lettre de la Commission, qui m'apprenait que beaucoup de maisons avaient été évacuées dans le faubourg de Nauplie pour le logement des soldats, et qu'on s'y occupait de l'approvisionnement des vivres nécessaires ; en outre, on avait préparé dans l'intérieur de la ville des logements pour les officiers et la Commission militaire. Les soldats dans un ordre parfait arrivèrent à Nauplie, et furent logés dans le faubourg ; les primats logèrent les officiers dans leurs propres maisons.

La Commission Administrative fut très contente du bon résultat de mon mandat, et immédiatement, de concert avec les capitaines, on décida quelle somme d'argent, serait distribuée aux soldats ; on nomma en même temps une commission, dont j'étais membre, pour recueillir auprès des citoyens des souscriptions et des vêtements pour les soldats. Tous souscrivirent avec empressement, et, avant la fin de mai, les armées reçurent ce dont elles avaient besoin, et marchèrent : les unes vers le Péloponèse contre Ibrahim, qui était revenu, après la prise de Mésolonghi, et avait ruiné la province de Calavryta, et les autres vers la Grèce continentale contre Kioutahi, qui, après la chûte de Mésolonghi, entra dans la Grèce orientale, et menaça l'Attique.

A cette époque la piraterie était arrivée à son comble dans la mer Egée, et le commerce hellénique en souffrait beaucoup; les pirates ne respectaient aucun pavillon étranger, et surtout l'Autrichien. Le gouvernement autrichien se vit obligé d'envoyer dans l'Egée, sous les ordres de l'amiral Paulucci, une escadre de vaisseaux de guerre. Cet amiral, avant de se présenter à la Commission Administrative, sous prétexte de poursuivre les pirates, avait commis beaucoup d'actes de violence à Tinos et à Mycône. Le gouvernement, fut donc contraint de prendre des mesures sévères, et nomma à cet effet, une Commission Directrice dans la mer Egée, avec mission de détruire la piraterie, et de protéger certaines îles, dans lesquelles s'étaient réfugiés les Crétois, après la ruine de leur patrie. La commission administrative me confia la présidence de cette Commission Directrice, en nomma membres Michel Tsamados d'Hydra et Chrysogélos de Siphnos, et décréta qu'elle aurait sa résidence à Syra. Mais Chrysogélos n'était pas apte à ce service, et Tsamados refusait à cause de sa santé ; de sorte que toute cette charge incombait à moi seul, je l'acceptai complètement.

Dans les premiers jours d'août Paulucci vint mouiller à Syra avec trois vaisseaux de guerre. L'ayant connu en Italie en 1815 aux Eaux de Récoaro, je lui rendis visite et nous renouvelâmes connaissance. Je lui fis savoir de quelles fonctions publiques j'étais revêtu, et lui adressai d'amicales observations sur la manière dont il s'était conduit à Tinos et à Mycône, lui disant que j'allais moi-même poursuivre les pirates, que j'espérais qu'il voudrait bien s'abstenir désormais de tout acte d'hostilité, et qu'il devait s'adresser au gouvernement hellénique pour obtenir satisfaction des torts dont il se plaignait. Paulucci se rendit à mes observations, et me répondit qu'il s'abstiendrait désormais de tout acte hostile et qu'il se présenterait au gouvernement hellénique à son retour de Smyrne. Je crus à ses promesses, et le lendemain, malgré un vent très-violent, je le vis faire voile vers Smyrne; mais la nuit il vira de bord, alla mouiller à Naxos, où, il débarqua des troupes, canonna la ville à la prière des Chrétiens d'Occident, et obligea ses habitants, à lui payer une forte rançon. La ville impuissante à se défendre contre les Autrichiens, souffrit beaucoup et elle eut à pleurer plusieurs morts. Si le vent n'eut pas été contraire, les habitants de Naxos, m'en eussent donné avis, et Paulucci, qui avait ainsi manqué à ses promesses, se serait trouvé dans une situation très-difficile, car environ 800 Crétois habitaient encore l'île. Informé qu'il voulait débarquer au village de Syllaca dans l'île de Cythnos, pour y prélever aussi des indemnités pécuniaires, j'y dépêchai un de nos braves officiers avec quelques soldats. Ce village était situé sur le penchant d'une montagne; dès que parut le brick de Paulucci, l'officier armant aussitôt les habitants, courut s'emparer d'une forte position, par où devaient passer les Autrichiens, s'ils débarquaient.

Ils débarquèrent, en effet, de grand matin au nombre de cent, mais ils furent repoussés, et contraints de regagner leur brick. Il ne fut pas fait mention de ce fait, qui est si peu honorable pour la mémoire de Paulucic, lorsque celui-ci, se présenta devant la Commission Administrative, et exposa ses griefs.

Je commençai alors à faire quelques tournées dans les îles de la mer Égée sur une goëlette de guerre. Comme c'était la troisième fois que j'étais chargé de fonctions administratives dans ces parages les relations que j'y avais formées et la considération dont j'y jouissais ne pouvaient que faciliter le succès de mon entreprise. Entre Tinos et Andros, je pris une barque de corsaires, et je l'envoyai aussitôt à Syra, pour y être brûlée; mais les pirates furent sauvés. Un grand nombre d'autres pirates s'étant assemblés dans l'île inhabitée de Gioura, tinrent conseil et m'adressèrent une lettre, dans laquelle ils me demandaient pourquoi je leur faisais la chasse, tandis qu'avec leur piraterie ils pouvaient obliger les puissances européennes à reconnaître l'indépendance de la

Grèce, et à mettre ainsi fin à la guerre ; puisqu'ils faisaient ce bien au pays, et qu'ils subvenaient aux besoins des autres, et aux leurs, je devais chercher, au lieu de les poursuivre, à m'entendre avec eux. Ils étaient prêts à me montrer leur gratitude, et à me récompenser généreusement. Cette lettre portait de nombreuse signatures, entr'autres celles de Caroulia, de Vojo, de Moro, tous trois de Psara ; de Merméléchis, de Mycône ; de Jean Phokianos et de quelques autres. Après cette lettre, les pirates se dispersèrent ; car à mon arrivée dans l'îlot de Gioura, je n'en trouvai aucun.

Cependant je fus bientôt informé que, les uns s'étaient dirigés vers les Sporades orientales, et les autres vers les septentrionales. J'allai à Andros, où j'arrêtai Moro et Vojo, et je brûlai leur vaisseau-pirate ; ensuite à Yo, j'arrêtai Caroulia avec un MYSTIC, dans lequel je trouvai une quantité de marchandises d'un navire Autrichien, qu'il avait pillé depuis peu. Là ayant appris que Phokianos s'était réfugié et caché dans une grotte, près de la mer, dans l'île de Sikyno, je m'y transportai, et je le trouvai réellement dans la grotte, où il s'était fortifié ; comme il refusait de se rendre, nous prîmes la grotte d'assaut, et je l'arrêtai, avec trois pirates ; sept autres périrent pendant l'assaut, et j'y perdis trois de mes hommes. J'appris ensuite que le terrible Merméléchas avec deux vaisseaux-pirates et 35 hommes se trouvait à Amorgos, j'allai dans cette île ; à la pointe du jour j'entrai dans le port, j'attaquai à l'improviste les deux vaisseaux et je pris 17 pirates. En outre, les soldats sous mes ordres ayant débarqué, m'en amenèrent encore 8 avec Merméléchas lui-même enchaîné. Nous passâmes la nuit dans la ville d'Amorgos. Dans l'espace de deux mois, je pris les chefs des pirates et la plus grande partie de leurs hommes ; leurs navires furent livrés aux flammes en face de la ville de Syra. J'envoyai à Nauplie à la Commission Administrative les chefs des pirates, pour qu'ils fussent punis suivant leurs forfaits ; mais quelle ne fut pas ma surprise ! bientôt je revis les pirates eux-mêmes dans les îles, ils avaient été amnistiés ! Tel était alors le triste état des choses !

Les Crétois réfugiés dans les îles, et principalement à Naxos, Paros, Siphnos, Milo et Yo, commencèrent à opprimer les habitants, de sorte que les administrations locales furent obligées de se démettre. Les communautés en appellèrent à la Commission Administrative, et demandèrent son secours. Chrysogélos et Tsamados ne pouvaient rien faire, tandis que j'étais occupé à la poursuite des pirates ; mais, de retour à Syra, je résolus de secourir ces malheureux insulaires. Je parcourus les îles, où mon autorité, appuyée par un détachement suffisant de troupes, réprima les désordres des Crétois. Considérant que ma présence était nécessaire dans les Cyclades, je priai les deux autres membres de la Commission de rester à Syra, tandis que je croiserais entre Naxos et Paros, pour intimider les Crétois qui étaient dans ces parages. J'employai à ce service presque toute l'année 1826.

Pendant que j'étais occupé à poursuivre les pirates et à rétablir l'ordre dans la mer Égée, la Commission Administrative perdit toute son autorité, parce qu'il ne lui restait aucun moyen de maintenir les camps.

Ibrahim parcourait librement le Péloponèse, saccageant tout et faisant des prisonniers ; de son côté, Kioutahi avait pénétré dans l'Attique avec une nombreuse armée. Le désordre, qui régnait à Nauplie, croissait de jour en jour. Le Palamidi était occupé par Théodore Grivas, adversaire des Péloponésiens, et l'Acronauplie par Christos Photomaras, qui leur était favorable. Le premier faisait les primats prisonniers, les enfermait dans le Palamidi, et leur imposait des taxes exorbitantes. Chaque jour il y avait des escarmouches entre les soldats du Palamidi et ceux de l'Acronauplie ; des boulets rouges étaient même lancés du Palamidi contre la ville. Vers la mi-juin, la Commission Administrative, fut contrainte de se retirer dans le CHATEAU OU FORT DE LA MER (Thalassopyrgos), et vers le mois de novembre, à Egine. Avant son départ Caraïscakis vint à Nauplie, se concerta avec Colocotronis, et se chargea de l'expédition contre Kioutahi. Colocotroni, de son côté, continua de poursuivre ses mouvements militaires contre Ibrahim.

La commission administrative fut alors

contrainte par les primats et les capitaines de proclamer la convocation de la 3ᵉ Assemblée Nationale d'Épidaure et après une longue discussion sur le lieu où les Plénipotentiaires devaient s'assembler, il fut décidé que ce serait à Trézène : elle se réunit en 1827.

Ma mission terminée dans la mer Égée, je revins à Nauplie, où, d'accord avec André Métaxas et d'autres de mes compatriotes, nous décidâmes de former, à l'aide d'une somme d'argent que nous déposerions, un nouveau corps d'armée de Céphallènes et de Zacynthiens, que nous plaçâmes, après sa formation, sous la conduite du céphallène Daniel Panas et du zacynthien Denys Pétas. Ce corps fut expédié d'abord dans le Péloponèse sous les ordres de Colocotroni, et ensuite il se trouva à Oropos et à Athènes, où il se distingua.

CHAPITRE TREIZIÈME

1827.

Assemblée Nationale de Trézène. — Election de Jean Capodistrias comme Président de la Grèce. — Commission Gouvernementale provisoire. — Nomination de Cochrane comme amiral et de Church comme généralissime. — Capitulation de l'Acropole d'Athènes. — Troubles civils et combats à Nauplie. — Mes rapports avec Church. — Son transfert à Nauplie. — Tentative pour rétablir l'ordre à Nauplie. — Ma mission à Poros auprès d'Heideck. — La Porte rejette les propositions des Puissances alliées.

Au commencement de cette année l'état de la Grèce était presque désespéré. Ibrahim, ayant son quartier-général à Tripolis, parcourait le Péloponèse, dont il pillait toutes les provinces, excepté l'Argolide et la Corinthie ; Kioutahi, avec une armée nombreuse, assiégeait Athènes, et la Commission Administrative n'avait plus aucune autorité, de sorte que tout le monde espérait que l'Assemblée de Trézène réparerait les maux du pays.

Cette Assemblée avait beaucoup de questions à traiter, mais je parlerai seulement des principales. D'abord, elle vota une nouvelle Constitution. Sentant le besoin de mettre à la tête du Gouvernement un homme capable de le diriger, elle élut comme tel Jean Capodistrias ; puis, ne voulant pas fournir aux Anglais une occasion d'exercer leur jalousie, elle nomma Church général-en-chef de la Grèce, et Cochrane amiral. Elle forma une commission de trois membres, composée de Georges Mavromichalis, de Jean Nakos et de Milaitis, ayant pour mission de gouverner le pays jusqu'à l'arrivée du Président. Au commencement de mai, l'Assemblée ayant terminé ses travaux, le général-en-chef, prit le commandement des armées, et l'amiral celui de la flotte hellénique.

Kioutahi, qui campait à Athènes, assiégeait étroitement l'Acropole. Caraïscakis s'avançait contre lui, à la tête d'une armée nombreuse, composée de Péloponésiens et de STÉRÉOHELLADITES (soldats de la Grèce ferme ou continentale), et s'était déjà emparé du Pirée, lorsque par malheur le 24 avril, il mourut, blessé mortellement dans une escarmouche entre le Pirée et Athènes. Après la mort de Caraïscakis, un grand découragement s'empara de tout le camp hellénique ; et avec raison, car c'était le plus brave et le plus expérimenté des capitaines qui se trouvaient dans ce camp. Les conséquences de cette mort furent terribles. D'après le plan de Caraïscakis, une nombreuse armée devait débarquer la nuit à Phalère et attaquer les Turcs en flanc en même temps que les Hellènes postés en face et à l'Acropole. Mais il manquait l'homme qui devait exécuter ce plan. Les armées débarquèrent, en effet à Phalère, mais le matin, et non la nuit ; en outre, mal postées par les ordres du général en chef Cochrane, de si funeste mémoire pour la Grèce, elles furent décimées par les Turcs. Dans cette bataille périrent beaucoup de capitaines parmi lesquels les plus braves, J. Notaras, G. Dracos, L. Véikos,

G. Tsavellas, Th. Dousas et Ch. Inglésis ; et, si une frégate hellénique n'eût sauvé ceux qui s'étaient réfugiés sur la plage, le désastre eut été plus grand encore.

Après une telle défaite, il ne fut plus guère possible de maintenir un camp hellénique à Athènes. Le désespoir et une véritable panique s'étaient emparés de tout le monde ; les soldats désertaient, et allaient chercher asile dans la presqu'île hellénique. Sur la fin de mai, après beaucoup de négociations, par la médiation de l'amiral français de Rigny, l'Acropole capitula, de sorte que toute la Grèce du Continent jusqu'à l'Isthme fut entre les mains des Turcs. La plus grande partie du Péloponèse était au pouvoir d'Ibrahim, qui n'était plus tenu en échec que par le brave et infatigable Colocotroni, qui combattait l'ennemi avec un patriotisme incomparable, et formait çà et là des camps militaires. Nous ne pouvons nous empêcher de louer la constance des Péloponésiens, qui, lorsque la ruine de la patrie semblait certaine, ne se soumirent jamais aux Turcs. Leurs familles préféraient errer de pays en pays, tomber dans l'esclavage, être dépouillées de tout, manquer même du pain quotidien et être massacrées plutôt que de se soumettre à leurs sanguinaires ennemis.

Vers le milieu de juin, la Commission Gouvernementale provisoire passa de Poros à Nauplie, où avaient lieu chaque jour des escarmouches entre Th. Grivas, Photomaras et J. Stratos. Les deux forteresses se canonnaient mutuellement, et canonnaient la ville ; des violences et des meurtres étaient commis, des citoyens étaient enfermés dans les forteresses, et relâchés, après avoir été maltraités. La Commission Gouvernementale provisoire se trouvant incapable de ramener l'ordre, fut obligée de se retirer dans LE CHATEAU DE LA MER (Thalassopyrgos), et les familles qui avaient échappé au fer des Turcs, se réfugièrent aux Moulins de Lerne. Nauplie demeura déserte. Colocotroni conservait un camp à Vervéna vers Tripolis ; mais dans toute la Grèce continentale il n'existait plus un seul camp, et les capitaines qui restaient encore dans les provinces, s'étaient retirés dans les montagnes. Le général en chef Church se trouvait à Egine, où il reçut les officiers de la garnison d'Athènes, et Cochrane était à Poros à bord de la frégate hellénique. Tel était l'état des choses en Grèce après la capitulation d'Athènes.

Je me trouvais alors à Nauplie, où, affligé de voir la Grèce dans un état si lamentable, persuadé par mes amis, je profitai du départ de Vlachopoulos, pour me rendre à Egine, et entrer en relations avec le général-en-chef Church ; je lui exposai la terrible situation de la Commission Gouvernementale et les affreuses misères des habitants de Nauplie. Church, quoique noble et généreux, ne pouvait cependant, sans moyens, diriger une armée. Il me proposa alors de rester auprès de lui comme aide-de-camp général et président de son état-major, dont étaient membres Costas Botsaris, Costas Vlachopoulos, Rodios et Chrysospathis; c'est d'après leur conseil qu'il me fit cette invitation; voyant la confiance qu'il avait en moi, j'acceptai, espérant l'amener à former un camp militaire dans la Grèce du Continent. Alors le général-en-chef m'apprit que, d'accord avec les primats de Psara, il devait armer 10 vaisseaux, y embarquer de nombreux soldats, les débarquer sur les côtes de Volo, pour obliger les Turcs à une diversion, et empêcher les Albanais d'entrer dans le Péloponèse. Je louai ce projet, pensant que le général-en-chef avait des vivres, des munitions, de l'argent et tous les moyens nécessaires pour la réussite de l'expédition.

Avec cette petite flotte, sur la fin de mai, nous partîmes d'Egine pour Salamine, et nous mouillâmes à Ambélaki vis-à-vis les côtes d'Athènes, où devaient se trouver Criézotis, Vassos et d'autres capitaines. Nous les y trouvâmes, en effet, avec plus de 2.000 hommes. Le général-en-chef était à bord du vaisseau de Jean Alexandris, et moi de celui de Jeannitsis. Le lendemain de notre arrivée, l'état-major, fut convoqué par le général-en-chef, qui, la carte à la main, nous soumit son plan, ou pour mieux dire, nous montra le pays que nous devions parcourir depuis Oropos jusqu'à Volo. Le plan étant unanimement approuvé, je demandai au général-en-chef si dans le vaisseau se trouvaient les munitions et les vivres pour plus de 2.000 hommes. Il me répondit que jusqu'alors on n'avait pris aucun soin pour cela, et il ordonna immédiatement à Chrysospathis de se rendre sur un vaisseau à Poros pour y prendre des provisions.

A Poros résidaient le colonel Heïdeck et le comte Porro, qui représentaient les comités philhelléniques de l'Europe, et entre les mains de qui se trouvaient toutes les contributions pécuniaires et tous les vivres envoyés. Chrysospathis revint sans avoir rien obtenu d'Heïdeck qui, haïssant Church, ne voulut donner aucun secours. Ayant appris cela, Criézotis et Vassos se présentèrent à Church, et lui conseillèrent de faire une expédition aux îles de Syra, Tinos et Andros, pour se procurer des munitions. Le général convoqua de nouveau en conseil son état-major, et lui communiqua les propositions de ses capitaines. Je fus contraint de lui faire observer alors, qu'il ne devait pas songer à embarquer une armée sans vivres et à se présenter avec elle devant Syra. Cette île était une place de commerce, riche, contenant toutes les provisions destinées au reste de la Grèce, et siège des consulats des puissances étrangères ; quelle certitude avait-il que les soldats, arrivés devant cette ville, ne se révolteraient pas, et ne demanderaient pas à descendre à terre pour la piller? Ne pouvaient-ils pas agir de même pour les faibles îles d'Andros et de Tinos? Quel plus grand malheur pour la Grèce, si Syra, qui était l'espoir et le refuge des partis révoltés, venait à être pillée? N'approuvant donc pas l'avis des capitaines, que je croyais contraires aux intérêts de la patrie, je proposai que l'armée ne bougeât pas d'Ambélaki avant d'être approvisionnée des choses nécessaires, et je demandai que Chrysospathis, dont la mission à Poros, avait échoué, fut envoyé à Syra, pour prier les négociants de procurer à l'armée des vivres et des munitions. Le général comprit la justesse de mes observations et m'avoua qu'il augurait mal de la mission de Chrysospathis à Syra.

Nous nous trouvions dans un très-grand embarras, sans argent, et accablés par les dépenses de dix vaisseaux, au milieu de deux mille soldats, mécontents de ce qu'on avait différé l'expédition. Une nuit, appelé par les signaux du vaisseau du Général en chef, je me rendis à son bord.

Il me communiqua alors une lettre de la Commission Gouvernementale provisoire, par laquelle il était invité, avec tous les capitaines sous ses ordres, à passer immédiatement à Nauplie, pour réprimer Grivas, qui du Palamidi non seulement canonnait la ville au-dessous de la citadelle, mais encore le Chateau de la Mer, où s'était réfugiée la Commission. De plus, il pillait les villages voisins de l'Argolide et de Cranidi, et menaçait les familles qui avaient trouvé un refuge aux Moulins de Lerne. La présence du Général en chef était donc absolument nécessaire pour le rétablissement de l'ordre. Le Général en chef voulut connaître mon opinion sur ce qu'il y avait à faire. Je lui dis qu'il devait être heureux de pouvoir sortir honorablement de l'embarras où il se trouvait, et je l'engageai à répondre au Gouvernement qu'il se disposait à partir avec des vaisseaux et des troupes pour porter secours à la Grèce continentale, et qu'il n'attendait, pour se mettre en campagne, que les provisions et les munitions nécessaires, mais à cause des circonstances critiques où le Gouvernement se trouvait, il était contraint d'obéir à l'appel qu'il recevait, et de partir pour Nauplie. Church approuvant mon avis, écrivit au Gouvernement, et le lendemain, dans son ordre du jour, il commanda à l'armée d'Ambélaki de se rendre par terre à Kenchrée.

Criézotis et Vassos, n'obéirent point, et il ne partit pour Kenchrée qu'environ un millier d'hommes sous la conduite de différents capitaines. Les vaisseaux durent aller mouiller à Egine, et y attendre de nouveaux ordres, hormis celui de Hatji-Alexandri, à bord duquel était le Général en chef; celui de Jeannitsi, à bord duquel je me trouvais; et un troisième, qui portait les autres membres de l'Etat-Major. Vers le milieu de juillet, nous arrivâmes à Kenchrée. Le Général en chef, avec son Etat-Major et environ 1.200 soldats, se mit en route pour Nauplie, où, nous campâmes au MONASTÈRE, en face du Palamidi. Le général en chef alla ensuite au CHATEAU DE LA MER, pour s'informer de ce qui se passait.

La présence du Général en chef suffit pour réprimer les désordres de Grivas, qui, étant venu lui faire visite, fut accueilli brusquement et avec des paroles sévères. Le Général lui dit qu'il avait l'intention de passer une revue générale de la garnison du Palamidi sous ses ordres, de celle de l'Acronauplie (Haute-Nauplie) sous ceux de Photomaras, et de la Garde civile de cette ville sous les ordres de S. Grivas ; le gouvernement devait remettre journellement aux diverses garnisons les rations de vivres nécessaires, pour mettre un terme aux troubles et aux dissensions. Grivas accepta cette résolution, et le jour suivant je reçus l'ordre de passer la revue des garnisons et de la Garde civile. Cependant je fis observer au Général en chef qu'il serait préférable d'accepter comme vrai le nombre de soldats que lui soumettraient les commandants de place eux-mêmes, parce que Grivas dans le Palamidi ne comptait que 300 soldats, Photomaras n'en avait que 200, et la Garde civique n'était composée que de 100, en tout six cents soldats réels, et, dans la revue, il s'en trouverait plus de mille. Church néanmoins me répondit que, puisqu'il en avait été ainsi décidé, il fallait exécuter sa décision.

Cependant Grivas pendant la nuit rassembla, tout les hommes qu'il put, les arma, et me les présenta le lendemain à la revue; j'en comptai plus de cinq cents, outre ceux qu'il avait laissés, disait-il, comme garde au Palamidi. Photomaras et le commandant de la Garde civique S. Grivas ne se montrèrent pas plus modestes, de sorte qu'au lieu de six cents soldats, j'en trouvai et en comptai plus de 1.500. — En souriant, je fis connaître au Général en chef le résultat de ma revue. La nuit même après la revue, beaucoup de soldats de Grivas sortirent du Palamidi, furent transférés dans les environs de Cranidi, et enlevèrent environ 30 bœufs.

Le général en chef envoya contre eux Costas Botsaris et Costas Vlachopoulos, qui réussirent à sauver les bœufs des malheureux citoyens. Grivas en rejeta la faute sur ses soldats, qui avaient commis ce vol à son insu, disait-il. Après beaucoup de discussions, la question des vivres fut résolue, et la quantité que le gouvernement devait assigner à chaque commandant fut déterminée. La présence du général en chef contribua également à aplanir toutes les autres difficultés, à rétablir l'ordre en apparence. Church devait revenir à Kenchrée avec tous les soldats qui voudraient le suivre, afin de prendre les mesures nécessaires pour la défense de la Grèce continentale ; et pour délivrer le voisinage de Nauplie et de l'Argolide des soldats vagabonds, qui y commettaient toute sorte de désordres. Il fut aussi question de l'établissement d'un camp militaire, mais ce projet fut abandonné, parce que le Gouvernement manquait de vivres et de munitions. La Commission Gouvernementale provisoire et le Général en chef me firent ensuite appeler et me chargèrent de me rendre à Poros, de voir Heïdeck, et de faire tous mes efforts pour en obtenir des vivres. Quoique je ne connusse pas Heïdeck ni aucun membre de la commission, je me rendis aux prières du Général en chef, et, muni de tous les documents nécessaires, je partis immédiatement.

Avant de me présenter à Heïdeck, je voulus avoir des renseignements sur son caractère. Je ne veux point parler de sa conduite et de la façon dont il dilapida les secours de l'Europe, je me borne seulement à dire que cet homme, esclave d'une sotte vanité, devint la victime des flatteurs qui l'entouraient. Je crus donc nécessaire de feindre pour le succès de ma mission. Je ne pouvais pas prévoir alors que quelque temps après Heïdeck devait venir en Grèce comme membre de la Régence.

Je me présentai, à lui et je lui remis les lettres que j'apportais, mais, dès qu'il les eût lues, il entra en fureur contre la Commission Gouvernementale provisoire; contre les Grecs qu'il appelait tous des voleurs; contre Church lui même, qu'il qualifia de maladroit. Je ne répondis point à toutes ces injures, je le priai seulement de me remettre une réponse quelconque aux lettres, afin que je pusse partir. En sortant de sa maison, je me dirigeai vers un café, où se réunissaient les flatteurs qui l'entouraient. Là, je dis publiquement que j'étais heureux d'avoir eu l'honneur de connaître Heïdeck, homme nourrissant des sentiments d'un vrai philhellène, et ayant des connaissances militaires et politiques peu communes. J'ajoutai que dès mon retour au camp, je m'empresserais de vanter aux capitaines le talent d'un tel personnage, afin qu'il fut substitué à Church pour le bonheur de la Grèce. Sans nul doute, ses flatteurs lui rapportèrent fidèlement mes discours, et me représentèrent à lui comme un des hommes les plus marquants du pays, car le jour suivant, Heïdeck me reçut courtoisement, et me dit qu'il désirait connaître mon appréciation de l'état des choses. Je lui racontai alors les évènements de Nauplie, je lui parlai de Church d'une manière peu bienveillante, et je lui représentai vivement le besoin absolu de vivres sans lesquels les soldats se disperseraient dans les provinces. J'ajoutai que les espérances de tous étaient tournées vers lui, et fis si bien que celui qui auparavant était furieux contre la Grèce, crut trouver en moi un chaleureux partisan, et consentit, non-seulement à m'accorder plus de vivres que je ne lui en demandais, mais encore, me remit une forte somme d'argent pour payer les capitaines.

Church persuadé de la réussite de ma mission, avait ordonné à un des vaisseaux mouillés à Kenchrée, de venir à Poros avec Chrysospathis. Muni des ordres nécessaires d'Heïdeck pour les gardes-magasins, j'en informai Chrysospathis, qui prit une suffisante quantité de blé et de vivres, tandis que je recevais du comte Porro 1.000 colonnats. Ma mission terminée, je voulus m'expliquer avec Heïdeck, et lui faire sentir pourquoi j'avais supporté en paix les terribles paroles qu'il avait prononcées contre la Grèce et les Hellènes dans notre premier entretien.

Reprenant alors mon air accoutumé, je me présentai à lui pour signer les récépissés des vivres et de l'argent que j'avais reçus. Je lui dis, que ses informations sur les Hellènes étaient fausses ; que l'armée de la Grèce était digne d'éloge, car ses soldats demi nus, sans pain et sans chaussures, avaient combattu contre un ennemi puissant. J'ajoutai que les actions des Hellènes avaient excité l'enthousiasme des Européens, au point que, pour la réussite de notre cause nationale, ils s'étaient empressés de former des comités de secours, mais que leurs offrandes généreuses n'étaient malheureusement pas distribuées à temps. aux armées, et n'étaient même pas dépensées pour elles. Sur la figure courroucée d'Heïdeck, je vis qu'il se repentait de m'avoir donné des vivres ; mais heureusement les munitions étaient déjà sous bonne garde.

Après cela je partis pour Kenchrée, où je trouvai Church avec son état-major et tous les capitaines. Ils me reçurent avec force acclamations, et la joie se répandit au milieu de ces deux mille hommes. Je remis l'argent au général-en-chef, et les vivres, distribués avec ordre, ranimèrent les soldats. Cochrane vint alors à Kenchrée, sur la frégate nationale LA GRÈCE et Hasting sur le bâteau à vapeur LA PERSÉVÉRANCE. On tint un conseil de guerre, et il fut décidé que les vaisseaux iraient dans le golfe de Corinthe, et que Church avec toutes ses troupes se rendrait dans la Grèce continentale, et y attaquerait les corps Turcs, qui s'y trouvaient disséminés. Church me communiqua ce projet, mais je tombai malade et ne pus le suivre ; je passai à Egine où je demeurai, au milieu des douleurs que me causait la maladie organique, dont je souffris toute ma vie.

Après les évènements de Nauplie et le départ de Church, Grivas recommença ses déprédations, de sorte que la Commission Gouvernementale provisoire fut obligée de se retirer à Egine, où devaient se réunir les primats de la Grèce, et d'y attendre l'arrivée du Président. Mais tout le monde était dans un tel désespoir, qu'on croyait que le Président à son arrivée ne trouverait plus de Grèce. Ibrahim, avec sa flotte de Néocastron se préparait à débarquer des troupes dans les îles d'Hydra et de Spetsia, et les habitants de ces îles étaient prêts, dès qu'ils seraient prévenus de son approche, à monter avec leurs familles à bord de leurs vaisseaux, et à partir.

Les choses en étaient là, lorsque le 8 octobre eut lieu la bataille navale de Néocastron (Navarin), et la destruction de la flotte Turco-Égyptienne, par les trois flottes alliées de France, d'Angleterre et de Russie. Cette nouvelle répandit la joie dans tous les cœurs ranima chez les Hellènes, l'espérance que leur patrie serait bientôt indépendante. Des négociations avaient été déjà ouvertes sur cette question; mais la Porte avait rejeté les propositions des puissances alliées sur la pacification de la Grèce, et la reconnaissance de certains privilèges selon le traité du 24 juin 1827, proposé par Hamilton en 1823 à la Commission de trois membres, dont, je faisais partie. Devant l'opiniâtre résistance de la Porte, les ambassadeurs des trois puissances furent obligés, vers la fin de novembre, de quitter Constantinople.

Pendant ce temps Colocotroni à la tête d'une nombreuse armée assiégeait étroitement Tripolis, tandis que le général en chef réussissait à former un camp en Acarnanie. Ces évènements terminèrent l'année 1827.

CHAPITRE QUATORZIÈME

1828

Arrivée du Président en Grèce. — Installation du nouveau gouvernement. — Organisation administrative. — Commissariat extraordinaire dans les Cyclades septentrionales. — Intrigues de l'opposition contre le gouvernement. — Ma démission.

Le 7 janvier 1828, jour où le Président, monté à bord de la frégate anglaise Warspite, commandée par Parker, débarqua dans le port de Nauplie, fut un jour de bonheur pour la Grèce. Ce même jour Grivas était près d'en venir aux mains avec Photomaras, mais l'arrivée de Capodistrias apaisa les esprits, et fit cesser la guerre civile. L'ordre rétabli à Nauplie, Grivas fut envoyé à Egine, où se rendait le Président ; cet acte d'autorité de

Capodistrias, avant de prendre les rênes du gouvernement, lui concilia le respect de tous les Hellènes, qui avaient mis en lui leurs dernières espérances, et le considéraient comme le sauveur de la Grèce. Lorsque Capodistrias passa à Egine, civils et soldats, accourus de toutes les parties de la Grèce pour le recevoir, lui témoignèrent les marques du plus grand enthousiasme. A Égine, en prenant les rênes de l'état, comme GOUVERNEUR DE LA GRÈCE (Κυβερνήτης τῆς Ελλάδος) ce grand homme, croyant impossible qu'un peuple faible, sortant d'une période de trouble et d'anarchie, pût être gouverné par une Constitution, comme celle de Trézène, préparait déjà un nouveau système de gouvernement, pour l'application duquel il commença à se concerter avec les principaux primats, les militaires et les députés eux-mêmes.

A peine le pouvoir législatif fut-il réuni, que des discussions de préséance entre la chambre et le GOUVERNEUR commencèrent et cela persuada encore davantage à ce dernier qu'il était impossible avec une telle constitution que le nouveau gouvernement fit des progrès. Le GOUVERNEUR s'entendit alors avec une grande partie des députés et, dans la dernière séance, le président de la chambre proclama, à la majorité des suffrages la dissolution du corps législatif (acte illégal, mais nécessaire), et remit tous les pouvoirs entre les mains du GOUVERNEUR pour procéder à la création d'un nouveau régime administratif, jusqu'à la convocation la plus prompte possible d'une ASSEMBLÉE NATIONALE.

La chambre dissoute, Capodistrias institua un collège consultatif, qu'il appela PANHELLENIUM composé de 27 membres, et divisé en trois sections, qui devaient s'occuper de matières économiques, judiciaires, administratives et militaires. Chaque section avait un président particulier, appelé πρόβουλος ; et celui qui dirigeait la section des affaires économiques, était en même temps président du corps entier. C. Coundouriotis fut nommé πρόβουλος ou Président de la section des Finances, André Zaïmis de la section de l'intérieur, et Piétro Mavromichalis de celle de la guerre. Il organisa les armées irrégulières en CHILIARCHIES (RÉGIMENTS de 1,000), fixant la solde et la ration des CHIliarques, des officiers, sous-officiers et soldats. Il nomma maréchal Hypsilanti, et lui ordonna, dans tous ses mouvements militaires, de marcher d'accord avec le général en chef Church. Capodistrias, en outre, régularisa la flotte hellénique, et nomma André Miaoulis, amiral à la place de Cochrane, qui était revenu à Londres. Il créa, de plus, une surintendance générale (φροντιστήριον), dont faisaient partie Mavrocordato, André Métaxas et Zographos ; il confia à leur soins les affaires de la marine et de l'armée, et les approvisionnements de vivres et de munitions. Il institua une Commission sur les matières économiques, composée des membres mêmes du Panhellenium, et se réserva de pourvoir par des commissions spéciales aux autres services publics, selon que les circonstances et la nécessité l'exigeraient. Il procède ensuite à l'organisation administrative, et, d'accord avec le Panhellenium, il divisa le Péloponèse en sept parties, et donna à chacune d'elles les anciens noms d'Argolide, Achaïe, Élide, Haute Messénie, Basse Messénie et Arcadie ; et les îles, en six, qu'il appela les Sporades septentrionales, Sporades orientales et Sporades occidentales, Cyclades septentrionales, Cyclades Centrales et cyclades Méridionales. Il plaça à la tête de chacune de ces parties un Commissariat Extraordinaire dont le principal devoir était d'appliquer la nouvelle organisation administrative. Il ne prit pas de mesure administrative pour la Grèce continentale que les Turcs occupaient encore.

Vers la mi-Février, Ibrahim, après avoir détruit Tripolis jusque dans ses fondements, se retira avec l'armée Égyptienne dans le golfe de Messénie. Ces parages et Patras étaient les seuls lieux alors occupés par l'ennemi dans le Péloponèse.

Le GOUVERNEUR me confia le commissariat extraordinaire des Cyclades Septentrionales, que j'acceptai surtout pour lui plaire, car je lui avais dit, lorsqu'il me proposa de faire partie de son gouvernement, que je ne pouvais aller d'un lieu à un autre, et que je désirais servir auprès de lui, ou rester sans emploi. C'était le commissariat le plus important dans les îles, parce qu'il comprenait les îles de Syra, Micône, Tinos, Andros, Kéa, Thermia et

Séripho. J'étais chargé d'établir dans chacune de ces îles, par village, bourg et ville des Démogéronties ou municipalités, dépendantes toutes d'une Démogérontie ou municipalité centrale de l'île relevant immédiatement du Commissaire Extraordinaire. Les élections des Démogérontes (primats) avaient lieu suivant une loi que le gouverneur, d'accord avec le panhellenium, avait promulguée. Ce mode d'administrer n'était pas défini et demeurait suspendu, mais il était laissé au soin des Commissaires Extraordinaires de le déterminer. Le gouverneur fut contraint d'adopter cette mesure, afin de pouvoir envoyer au plus tôt dans les provinces des représentants qui missent un terme aux abus, aux passions et à l'anarchie, qui résultaient de l'absence complète de toute organisation intérieure. Relativement à l'administration de la justice, il chargea les Commissaires Extraordinaires, présidents des conseils des démogéronties centrales, de prendre connaissance des différentes causes, mais non de les juger, et, s'il n'y avait pas moyen de concilier les parties, de renvoyer la discussion et le prononcé du jugement jusqu'à l'époque de l'établissement des Tribunaux. Les Commissaires Extraordinaires avaient encore le devoir de transmettre au GOUVERNEUR des renseignements détaillés sur l'état des provinces qu'ils administraient, et surtout de dresser des tableaux statistiques exacts.

Ayant donc accepté la charge de Commissaire Extraordinaire des Cyclades Septentrlonales, j'organisai les îles sous mon administration, conformément aux instructions du Gouvernement. Cependant je jugeai nécessaire, de répartir certaines attributions particulières entre les DÉMOGÉRONTES-EPARCHIACAUX, de donner aux Démogérontes des villages les instructions nécessaires. Je chargeai donc un des DÉMOGÉRONTES-EPARCHIACAUX, de remplir les fonctions de juge de paix, pour concilier les affaires de peu d'importance; un autre, du service de la police; et le troisième, de la direction de la branche administrative. Tout acte particulier était exécuté par un seul, mais il fallait que la Démogérontie centrale ait donné son avis auparavant. Les Démogérontes de chaque village et bourg étaient les exécuteurs des décisions de la Démogérontie centrale, qui recevait directement les ordres du commissaire extraordinaire. Une fois par semaine, certaines affaires judiciaires étaient soumises en séance publique à la Démogérontie centrale que je ne pouvais présider, car j'avais ma résidence à Syra. La Démogérentie se conformait alors aux instructions du gouverneur. Ainsi furent organisées les îles sous mon commissariat et la paix y fut rétablie.

Après avoir parcouru les îles pour les organiser, je m'établis à Syra où, à l'occasion de la déclaration de guerre entre la Russie et la Turquie, une multitude de chrétiens de Constantinople, de Smyrne et d'autres pays s'étaient réfugiés. Vers le mois de mai, environ 30.000 habitants étaient entassés dans cette ville.

Je fis, à cette occasion, tous mes efforts pour maintenir l'ordre et la tranquillité, et j'y réussis, car pendant tout le temps de mon administration qui commença en mai 1828 et finit dans le mois de mars 1829, il ne se passa rien de remarquable, sinon certaines illégalités du gouvernement, dont la dernière causa ma démission.

Après la déclaration de guerre de la Russie contre la Turquie, les hostilités commencèrent, et les arrivées de grains de la mer Noire cessèrent; la Grèce, qui en avait un pressant besoin, s'en procurait en Egypte à des prix très élevés. Des personnes, qui n'étaient pas amies du Gouverneur, lui donnèrent à entendre, pour le compromettre, que les grains de Syra étaient propriété de Méhémet-Ali, et qu'il pouvait par conséquent les séquestrer, comme biens appartenant à la Turquie. Le Gouverneur, occupé de questions plus sérieuses, tomba dans le piège, et, envoya Georges Glarakis, afin de séquestrer dans le plus grand secret, tous les blés qui se trouvaient à Syra. Glarakis était muni d'une simple lettre pour moi, afin que je l'aidasse dans l'exécution des ordres qu'il avait reçus du gouvernement mais la lettre ne me fut pas remise.

La venue de Glarakis, me parut extraordinaire ; je pensai d'abord qu'il avait été envoyé pour surveiller ma conduite. Mais lui, s'occupait de l'exécution de son mandat, se renseignant sur la quantité de grains que les négociants avaient dans leurs magasins et la cargaison des vaisseaux dans le port. Cependant, quelque secrètes que fussent ces recherches, les négociants conçurent des inquiétudes; ils s'adressèrent à moi, comme autorité, pour apprendre ce dont il s'agissait, disant que la contenance de l'envoyé du gouvernement avait fait naître des soupçons, qui portaient préjudice à leurs opérations commerciales. Les justes plaintes des négociants m'obligèrent de m'adresser par écrit à Glarakis, et je lui dis que, j'étais loin de vouloir connaître la cause de son mandat, mais qu'il était de mon devoir de lui faire part des soupçons des négociants et du dommage qu'en éprouvait le commerce. Cette lettre officielle obligea Glarakis à me découvrir le but de sa mission. Alors il me représenta la grande utilité qu'il y aurait pour le gouvernement de s'emparer de tous les grains qui se trouvaient à Syra. Je m'étonnai de cette idée insensée, et je demandai à Glarakis comment un homme de guerre comme lui, et ami du Gouverneur, ne comprenait pas les conséquences d'une telle action ? Si les grains dont il s'agissait appartenaient à des sujets étrangers, et même à des Turcs, le gouvernement aurait-il le droit de se les approprier, sans s'exposer à d'innombrables difficultés ? La Grèce, alimentée par l'Egypte, ne pourrait-elle pas tirer ses grains d'ailleurs ? Cent mille kilos, déposés à Syra, lui suffiraient-ils, pour l'empêcher mourir de faim, jusqu'à la fin de la guerre? En outre, si Méhémet-Ali apprenait qu'on le lui volait, permettrait-il encore qu'on envoyât du blé à la Grèce ? Le Gouverneur dis-je à Glarakis, devrait plutôt envoyer des remerciements à Méhémet-Ali, au lieu de chercher à lui enlever sa propriété. C'est pourquoi je ne te permets pas de faire la moindre tentative, mais, comme autorité, je t'engage à partir immédiatement pour la tranquillité du pays ; j'en réfèrerai au gouvernement et je prends tout sous ma responsabilité. Glarakis ayant compris alors que des ennemis du Gouverneur cherchaient à le compromettre, partit le jour même. De mon côté, j'avertis le Gouverneur de tout ce qui se passait, et j'en reçus une lettre de remerciements, qui me satisfit entièrement.

Peu de temps après la peste éclata dans plusieurs parties du Péloponèse, à Hydra, à Egine et dans d'autres îles. Les opposants profitant de cette circonstance pour compromettre le Gouverneur lui représentèrent que les farines venues d'Égypte vieilles et gâtées étaient la cause de la maladie. Les marchands de blé, persuadèrent le Gouverneur lui-même, qui me donna ordre d'empêcher que les farines de Syra fussent mises en usage ; leur quantité dépassait un million et demi d'oques (1). Cet ordre me parut mal fondé ; il aurait dû être précédé d'un examen scientifique fait avec soin, pour s'assurer que les farines étaient réellement nuisibles à la santé publique ; et, en outre, je prévoyais que les blés, vendus maintenant à un prix modéré à cause de ces farines, s'élèveraient indubitablement à une valeur exagérée, si ces farines venaient à manquer. C'est pourquoi, avant d'exécuter cet ordre, je nommai une Commission de savants médecins et pharmaciens, chargée d'analyser et d'exa-

(1) Trad. page 15 .

miner les farines, et je recommandai en même temps à la Démogérontie ou municipalité de me donner d'exactes informations sur la consommation des farines à Syra, afin que je sache si elles avaient occasionné quelques maladies chez ceux qui en faisaient usage. Du rapport des savants je conclus que les farines étaient vieilles et un peu amères, mais qu'elles n'avaient jamais nui à la santé de personne ; la Démogérontie m'apprit qu'autrefois il était venu aussi de ces sortes de farines à Syra, mais que jamais, ni autrefois ni maintenant, la santé de personne n'en avait souffert. J'envoyai ces rapports au Gouverneur, en lui observant que, si les farines dont il est question, venaient à faire défaut pendant la guerre, les blés s'élèveraient à un prix exagéré, et que les hommes en viendraient à mourir de faim. J'avais donc cru de mon devoir de ne pas exécuter l'ordre que j'avais reçu, avant de soumettre au gouvernement les rapports précédents. Capodistrias par sa lettre particulière me remercia, et l'ordre donné fut abrogé.

Mais malheureusement l'opposition

contre le Gouverneur, prenait des forces ; elle comptait dans ses rangs plusieurs membres du gouvernement, et les Πρόβουλοι eux-mêmes ou PRÉSIDENTS du PANHELLENIUM en paraissaient être les chefs. Ainsi, tandis que l'ordre se rétablissait en tous lieux, qu'à la prière de Capodistrias l'expédition française débarquait à Néocastron (Navarin) et chassait Ibrahim, tandis que de nombreuses provinces étaient affranchies dans la Grèce occidentale, qu'une grande partie de la Grèce orientale était reconquise, et que tous ces progrès étaient dus à la sagesse et à l'intelligence de ce grand homme, malgré tout cela, l'opposition profitant du vote de la Chambre qui déclarait que le pays n'était pas gouverné CONSTITUTIONNELLEMENT, présentait sans cesse de nouveaux obstacles à un gouvernement, qui n'avait d'autre intention que de faire le bonheur de la Grèce. Cette opposition grandissait tous les jours. Dans Syra même, les deux faits que j'ai rapportés, n'étaient dus qu'aux conjurations de ce parti, qui cherchait à soulever le peuple et à renverser l'état présent des choses, heureusement elles échouèrent.

Mais je ne pus en empêcher une troisième, qui fut quelque temps après, la cause de la révolution de Syra.

Lorsqu'eut lieu l'expédition de Chios, une commission, composée de A. Scaramangas, de L. Rhally et de Z. Psychas, s'était chargée de la fourniture des munitions. L'expédition ayant échoué, la commission se trouva accablée de dettes ; les créanciers présentèrent leurs comptes au gouvernement, qui ne les accepta pas et en rejeta la responsabilité sur la commission ; il m'ordonna en même temps de prendre contre ses membres des mesures sévères, et d'aller jusqu'à l'emprisonnement, pour les obliger à payer. Mais les membres de la commission étaient de puissants Chiotes, et à Syra les Chiotes étaient les premiers des négociants. Cette décision produisit un mécontentement général. Avant de la mettre à exécution, j'en appelai au gouvernement, lui disant que les créanciers devaient prendre patience jusqu'à ce que les actes de la commission fussent examinés, et que s'ils étaient injustes, il serait temps alors de condamner cette Commission. Mes observations ne furent pas favorablement accueillies, parce que le gouvernement regardait l'expédition de Chios comme une affaire particulière. Bien malgré moi, je fus contraint d'emprisonner les membres de la commission. Je donnai en même temps ma démission, prévoyant que cet acte illégal donnerait à Syra plus de force à l'opposition. J'avais d'ailleurs toujours préféré être un simple citoyen qu'un haut fonctionnaire en contradiction avec mes principes. En recevant ma démission, le Gouverneur fut très mécontent ; il crut que je m'étais uni avec ses adversaires, mais en particulier je lui en expliquai le vrai motif. Je donnai ma démission au commencement de décembre 1828, et ce ne fut qu'en mars 1829 que vint le nouveau commissaire extraordinaire, qui me remplaça.

D'après un ordre particulier du Gouverneur je passai à Egine, et dans une conversation particulière je lui représentai que la plupart des grands négociants à Syra étaient de l'opposition, et j'ajoutai qu'il fallait recommander à M. Calergis qui me remplaçait de cesser toute persécution contre les Chiotes, sinon Syra serait le premier pays qui se révolterait, l'opposition y étant puissamment soutenue par les étrangers eux-mêmes qui croyaient le Gouverneur partisan de la Russie, ces évènements terminèrent l'année 1828.

CHAPITRE QUINZIEME

1829

Quatrième assemblée nationale à Argos, ses actes. — Bataille de Pétra. — Organisation de l'Administration militaire. — Mon Commissariat extraordinaire dans la Grèce orientale.

Je vivais en simple particulier à Egine, où le gouvernement devait siéger jusqu'au mois de juillet, lorsque se réunirait la quatrième assemblée nationale des Hellènes. Le Gouverneur ne croyant pas d'abord opportune la convocation de l'Assemblée fit tous ses efforts pour calmer ceux qui lui faisaient injustement de l'opposition, mais ce fut en vain ; il fut contraint de décréter les élections de représentants, et fixa Argos comme siège de la future Assemblée. Le Péloponèse était libre depuis le débarquement des Français, il en était de même de la Grèce continentale ; les habitants des provinces et principalement ceux du Péloponèse étaient retournés dans leurs foyers, les abus des soldats avaient cessé, l'ordre et la sécurité étaient rétablis. Le peuple attribuait justement tous ces bienfaits au gouvernement et d'un commun accord, les provinces, au lieu d'élire laurs députés, envoyèrent leurs pleins pouvoirs écrits au Gouverneur lui-même, pour qu'il voulût bien les représenter ; tant étaient grandes la reconnaissance et la confiance dont jouissait cet homme vertueux parmi le peuple grec. Le Gouverneur remercia les populations et les exhorta à élire leurs représentants, afin de règlementer l'administration du pays. Les provinces se rendant aux conseils du Gouverneur, commencèrent à s'occuper des élections.

Egine était le foyer de l'opposition. Le général en chef Church, qui, malgré toutes les attentions qu'eut pour lui le Gouverneur, avait résolu de donner sa démission à l'Assemblée prochaine, y était arrivé. M'étant entretenu avec lui, je l'entendis me dire, contre mon attente, que nous combattions dans des camps entièrement opposés, parce qu'il me voyait dévoué à Capodistrias, tandis que lui, comme Anglais et membre du parti constitutionnel, ne pouvait être partisan d'un gouvernement, qui dirigeait le pays contrairement à la constitution. Nous eûmes sur ce sujet d'amicales discussions, mais Church, qui connaissait la politique de sa nation et qui restait ferme dans ses principes, parce qu'il avait été suffisamment éclairé par ceux de l'opposition, me donna à entendre qu'il augurait mal de la nouvelle Assemblée.

Cependant, pour rendre vains les projets de l'opposition à Egine, le Gouverneur se transporta à Nauplie où, d'après son ordre, je me rendis aussi avec tous ceux qui lui étaient dévoués. De là nous passâmes à Argos, où affluaient déjà les députés et nos adversaires eux-mêmes. Avant l'ouverture de l'Assemblée, il y eut réunion porticulière des députés du Pélonèse, à laquelle j'assistai comme représentant des combattants de cette province. On tint conseil, et, il fut décidé qu'on adresserait, au Gouverneur une requête, dans laquelle on le prierait de vouloir bien, par ses sages et prudents avis, guider l'Assemblée dans ses travaux, car les populations le regardaient comme le père de la nation. Ce document fut signé par les deux tiers des membres de l'Assemblée, et, chose étrange, quelques députés qui paraissaient d'accord avec les membres de l'opposition, se plaignirent de n'avoir pas été convoqués à cette réunion partielle, demandèrent le document et le signèrent. Une commission spéciale remit cette adresse à Capodistrias dès son arrivée à Argos.

Sous de tels auspices il était impossible que l'Assemblée ne fut pas d'accord avec l'esprit de cet homme vertueux. Le 11 juillet elle commença ses travaux (1), et pour la première fois les Hellènes entendirent le chef de leur gouvernement faire l'exposé détaillé de ses actes, énumérer les dépenses faites, de l'état des forces militaires de terre et de mer, et en un mot tout ce qui regardait son gouvernement

(1) Le 15, trad ital. p 158

intérieur et extérieur. L'Assemblée reçut cet exposé avec les plus vives acclamations, et approuva en toutes choses les actes du Gouverneur, en lui exprimant la reconnaissance de la nation. Après ces opérations préliminaires, l'Assemblée procéda à ses travaux sous la présideuce de Georges Sissinis, et publia treize décrets. — Par le premier décret, elle donna pouvoir au Gouverneur, dans certaines limites, de négocier avec les puissances alliées pour ce qui concernait le traité du 24 juin, approuvant sa conduite quant à ce qui regardait les relations étrangères. — Par le deuxième, elle remplaça le Panhellenium par un Sénat de 27 membres. Sur une liste de 63 candidats, le Gouverneur devait en choisir 21, et 6 directement en dehors de cette liste. En déterminant les devoirs et les travaux du nouveau Corps, elle posa les bases sur lesquelles le gouvernement devait opérer avec le Sénat, pour la révision des lois constitutionnelles des assemblées nationales d'Epidaure, d'Astros et de Trézène et la préparation des lois fondamentales et des codes du royaume. — Par le troisième, l'Assemblée approuvant le système économique du Gouverneur et son projet de loi sur la Banque, assura l'avenir de cette institution, en hypothèquant les biens nationaux ; elle donna, en outre, au gouvernement pleins pouvoirs pour négocier un emprunt de soixante millions de francs, garantis par les puissances alliées ; elle ordonna la révision et la modification des règlements sur les routes de l'Etat et sur la perception des impôts ; elle ordonna encore l'inventaire des biens nationaux, la dotation des communautés, et la création d'un comité pour aplanir les discussions sur les propriétés controversées. — Par le quatrième décret, elle donna au gouvernement pleine autorisation de réorganiser la flotte et l'armée en les améliorant par l'application de la loi du 10 décembre 1825 sur la conscription, et elle attribua des récompenses en terre nationale à tous ceux qui auraient fait leur devoir en servant la patrie dans l'armée ou dans la marine. — Par le cinquième décret, le plus important de tous, qui comprenait toute la guerre nationale, l'Assemblée régla les indemnités dues aux îles maritimes, à la garnison de Mésolonghi, aux corps militaires du siège d'Athènes, du Péloponèse et du Continent, aux civils et aux communautés de la Grèce. Elle ordonna la formation d'un livre de la dette publique avec un intérêt annuel à déterminer par le gouvernement. Pour réussir, sur la proposition du Gouverneur, l'Assemblée décida que l'on distribuerait proportionnellement la dixième partie de l'emprunt étranger à chacun des citoyens dont les dettes seraient reconnues, et, qu'il serait mis à leur disposition deux cents mille arpents de terre nationale. Elle n'oublia pas non plus la marine et ordonna que, pour le service de l'État, on achèterait des vaisseaux appartenant aux trois îles maritimes. — Par le sixième décret, prenant en considération les dettes des communautés sous le gouvernement turc, elle ordonna qu'elles fussent vérifiées et inscrites sur le livre de la dette publique, afin que le payement des intérêts et du capital fussent faits peu à peu par le gouvernement. — Par le septième, elle établit la monnaie nationale. — Le huitième décret contenait, entr'autres, les dispositions concernant la construction d'une église sous le vocable du Sauveur, l'envoi d'ambassadeurs, auprès des rois des Cours alliées, en signe de la reconnaissance nationale, et l'institution d'un ordre de chevalerie sous l'invocation divine du Sauveur. — Le neuvième fixait la dotation annuelle du Gouverneur à cent quatre-vingt mille Phénix, mais celui-ci dans son désintéressement patriotique, refusa, quoiqu'il eût déjà refusé la pension que lui faisait la Russie, et consacré sa fortune particulière à la nation. — Par le dixième décret, elle défendait l'exportation des antiquités. — Dans le onzième elle s'occupait de l'arrangement des édifices sacrés et philanthropiques, de l'amélioration des conditions du clergé, de la dotation de l'orphelinat, et de l'établissement d'écoles et de typographies. — Le douzième décret détermina la manière dont devaient être jugées les causes pénales des Hellènes pendant la révolution. — D'après le treizième, les mêmes députés de la présente Assemblée devaient se réunir de nouveau lorsque le gouvernement aurait terminé ses travaux sur la loi fondamentale, ou lorsque le besoin le réclamerait.

Tels furent les actes de l'Assemblée d'Argos, qui termina ses travaux le 10 Août. Nous devons avouer qu'il est impossible, de ne pas rendre justice à Capodistrias, dont les idées et les opinions étaient le résultat de ses sentiments patriotiques. Par son talent et ses lumières, il inspira à l'Assemblée des actes qui contribuèrent, alors, aux progrès de la nation, et ne lui furent pas moins utiles et salutaires dans l'armée.

En reprenant le gouvernement du pays, Capodistrias nomma les Sénateurs et passa pour quelques temps à Nauplie, où je me trouvais malade. Mandé par lui, je me rendis à son invitation, et il me proposa d'accepter le commissariat extraordinaire de la Grèce orientale, c'est-à-dire des provinces de Malandrino, Lidoriki, Patratsiki (Hypathe), Zitouni (Lamia), Salone (Amphisse), Mantinitsa, Atalante, Livadie, Thèbes, la Mégaride et Salamine. Je lui exposai l'état de ma santé, et lui répondis qu'en raison de la maladie dont j'étais affecté, je ne pouvais pas tenir à un tel service. Il me demanda quel était mon médecin, je lui dis que c'était le français

Bally. Soupçonnant que c'était une autre raison que celle de ma maladie, qui m'obligeait de refuser, il fit venir Bally pour l'interroger. Celui-ci lui apprit que je souffrais véritablement d'un mal organique mais que cela ne m'empêchait nullement de m'occuper ni de monter à cheval. Quand j'appris la réponse de Bally, je fus fâché de ne pas avoir eu le temps de le prévenir. Le Gouverneur me fit appeler de nouveau et je ne pus refuser la charge qui m'était offerte.

De Nauplie, Capodistrias passa à Egine où il devait demeurer, jusqu'à ce que des appartements convenables fussent préparés dans cette ville, choisie pour être le siège du gouvernement. Ma santé s'étant améliorée, j'allai moi aussi à Egine, où fut publié le décret de ma nomination ; je trouvai là beaucoup de primats de la Grèce orientale. L'état de ces provinces était triste. Les villes étaient en ruines, les habitants dispersés sur les montagnes et les armées d'Hypsilanti désorganisées erraient çà et là sans discipline ; tout cela me présageait de grandes difficultés et des fatigues inouïes. Je soumis là-dessus mes observations au Gouverneur. Il me répondit qu'il me donnait toute autorité pour organiser ces provinces. Ayant donc réfléchi à ce que j'avais à faire, je fis venir les primats, pour leur apprendre ma résolution, et je leur dis que je n'acceptais ma mission dans la Grèce orientale qu'à condition qu'ils retourneraient dans leurs habitations, et qu'ils m'aideraient dans mes difficiles fonctions. Ils me répondirent qu'ils n'y voyaient aucune difficulté, si le gouvernement leur accordait quelques subventions, car leurs maisons étaient détruites, et tous étaient dans la misère. — J'en référai ces choses au Gouverneur, lui disant qu'il devait faire voter pour eux par les Démogéronties de ces contrées une allocation sans laquelle il serait impossible de faire revenir les primats dans leurs provinces, et de leur faire accepter aucune fonction. Capodistrias comprenant la justesse de mes observations, me donna la faculté de nommer directement et sans élection, pour la facilité du service, les Démogérontes provinciaux et particuliers. Il me dit en même temps de lui soumettre chaque mois un bilan des dépenses nécessaires pour le payement des employés, me recommandant toujours, la plus stricte économie.

Je dressai alors un plan d'organisation administrative, que je devais appliquer dans la Grèce orientale, et le bilan de mes frais de bureau, et de ceux occasionnés pour le payement des Démogérontes et des pouvoirs exécutifs de chaque province; cette somme s'élevait à douze cents solonnats par mois. Capodistrias extrêmement satisfait, m'accorda avec des instructions écrites de pleins pouvoirs, mettant à ma disposition trois vaisseaux nationaux, dont un mouilla dans le golfe de Corinthe, un autre dans le golfe Lamiaque, et le troisième dans le Salonique. Ensuite je quittai Egine, et je partis au commencement de septembre pour Salamine, afin de commencer de ce côté la réorganisation, et d'engager les habitants à retourner aussi dans leurs villages. Là je trouvai comme administrateur Anargyros Pétrakis, qui avait pour secrétaires Démétrius et Michel Calliphronas, citoyens honnêtes et intelligents que je gardai comme mes employés et envoyai plus tard pour me représenter, dans les provinces de Malandrinos et de Mégare.

A Salamine je choisis la Démogérontie provinciale ou Conseil municipal central, je fis de même pour la Mégaride ; puis, je distribuai les divers services à chacun des Démogérontes, et chargeai le plus capable et le plus digne des fonctions de juge de paix. Je nommai en même temps mon représentant, qui devait résider dans ces provinces, afin de guider les Démogérontes dans l'exercice de leurs devoirs, et correspondre directement avec moi, à Salone (Amphisse) ville que j'avais choisie pour ma résidence. Je me transportai plus tard, de Salamine dans cette dernière ville, et ne voulant pas faire usage des pleins pouvoirs que m'avait concédés le gouvernement, d'élire librement les Démogérontes, je décidai que les habitants de chaque village éliraient leur Démogérontie et que les Démogérontes élus se réuniraient par mon ordre au chef-lieu de chaque province pour l'élection des Démogérontes provinciaux. J'exécutai d'abord ce plan dans la province de Salone, où les élections se firent à la satisfaction des habitants;

c'est au milieu de l'ordre le plus parfait que fut installée l'autorité locale. De là je passai dans les autres éparchies (provinces), et j'y installai les autorités locales, de sorte que, dans l'espace de trois mois, toute la Grèce orientale se trouva organisée administrativement, et chaque province eut ses Démogéronties provinciales et partielles, ses bureaux, ses secrétaires et son pouvoir exécutif. De retour à Salone, je voyais avec plaisir l'administration du pays faire des progrès, et je facilitais le service, en conseillant et en instruisant les Démogérontes provinciaux, que je traitais plus en collègues qu'en inférieurs. Mais malheureusement la tranquillité relative que j'avais rendue au pays, était troublée par les armées irrégulières, qui continuaient leurs désordres, errant çà et là et donnant occasion à de continuelles plaintes. Je fus contraint, alors, d'en faire part au gouvernement, et de lui déclarer que ce serait en vain que j'essaierais de rétablir l'ordre et la sécurité, tant que les armées vivraient ainsi dans l'indiscipline ; mais la guerre n'était pas encore finie, et le gouverneur ne pouvait prendre aucune mesure efficace contre ces bandes de pillards.

Cependant les nouvelles de la guerre Russo-turque devenaient plus graves et le Sultan se troubla : lui qui, hier encore intraitable, ne voulait écouter aucune proposition en faveur de la Grèce, devint souple en apprenant que les Russes s'étaient emparés d'Andrinople, et, sur la fin d'Août, il adressa aux puissances alliées une circulaire, dans laquelle il annonçait que, non seulement il acceptait le traité qu'elles avaient présenté, mais qu'en outre il promettait d'acquiescer à toute autre proposition émanant de leur initiative. Néanmoins, malgré une déclaration semblable, il était dans les destinées de la Grèce de ne voir son indépendance assurée qu'après une dernière bataille.

Non loin de Livadie et de Thèbes, il existe, en forme de promontoire, une colline appelée Pétra. Cette colline est traversée par la grand'route, et à ses pieds se forma un lac immense, lorsque les gouffres qui recevaient les eaux se fermèrent. Ce lac s'unissait au lac Capaïs.

En Eubée et en Attique se trouvaient environ trois mille Turcs et Albanais, devant se rendre à Zitouni (Lamia) et de là à Larissa. Aslam-Bey ayant plus de mille hommes sous ses ordres fut envoyé pour les escorter. Hypsilantis ayant appris ces projets occupa la position de Pétra s'y fortifia avec deux mille soldats, et attendit le passage des ennemis. Les Turcs, au lieu de traiter pour avoir le passage libre, prétendirent se l'ouvrir les armes à la main ; ils se précipitèrent en un seul corps sur les fortifications des Hellènes le matin du 12 septembre, mais ils furent vigoureusement repoussés, et, après avoir souffert de grandes pertes, ils durent battre en retraite sur leur camp. Dans cette bataille, qui dura environ quatre heures (1), Criézotis, Vassos, Spyro-Milios, et le brave maréchal Hypsilantis firent des prodiges de valeur. Le jour suivant, Aslam-Bey suppliant demanda libre passage à Hypsilantis, une convention fut signée, en vertu de laquelle eut lieu un échange de prisonniers, et les Turcs, tristes et affligés, défilèrent au milieu des Hellènes triomphants et rayonnants de joie. Lorsqu'ils eurent passé les

(1) Plus de quatre heures, Trad. ital. p. 163.

frontières, la Grèce orientale fut complètement libre.

La guerre de l'Indépendance terminée, le Gouverneur commença à prendre des mesures pour l'organisation de l'armée. Je l'avais prévenu que les capitaines sous les ordres d'Hypsilantis, réunis à Desphini, village de Salone, avaient juré de défendre leurs droits, même contre le gouvernement, si celui-ci les menaçait. Hypsilantis, dans cette circonstance, agissant loyalement envers le gouvernement, devait empêcher ces mouvements subversifs, ou du moins lui en donner avis, mais il ne fît ni l'un ni l'autre. Capodistrias, pour mettre à néant ces machinations, traita adroitement cette grave question : il manda Hypsilantis à Nauplie, pour en avoir des renseignements sur l'état des troupes ; et fit venir en même temps l'armée et les capitaines, à Salamine, pour la réorganisation et le payement de la solde, il m'invita en particulier à Poros. L'armée passa à Salamine, et Hypsilantis à Nauplie, ou, n'ayant pas trouvé le Gouverneur, il resta à l'attendre. Cependant Capodistrias avait nommé une commission de trois membres, dont faisaient partie André Métaxas et Rhodios, pour la révision des comptes des soldes des troupes et leur payement. Il prépara aussi une nouvelle organisation de l'armée, et la divisa en bataillons, au lieu des chiliarchies, dont l'expérience n'avait pas été heureuse ; chaque bataillon comptait 400 hommes. Il nomma commandants ou chefs de bataillon, les capitaines de seconde classe ; et lieutenants-colonels, colonels ou généraux, ceux de la première. Il forma, en outre, un corps de soldats d'élite, payés comme en temps de guerre. L'armée accepta cette nouvelle organisation sans se plaindre.

La commission, s'étant transportée à Salamine dans les premiers jours d'Octobre, commença ses travaux au milieu de beaucoup de difficultés et d'oppositions. Pendant ce temps je vins à Poros pour conférer avec le Gouverneur, je lui donnai les renseignements demandés, et je passai avec lui à Egine, et de là à Salamine pour faciliter les travaux de la commission. Cependant celle-ci réussit à résoudre avec les capitaines la plus difficile des questions, celle de la solde ; et les arriérés purent être payés. Capodistrias s'étant rendu à Salamine pour y passer les armées en revue, concourut à l'application de la nouvelle organisation, acceptée d'un commun accord par les soldats et les capitaines, quoique ces derniers vissent avec regret échapper de leurs mains leur pouvoir et leur indépendance.

Sur la fin de 1829, l'organisation militaire étant terminée, les bataillons militaires reçurent l'ordre d'occuper trois positions dans la Grèce orientale. Trois bataillons sous les ordres de Costas Chormova furent envoyés aux Thermopyles ; un bataillon à Atalante ; et quatre, sous la conduite de Jean Rhangos, dans la Mégaride. Ces bataillons ainsi postés, l'ordre et la sécurité furent rétablis dans la Grèce orientale.

CHAPITRE SEIZIEME

1830

Brigandage dans la Grèce orientale. — Etablissement d'Ecoles. — Rapports avec les Beys de Zitouni (Lamia) à l'occasion des Frontières. — Renonciation de Léopold au trône de Grèce. — Constitutionnels et Gouvernementaux. — Massacre des Chrétiens sous Emin-Pacha. — Ma visite à Patratziki et à Zitouni, son but et ses résultats. — Nomination d'Administrateurs Publics.

Tandis que l'ordre et le progrès renaissaient dans la Grèce orientale, le brigandage, ce terrible fléau qui mettait la sécurité et la vie des habitants en danger, apparut de nouveau. Jusqu'aux temps de la puissance d'Ali-Pacha, il régna cette idée étrange que, pour obtenir de la renommée et avoir une capitainerie ou devenir Derven-Agas, il fallait avoir été chef d'une bande de brigands, c'est-à-dire avoir pillé les paisibles habitants, retenu captifs les plus riches, et les avoir tourmentés jusqu'à ce qu'ils eussent payé la rançon exigée. Les Turcs envoyaient contr'eux des corps de troupes sous certains chefs appelés Derven-Agas, qui les attaquaient ou feignaient de les poursuivre, car il leur importait peu d'exécuter les ordres des Pachas. Ces derniers fatigués des méfaits commis par des bandits, en venaient à traiter avec leurs chefs, qui faisaient leur soumission les armes à la main, et étaient nommés en récompense commandants d'une province ou capitaines. Ces mesures irréfléchies des Turcs ne furent pas peu utiles à la révolution hellénique, car lorsqu'elle éclata, beaucoup de ces capitaines chrétiens se trouvèrent prêts à la soutenir avec des forces bien disciplinées et aguerries, qui formèrent plus tard l'armée de la Grèce continentale. Tels furent Panourias, Diovouniotis, Odyssée-Androutsos, Saphacas, Skylodimos, Condojannis, Iscos, Macris, Tsongas, Caraïscakis et d'autres, qui d'abord clephtes (voleurs) ou descendants de clephtes se trouvèrent ensuite au service indépendant des Turcs. Quoique cette façon des Turcs de réchauffer le brigandage fût utile à notre révolution, elle devint funeste au pays, dès que la guerre eut cessé. De nouveaux clephtes, qui étaient réellement des brigands, avaient alors paru dans la Grèce orientale, croyant que le gouvernement hellénique, au lieu de les persécuter, userait envers eux d'indulgence, et prendrait leurs chefs à son service comme avaient fait autrefois les Turcs.

Me trouvant à Salamine, j'appris que du côté de Lidoriki, 2 chefs de bande, Phacalos et Baloménos avaient paru avec environ 30 hommes. Je revins immédiatement dans ces lieux, et avec l'aide des habitants du village, je réussis à capturer ces deux brigands. Mais le gouvernement, occupé alors d'affaires plus importantes, n'avait pas encore eu le temps d'organiser l'ordre judiciaire, et de faire condamner légalement les 2 brigands pour servir d'exemple aux autres, il fut donc contraint de les retenir en prison. Mais grâce, à la négligence de leurs gardiens, ils réussirent à s'évader, et, s'unissant à d'autres et au plus terrible d'entr'eux le chef de bande Théocharis, ils se mirent tous ensemble à opprimer les habitants de la plupart des provinces sous mon administration. Je demandai alors au Gouverneur le bataillon de Pharmakis, que je croyais des plus capables, et lui ordonnai de se poster sur le Mont-Oeta, et de poursuivre les malfaiteurs. Pharmakis chargea ses sous-officiers de ce soin ; mais ceux-ci, au lieu de poursuivre les malfaiteurs, commirent des désordres, et accablèrent à leur tour, les pauvres habitants de sorte que je fus obligé de demander le changement de Pharmakis, et de me charger moi-même de la poursuite des brigands, en ayant recours à l'aide des gens du pays. Ce plan réussit ; j'arrêtai de nouveau Phacalos, Baloménos, Chosadas, Baïoneta, Sagmatas et quelques autres, et je chassai Théocharis hors des frontières de Grèce. Un seul restait, Spathis qui, prenait la fuite, à mon approche, se sauvait sur le territoire Turc ; puis, revenait sur le territoire hellénique, pour y commettre ses méfaits, et se retirait encore. A la fin, je l'arrêtai après un petit combat, où furent tués six de sa bande, et deux de ma garde. De cette manière, dans le mois d'Avril 1830, tous les chefs de bande étant arrêtés, la tranquillité et la sécurité furent rétablies dans la Grèce orientale.

Cependant l'opposition répandait le bruit que le Gouverneur protégeait le brigandage tandis qu'on n'avait pas encore organisé les tribunaux. Pour démentir les calomnies dirigées contre lui, il m'écrivit d'envoyer à Nauplie les brigands capturés. Je répondis au gouvernement que, terribles et désespérés comme ils étaient, ces brigands s'évaderaient à Nauplie ; mais Capodistrias insistant, je lui en envoyai 17, dont 9 chefs de bande. Ce que j'avais prédit, arriva ; car les brigands ayant été enfermés dans le Palamidi, trompèrent les soldats qui les surveillaient, se saisirent de leurs armes pendant la nuit et s'évadèrent. Le gouvernement m'en donna immédiatement avis, et m'annonça en même temps que les évadés s'étaient dirigés du côté de l'Isthme, pour passer de nouveau dans la Grèce orientale. Cette nouvelle me peina et produisit une mauvaise impression dans le pays. Cependant connaissant la route par laquelle les malfaiteurs devaient passer, j'armai autant d'hommes qu'il me fut possible d'en trouver, et je me mis en marche vers les montagnes de Thèbes, où je savais que les brigands étaient arrivés quelques heures auparavant, je marchai contr'eux, recrutant des hommes armés partout où je passais. Après trois jours de poursuite, je pus les pousser en Turquie, hors des frontières, vers l'Agrapha, où les Turcs avaient nommé capitaine Sotir Stratos, auprès de qui s'étaient réfugiés les brigands. Je les lui demandai donc, mais Stratos considérant que l'honneur militaire ne lui permettait pas de livrer des hommes, qui lui avait demandé asile, me donna sa parole qu'il les tenait sous ses ordres, et qu'il ne permettrait à aucun d'eux, sous des peines sévères, de franchir les frontières helléniques. Stratos maintint sa promesse, et sa parole fut plus sûre que les prisons de Nauplie.

Cependant les primats de la Grèce orientale, même avant ma nomination, avaient représenté à Capodistrias le mauvais état de ces provinces, et lui avaient demandé un secours pécuniaire, afin que les habitants pussent acheter des bœufs pour cultiver la terre. Le Gouverneur, ne pouvant donner la somme qu'exigeait le malheureux état des paysans, mit à ma dispositon cinq mille thalers, pour être distribués aux plus pauvres. Mais cette somme était insuffisante relativement aux besoins de ces provinces, et comme je ne voulais pas exciter de plaintes contre moi, je m'adressai par une circulaire aux Conseils des municipalités centrales, pour qu'ils voulussent se charger de sa distribution. Les Démogérontes me répondirent à l'unanimité qu'ils ne s'en chargeaient pas; cette somme ne pouvait même subvenir aux besoins d'une seule Eparchie (province) à plus forte raison à ceux de toute la Grèce orientale. Je convoquai alors à Salone un membre de chaque Démogérontie provinciale, pour conférer sur l'usage qu'on devait faire de cet argent. Je justifiai d'abord auprès des Archontes Capodistrias, qui, à cause de la pénurie d'argent, n'avait pu accorder une somme plus élevée, et je leur montrai ensuite, que cette distribution, attendu l'insuffisance de la somme relativement aux immenses besoins du pays, occasionnerait des mécontentements. Je leur proposai donc, d'employer cet argent à la création d'écoles, une dans chaque petite localité, et deux dans des localités plus grandes; le gouvernement nommerait ensuite des maîtres, et on serait ainsi utile à la jeunesse des éparchies, où régnait alors la plus crasse ignorance. A l'observation des Démogérontes que la somme serait insuffisante même pour l'exécution de ce projet, je répondis que je m'en chargeais, pourvu qu'ils me promissent que les habitants prêteraient leur concours pour transporter les matériaux nécessaires et qu'eux-mêmes surveilleraient les travaux. Ma proposition étant acceptée, j'adressai un rapport au Gouverneur sur l'usage de l'argent qu'il m'avait envoyé, et il l'approuva. L'architecte du gouvernement ayant présenté les modèles de ces établissements et les travaux ayant été mis aux enchères, je réussis dans l'espace d'une année à fonder huit écoles, une dans chacune des villes de Salone, Galaxidi, Malandrino, Lidoriki, Arachova, Livadie, Atalantes et Thèbes. Des maîtres furent nommés aux écoles de Salone, Galaxidi et Livadie, où se firent inscrire plus de 800 élèves.

La tranquillité était rétablie dans les provinces. Le gouvernement turc, se plaignit alors que des bandes de brigands se réfugiaient sur le territoire hellénique, après avoir pillé les pays turcs, et que le gouvernement hellénique favorisait ces mouvements. En effet, Balatsos, Coutsoumbas et Evangélis Tsamis ayant réuni plus de 250 hommes, pillèrent les villages d'Armiros, et se réfugièrent au-delà des frontières helléniques, qui, du reste, n'étaient pas encore bien déterminées. Le Gouverneur, à qui des remontrances furent faites par les ambassadeurs, m'écrivit de prendre des mesures pour faire cesser ces plaintes. L'époque de recueillir les dîmes approchait, et je regardais comme une nécessité absolue, non-seulement d'assurer la sécurité des frontières du côté des brigands, mais encore de m'accorder avec les Turcs pour en tracer la ligne provisoire, afin d'éviter toute discussion sur le prélèvement de cet impôt. M'étant rendu à Damasta, dans ce but, j'invitai les Beys de Zitouni à une conférence. Le bandit Balatsos, après avoir pillé divers villages turcs, était allé à Costalexi, pour vendre les choses volées. Les Beys vinrent à ma rencontre au pont d'Alamana sur le Sperchius, et se plaignirent que les brigands avaient trouvé un refuge sur le territoire hellènique. Profitant de cette circonstance, je mis sur le tapis la question des frontières, et nous convînmes que le fleuve Sperchius dans la plaine de Zitouni serait pris pour ligne frontière, que la rive gauche resterait frontière turque, et que la droite deviendrait frontière hellénique. Cette ligne commencerait à un ruisseau appelé Distriza, du côté de Patratzik, de manière que, d'après la convention, tous les villages de Zitouni au Sperchius, ainsi que l'éparchie de Patratzik depuis le chef-lieu jusqu'au village de Myxiatès restaient helléniques. D'après ce tracé des frontières, les plaintes des Beys étaient justes, car le lieu où s'était retiré Balatsos, était hellénique. En quittant les Beys, je leur dis que le jour même je leur ferai connaître les mesures que je comptais prendre pour poursuivre Balatsos.

De Damasta j'écrivis aux Beys que je

marcherais contre Balatsos cette nuit même, mais qu'ils devaient marcher eux-mêmes, de leur côté, et que s'ils n'avaient pas des forces suffisantes, ils devaient m'autoriser à le poursuivre sur le territoire ottoman, et à prendre comme auxiliaires un ou deux bataillons helléniques. Les Turcs répondirent avec reconnaissance à mes propositions, mais ils ne pouvaient recevoir les forces militaires helléniques à Zitouni, ni me permettre de violer les frontières ottomanes. Ils me promirent cependant que, dès que j'aurais attaqué les brigands, ils feraient leur possible, de leur côté, pour les détruire. Cette nuit même j'envoyai un bataillon contre Balatsos qui, après un combat, se retira vers Caryorachas, où les Beys s'étaient postés, il les attaqua avec impétuosité, et comme ceux-ci n'avaient que peu de troupes, il les battit complètement et les dépouilla. Ayant appris le lendemain les évènements de la nuit, j'écrivis aux Beys pour leur faire connaître la part que je prenais à leur échec, et je leur offris en même temps de nouveaux secours, mais, cachant leur défaite, ils me répondirent qu'ils avaient écrit au

Pacha de Larissa et qu'ils en attendaient des renforts.

J'envoyai les lettres des Beys et copie de mes lettres officielles au Gouverneur qui fut très content de mes actes. Je lui disais, en outre, qu'il pouvait encore prélever la dîme sur les pays restés helléniques, d'après nos conventions. Les Beys respectèrent si ponctuellement ces conventions, que, voulant arroser leurs rizières, comme ils devaient poser des bois sur la rive hellénique du Sperchius, ils me demandèrent une permission écrite ; dès lors ces contrées appartinrent sans contestation au gouvernement hellénique. Ainsi se passa l'Été de 1830, pendant lequel le gouvernement trouva, en percevant la dîme une augmentation de plus de dix mille colonnats. C'est pourquoi je ne permis pas aux Spahis, percepteurs de la dîme, envoyés par le Pacha de Larissa, de percevoir cet impôt dans ces contrées et je repoussai les offres pécuniaires qu'ils me faisaient.

A ma demande, on établit à Salone un tribunal, dont le président Phlogaïtis était en rapport direct avec les Démogérontes chargés des fonctions du juge de paix, de sorte que les ordres administratif et judiciaire fonctionnaient à la pleine satisfaction des habitants et du gouvernement. La partie des finances, à laquelle je ne voulus pas prendre part, parce que j'avais déjà assez d'occupations, était dirigée directement par le ministère compétent.

Cependant, tandis que la Grèce était reconnue par toutes les puissances, sans en excepter la Porte, comme état indépendant à la forme de monarchie héréditaire, sous le sceptre du prince Léopold de Saxe, une circonstance particulière, m'apprit sa démission dans les premiers jours de juin. Un vaisseau de Galaxidi, prêt à quitter Trieste, fut informé, en recevant ses papiers, que le prince Léopold avait renoncé au trône hellénique. Ce vaisseau étant arrivé à Galaxidi, en 4 jours de navigation m'annonça cette nouvelle, que je communiquai aussitôt au Gouverneur, qui l'ignorait complètement.

Durant l'année 1830, aucun signe d'opposition ne se manifesta dans la Grèce orientale; les habitants, occupés à réédifier leurs maisons et à cultiver leurs champs, reconnaissaient en outre, les bienfaits du gouvernement et ne prenaient aucune part aux machinations des hommes de l'opposition. Mais dans le Péloponèse et les deux îles maritimes les opposants, quoique contenus après la nouvelle de l'abdication de Léopold, ne cessèrent pas d'exciter les citoyens contre le gouvernement, sous prétexte que Capodistrias gouvernait la Grèce arbitrairement, et non constitutionnellement, comme il le devait, de là la division entre constitutionnels et gouvernementaux. Mais cette division se bornait à un petit nombre, parce que le peuple de la Grèce en général, voyant la sécurité et la tranquillité du pays, était dévoué au gouverneur. Malheureusement les représentants de certaines puissances étrangères, quoiqu'en apparence d'accord avec Capodistrias, protégeaient ceux des opposants, qui, durant la guerre, s'étaient toujours montrés partisans de leur politique ; de leur côté, ceux de l'opposition excitaient contre lui les représentants étrangers, en le faisant apparaître dévoué à la politique russe, et ennemi de celle des autres puissances.

Vers le mois de septembre 1830, un corps

de soldats turcs, sous le commandement d'Emin-Pacha, se mit en marche vers les frontières helléniques. D'après son ordre, tous les capitaines hellènes au service de la Porte devaient le rejoindre, et entrer ensemble dans les éparchies de Patratzik et de Zitouni, afin de donner le nizami, c'est-à-dire punir les brigands qui commettaient des désordres et ensuite se réfugiaient en Grèce. Informé de ce mouvement, j'écrivis à Emin-Pacha qu'une telle mesure contrevenait à la paix, qui devait exister entre les Grecs et les Turcs, que, s'il mettait le pied sur le territoire hellénique, je ferais avancer moi aussi mes armées, et qu'il aurait la responsabilité du conflit qui aurait lieu. J'ajoutai que, s'il avait l'intention de visiter les chefs-lieux de ces deux provinces, que les Turcs occupaient, un petit nombre de soldats suffisait. Le Pacha me répondit que je pouvais être tranquille, qu'il ne se proposait pas de fournir quelque motif de guerre, mais seulement de faire cesser les désordres et les déprédations. Si je ne découvris pas son abominable dessein, je le soupçonnai néanmoins de marcher contre les capitaines chrétiens à la solde de la Turquie, qui selon lui protégeaient le brigandage. Je communiquai verbalement mes soupçons à Sotir Stratos à l'Agrapha, et je l'engageai, ainsi que les autres capitaines, à ne pas aller là où le Pacha les invitait. Beaucoup suivirent mon conseil, mais le capitaine Savas se rendit chez le Pacha en personne avec les hommes sous ses ordres, d'autres se contentèrent d'envoyer quelques soldats, prétextant qu'ils étaient empêchés d'y aller personnellement. Emin-Pacha ayant rassemblé son armée, composée de Turcs et de Chrétiens, dans un lieu appelé Daoucli, près de la frontière, à une heure matinale, adressa à ses soldats une allocution, dans laquelle il leur recommandait de se montrer valeureux en entrant sur le territoire hellénique à la poursuite des brigands, les exhorta, avant de se mettre en marche, à faire un doua, c'est-à-dire une prière à Dieu, et en même temps à décharger tous leurs fusils. Les Hellènes croyant sincères les paroles du Pacha, exécutèrent son ordre, et déchargèrent leurs armes, mais aucun Turc ne tira ; cavaliers et fantassins Turcs, au contraire, obéissant comme à un signal convenu, se précipitèrent contre les chrétiens et en tuèrent plus de deux cents. Avant que ces choses n'arrivent, dès que j'appris les mouvements du Pacha, je m'étais transporté à Patratzik pour être prêt à prendre toute mesure nécessaire ; quelques jours après, j'allai à Daoucli sur le lieu du massacre, et je fus ému jusqu'aux larmes, à la vue de tant de victimes innocentes d'une infâme trahison.

Je crus alors nécessaire d'adresser de sévères observations, pour son acte sanguinaire, à Emin-Pacha, qui, après le massacre des Chrétiens, parcourait les frontières helléniques. Je lui écrivis que son action odieuse produirait une triste impression sur toutes les puissances européennes, qu'il n'était pas possible que le Sultan permît de semblables choses, et que, s'il était juste que ceux qui tenaient la main aux brigands, fussent punis, il fallait faire supporter cette peine aux chefs reconnus comme tels, et non massacrer d'innocents soldats. J'ajoutai que cette expédition le compromettait tellement, que, s'il ne se retirait immédiatement des frontières, je me verrais forcé, pour les défendre, de transporter des troupes, dans les provinces limitrophes. Ma lettre intimida le Pacha, qui me répondit de ne pas croire à ce qu'on disait, attendu qu'il n'avait puni que les malfaiteurs. En même temps il retournait à Larissa.

J'informai le Gouverneur de ces faits ajoutant qu'en prévision de tout évènement et pour plus de sûreté, j'avais l'intention d'envoyer à Patratzik quelques-uns des bataillons réorganisés, parce que, quoique Condojanni fût un des officiers du gouvernement, il était néanmoins regardé par les Turcs comme un des capitaines de cette province à la solde de la Sublime Porte. Le Gouverneur me répondit que mon dessein était bon, mais qu'il craignait que les Turcs ne se plaignissent que nous violions les conditions du traité, qui disait formellement qu'Hellènes et Turcs devaient rester dans les positions où ils se trouvaient, jusqu'à ce que les frontières fussent tracées définitivement. Je répliquai au Gouverneur que je prenais cela sous ma responsabilité et que si je ne réussissais pas le gouvernement pourrait en rejeter la faute sur moi, et me punir. Capodistrias me fit savoir qu'il approuvait ma proposition, et me recommanda de ne donner occasion à aucun acte de guerre ; ce qui, du reste, n'était pas possible, vu qu'Emin-Pacha, ayant retiré les troupes turques, il ne restait dans les deux villes de Patratzik et de Zitouni qu'un petit nombre de soldats formant la garde des autorités locales.

D'accord avec Capodistrias pour l'exécution de mon plan, je permis à Balatsos de faire quelque coup de main sur les villages turcs ; sur le fin d'Octobre, les beys de Zitouni et les Agas de Patratzik se plaignirent de nouveau. Je me rendis dans cette dernière ville où les principaux d'entr'eux envoyèrent à ma rencontre Salik-Bey, un des plus nobles Turcs de ces contrées. Je lui représentai la nécessité de placer des troupes turques le long des frontières, pour le rétablissement de l'ordre. Ayant appris de lui qu'il n'y avait aucune force militaire ottomane dans leur pays, je lui dis qu'à la fin de Juillet j'avais écrit à Téphik-Bey, gouverneur du district de Zitouni (toparque), pour qu'il demandât des renforts militaires ottomans au Pacha de Larissa, et que je n'avais aucune responsabilité. J'appris également de Salik que Téfik avait négligé de le faire, et j'ajoutai alors que les Agas, s'ils voulaient que je prisse toutes les mesures nécessaires pour poursuivre les brigands, devaient me donner la permission de traverser la plaine pour me rendre aux Thermopyles, à la rencontre des armées helléniques qui s'y trouvaient postées ; la route était de trois journées de marche de Patratzik aux Thermopyles, tandis que par la plaine il n'y avait qu'une journée, en passant près de la ville de Patratzik, qu'occupaient les Ottomans. Après le départ de Salik-Bey, je reçus des Agas de Patratzik une lettre par laquelle, à cause de leur estime et de leur considération pour moi, ils me donnaient pleine liberté de passer par ou je voudrais. Le jour suivant, m'étant mis en marche avec cinquante hommes de ma garde particulière, je trouvai sur ma route les Agas de Patratzik et Salik-Bey, qui me prièrent chaleureusement de visiter leur ville, pensant que je devais encourager les Turcs, et leur ôter tout soupçon sur ma conduite, j'acceptai leur invitation. Les attentions et les égards qu'ils eurent pour moi, dépassèrent de beaucoup ce que j'en attendais ; je logeai dans la maison de Salik-Bey, où se passa l'épisode qui suit :

Parmi les ordres que m'avait donnés le gouvernement, il y avait celui en vertu duquel je devais demander la liberté des chrétiens faits prisonniers par les Turcs ; je correspondais pour cela avec le Visir Méhémet-Reschid-Pacha, et Kioutahi qui se trouvait à Larissa. Ce dernier, agissant avec clémence et conformément aux conventions des traités, délivra une multitude de chrétiens réclamés par leurs parents, qui se présentaient au Visir, et portaient une lettre de moi. Salik-Bey avait pour épouse une jeune chrétienne de Delphes, que ses frères avaient demandée depuis longtemps. Ils avaient écrit aux Beys de lui donner la liberté, mais comme, d'après les traités, il était laissé au prisonnier la faculté d'accepter ou non, les Agas m'avaient répondu qu'elle préférait rester avec son époux et qu'ils ne pouvaient pas la forcer à le quitter. Par hasard, lorsque j'allai à Patratzik, les deux frères de la captive étaient là, ils se présentèrent à moi devant le Bey, et demandèrent que leur sœur fût interrogée en ma présence. Je me trouvai alors très embarrassé, et j'hésitai sur ce que je devais faire, car c'eût été mal à moi d'arracher son épouse à celui qui m'avait donné l'hospitalité avec tant de courtoisie. Mais le Bey me prévenant, me déclara qu'il était content que l'occasion se fût présentée de me prouver que ni lui ni les Beys ne m'avaient trompé dans tout ce qu'ils m'avaient écrit, et il ordonna immédiatement que son épouse me fût amenée. Celle-ci interrogée, me répondit que c'était volontairement qu'elle demeurait avec le Bey, qui ne l'obligeait pas à changer de religion, et que songeant à la triste position qui lui serait faite, si elle revenait dans sa famille, elle préférait rester avec son époux. Je dis alors à ses frères que je ne pouvais pas la forcer à les suivre et que toute intervention de ma part était inutile.

Une grande pluie étant survenue, je fus obligé de rester jusqu'au jour suivant à Patratzik, où les Turcs ne cessèrent de m'accabler de politesses ; j'eus, en outre, occasion d'apprendre que le gouverneur de Zitouni n'avait pris aucune mesure pour assurer la tranquillité des provinces Turques où je me trouvais, et je persuadai aux Agas de me prier d'aviser aux précautions nécessaires pour la sécurité du pays. M'étant ensuite rendu aux Thermopyles, j'écrivis au gouverneur, de Zitouni, que, j'étais prêt à m'occuper de la tranquillité du pays, aussitôt qu'il m'y aiderait, et je lui rappelai ma lettre du mois de juin, dans laquelle je lui disais d'écrire à ses supérieurs, pour leur demander un renfort militaire. J'ajoutai que s'il ne l'avait pas fait, j'avais l'intention de m'adresser directement à Emin-Pacha. Car je voulais mettre le gouvernement hellénique à l'abri de tour reproche relativement au brigandage.

Cette lettre intimida le gouverneur de Zitouni, qui, ayant appris mon arrivée à Patratzik, envoya son médecin avec une lettre pour moi, afin de m'inviter à aller le voir à Zitouni. Je causai alors avec le médecin, philhellène et chrétien, lui disant que, puisque le gouverneur avait manqué à ses devoirs, j'étais contraint de tripler mes gardes du côté de Patratzik, pour mettre à l'abri ma responsabilité et pour la sécurité des pays limitrophes, mais que je ne désirais pas que cette mesure réveillât des soupçons parmi les Turcs. Le médecin me tranquillisa, et me dit même de communiquer le tout par écrit au gouverneur de Zitouni. Il ajouta qu'il suffisait que je promisse au Toparque (gouverneur) que j'irai à Zitouni et que je retirerai ma lettre dans laquelle je lui reprochais de ne pas avoir écrit à Emin-Pacha. Le lendemain il m'apporta la réponse du gouverneur ; il me remerciait des mesures que j'avais résolu de prendre, et m'invitait de nouveau à venir dans le chef-lieu de la province qu'il administrait. Avec le consentement du Toparque (gouverneur), j'ordonnai que l'on construisit avec des branches d'arbres des cabanes pour 400 hommes à Asvesti sur la frontière turque. Je me concertai ensuite avec Hormova, afin que pendant la nuit le bataillon de Dimo-Loulia traversât la plaine de Zitouni, et s'établit dans cette position ; quant aux vivres, ils devaient se les procurer dans la province même de

Patratzik. Après avoir terminé ces préparatifs je résolus de partir pour Zitouni, afin d'ôter aux Turcs tout soupçon. Ce pas était plus périlleux que le premier; mais ma confiance dans le médecin qui m'avait été envoyé, et le désir d'exécuter mon projet, me déterminèrent. Les Turcs me reçurent avec enthousiasme et magnificence, ils me saluèrent à coups de canons et à coups de fusils, ils envoyèrent des cavaliers au devant de moi, les Beys et les habitants de la ville accoururent à ma rencontre. Les colonels Gardikiotis Grivas et Papa Costas m'accompagnèrent comme mon Etat-Major. Je logeai dans la plus belle maison de la ville, et les Beys redoublèrent d'attentions pour moi.

Pendant la nuit que je passai à Zitouni, le bataillon hellénique qui allait occuper la position que j'avais indiquée, traversa la plaine. Le lendemain vinrent deux Agas de Patratzik, qui m'adressèrent des questions sur ce mouvement militaire; je répondis que c'était conforme à ce que je leur avais écrit précédemment, et que j'agissais ainsi pour notre tranquillité et notre sécurité réciproques.

Les Turcs furent contents de mes paroles, surtout lorsqu'il virent que j'agissais amicalement avec eux. Je quittai Zitouni, laissant les Turcs satisfaits après avoir tranquillement accompli mon dessein, et légitimé la conquête hellénique, même sur les frontières ottomanes. Cependant, après que j'eus quitté Zitouni (Lamia) avec tant de pompe, les Turcs comprirent mon dessein, et virent que je l'avais mené à bonne fin. Ils se repentirent alors de la brillante réception qu'ils nous avaient faite et du magnifique cortège qui nous avait accompagnés à notre départ et ils envoyèrent 150 Albanais et 50 cavaliers, pour nous poursuivre. Mais il était trop tard, nous avions déjà franchi l'Alamana. Je ne croyais pas alors que la Régence devait annuler tout ce que j'avais fait, et reconnaître comme turques des terres que les Hellènes avaient arrosées de leur sang, et que du consentement des Turcs eux-mêmes j'avais assuré à la patrie au milieu de tant de fatigues et de dangers.

Je communiquai l'heureuse issue de mon entreprise au Gouverneur, qui, quoique satisfait de mon succès, me fit cependant des observations sur mon audacieuse entrée à Zitouni, et me conseilla d'être plus prudent à l'avenir, pour ne par compromettre la tranquillité nationale. Comme c'était la première relation officielle entre les autorités helléniques et turques, l'opinion publique fut divisée sur l'appréciation de mes actions. Cependant ma conduite était justifiée si l'on considérait que je ne me serais jamais décidé à entrer dans Zitouni avec des officiers hellènes, si je n'avais été bien sûr auparavant de la façon dont les Turcs m'accueilleraient; la réception qu'ils nous firent, et les égards qu'ils eurent, non seulement pour moi et les officiers, mais encore pour les simples soldats de ma suite, me furent une satisfaction suffisante.

Après l'installation dans ce lieu du bataillon hellénique, l'ordre et la tranquillité furent rétablis dans toute la Grèce orientale. Alors, pour me reposer des fatigues que je supportais nuit et jour, et me délivrer des difficultés qui surgissaient continuellement entre les Démogéronties centrales, je proposai au Gouverneur de nommer quatre Administrateurs, promettant de rester à mon poste, tant que la nécessité l'exigerait, pour les conduire et les éclairer. Le Gouverneur ne voulut pas d'abord consentir à ma proposition, craignant que je ne donnasse ensuite ma démission; mais rassuré par mes promesses il y consentit à la fin, et, sur ma proposition, il nomma : Denys Orphanos, administeur de Thèbes et de la Mégaride; Jean Mamounis, chargé d'abord par moi des fonctions d'inspecteur général de la police. administrateur de Livadie, Atalante et Mantinitsa; Panagiotis Lidorikis, administrateur de Zitouni et de Patratzik. Ce dernier connaissait parfaitement ces deux provinces, dont les chefs-lieux étaient naguère occupés par les Turcs. Il convenait qu'on sût qu'il y avait un administrateur dans ces lieux, pour légitimer encore davantage la prise de possession de ces deux provinces par les Hellènes.

Les quatre Administrateurs étant nommés, le gouvernement ordonna qu'ils correspondraient pour les affaires du service avec le commissaire central, et par lui avec le gouvernement. Les Démogérontes provinciaux furent placés sous la juridiction de chaque Administrateur, avec lequel ils devaient correspondre pour ce qui concernait leurs devoirs administratifs. Sous ce nouveau régime, l'année 1830 se passa dans l'ordre et la tranquillité.

CHAPITRE DIX-SEPTIÈME

1831

La commission pour la délimitation des frontières. — Le Visir Méhémet-Rischid-Pacha à Vitolia. — Révolte de Tsami Caratassos et mesures prises contre lui. — Il entre de nouveau dans la Grèce orientale ; assiégé et vaincu, il se réfugie à Hydra. — Meurtre du Gouverneur. — Commission Gouvernementale composée de trois membres.

Vers le mois d'Avril 1831, la commission qui devait tracer les frontières de la Grèce fut nommée par les trois puissances alliées. Le Gouverneur me pria de représenter le gouvernement hellénique dans cette commission, non seulement parce que je connaissais les localités et que des relations amicales me liaient avec les principaux Turcs, mais surtout à cause de ma correspondance avec le Visir Méhémet-Rischid-Pacha, qui se trouvait à Vitolia, et à qui la commission devait soumettre ses actes. Comme je jouissais, en outre, de la confiance de Capodistrias, le gouvernement était convaincu que je réussirais mieux que tout autre dans cette mission. J'acceptai avec plaisir cette proposition, persuadé que je serais utile à la Grèce, d'autant plus que je savais avec certitude que Méhémet-Rischid-Pacha était très content de ma nomination, et désirait connaître personnellement l'homme avec qui il était en correspondance depuis toute une année. Mais des évènements désagréables et inattendus empêchèrent ma nomination. A ma place, le gouvernement choisit le péloponésien El. Carapaulos, qui, ne sachant pas le français, ne pouvait se faire comprendre par les membres de la commission, le Russe, le Français et l'Anglais ; Rischid-Pacha ne voulut pas même pas le recevoir, ne conféra qu'avec les commissaires des trois Puissances, et les frontières eurent le mauvais tracé qui subsiste encore.

J'ai dit que le Visir se trouvait à Vitolia et non dans un pays plus rapproché de la

Grèce, en voici la cause : le Sultan Mahmoud, se trouvant délivré des janissaires, voulut aussi introduire la coutume de l'armée régulière dans les autres parties de son empire, mais, comme les Albanais y faisaient opposition, il ordonna au Visir de prendre les mesures les plus sévères pour les forcer à l'obéissance. Alors le Visir convoqua à Vitolia tous les chefs Albanais, sous prétexte de leur payer leur solde, selon leurs réclamations. Les chefs s'y rendirent en effet ; mais soupçonnant quelque trahison, ils se firent accompagner d'un cortège nombreux, afin que leurs forces réunies pussent intimider le Visir. Celui-ci les reçut avec bienveillance, commença la révision de leurs comptes, et, lorsque leurs exigences furent satisfaites, le jour du payement fut déterminé. Les chefs, encouragés par cette réception, vinrent seuls avec une suite peu nombreuse à l'habitation du Visir, ils furent tous tués, et aussitôt après le massacre, Méhémet déploya le firman du Sultan, de sorte que les chefs n'existant plus, les soldats épouvantés se soumirent. Après cet acte sanguinaire, le Visir resta en Europe, pour organiser, selon les ordres du Sultan, la Turquie européenne.

Le Gouverneur m'ayant nommé représentant hellénique auprès de la commission pour le tracé des frontières, m'invita à me rendre à Nauplie pour y recevoir les instructions nécessaires. En sortant le premier Mai de chez moi, me dirigeant vers la plage de Salone pour m'embarquer, un messager, qui m'était envoyé par l'Administrateur de Thèbes, m'annonça en chemin qu'en Mégaride les bataillons s'étaient révoltés contre le Gouverneur et qu'ayant Tsamis-Caratsos à leur tête il entraient déjà dans les autres provinces de la Grèce orientale, pour soulever le peuple et l'armée, sous le vain prétexte de garder la Constitution, mais en réalité pour chasser Capodistrias et porter l'anarchie dans le pays.

Les opposants, après quelques tentatives dans le Péloponèse où ils avaient échoué, se rassemblèrent tous à Hydra, après s'être entendu avec les Coundouriotis, maintenant ennemis déclarés du Gouverneur. A Hydra se trouvaient Mavrocordato, Zaïmis, Londos, Zographos, Clonaris et quelques autres Péloponésiens. Il s'y publiait un journal, appelé Apollon, qui était un libelle plein de mensonges et d'injures contre Capodistrias; il était naturel que, dans ce centre de la rébellion, on rencontrât beaucoup d'aventuriers et d'imposteurs, qui, désespérés de leur échec dans le Péloponèse, excitaient par des promesses Tsamis-Caratassos à commencer l'insurrection. A cette nouvelle au lieu de me diriger vers la plage de Salone, je revins dans cette ville, pour songer aux moyens de combattre les insurgés. Et d'abord, soupçonnant que les chefs de la force militaire s'étaient concertés avec les rebelles, je m'adressai directement aux primats des provinces, m'efforçant de soulever le peuple contre l'insurrection. Cette mesure devait me donner les plus heureux résultats.

Le jour même j'invitai formellement les primats des éparchies de Salone, de Galaxidi, de Lidoriki, de Malandrino et de la bourgade d'Arachova, à venir au plus vite à Salone, car j'avais à leur communiquer un fait important, qui pouvait troubler la tranquillité du pays. Les primats et les démogérontes étant partis pendant la nuit arrivèrent à Salone le lendemain. Je leur exposai alors l'état des choses, la funeste insurrection de Caratassos et l'anarchie qui serait bientôt arrivée à son comble, si l'on ne prenait des mesures énergiques contre les insurgés ; je leur rappelai les bienfaits dont ils jouissaient, grâce au gouvernement paternel de Capodistrias, et les maux dont ils souffraient avant son arrivée ; je leur observai que si l'anarchie triomphait ils seraient dispersés çà et là comme auparavant, et souffriraient les mêmes maux ; je leur dis enfin que, comme je ne connaissais pas l'étendue de la révolution qui avait éclaté, je me proposai de me mettre à la tête des troupes qu'ils devaient fournir, et que j'étais certain que les bataillons non insurgés se joindraient à nous pour réprimer les rebelles, réduits au désespoir. Mes paroles firent une grande impression sur l'esprit des primats qui, d'un commun accord, m'adressèrent une déclaration écrite, dans laquelle ils me disaient que : loin d'approuver la folle insurrection des factieux, ils étaient prêts à sacrifier même leur vie pour le maintien de l'ordre établi, et qu'ils acceptaient toutes les mesures que je prendrais pour réduire les insurgés.

Après cette déclaration, j'ordonnai à Mamouris, dont le bataillon était sous mes ordres immédiats à Salone, de poster ses soldats du côté de Mavrolithari et de Gardiki. J'ordonnai en même temps aux primats et aux démogérontes de Lidoriki de lever des soldats et de se joindre à Mamouris, et leur recommandai en particulier de surveiller aussi la conduite de ce dernier. Je mis ensuite en mouvement les primats de Salone avec les Démogérontes et peuple le des villages des montagnes d'alentour, et plaçai à la tête de ce corps le vieux Panourias, lui disant de rester du côté de Gravia, et de profiter uniquement de l'autorité de son nom, parce que le soin de l'expédition était confié de fait aux primats et aux démogérontes. Pour moi, à la tête de ma petite garde et de quelques habitants de Salone, du village de Chryso et de quelques autres du voisinage, qui me suivirent, je me dirigeai par Arachova du côté de la Livadie, informant en même temps les primats et les démogérontes de ces provinces de la résolution que j'avais prise à Salone, afin qu'ils se préparassent, eux aussi à défendre l'ordre contre les révoltés.

A Arachova plus de quatre cents hommes, étaient sous mes ordres, mais le bruit s'était répandu en Livadie que j'avais des forces plus considérables ; les Livadiotes se piquant d'amour propre, de leur côté, réunirent un bon nombre de soldats de sorte qu'à mon arrivée en Livadie, je me trouvai tout-à-coup à la tête de plus de 600 hommes. Caratassos cependant, après avoir levé l'étendard de l'insurrection, alla occuper Thèbes, avec le bataillon sous ses ordres, et, en ayant chassé les autorités, il proclama la liberté et la constitution ; puis il se dirigea vers la Livadie. Mais, lorsqu'il apprit que j'y étais arrivé avant lui, il partit pour Atalante, où campaient les autres bataillons. De la Livadie, je passai à Atalante, où on savait déjà que le Commissaire Extraordinaire s'était placé à la tête des habitants de la Grèce orientale, et marchait contre les insurgés. Alors les chefs de bataillon qui s'y trouvaient, et principalement Rhoukis, marchèrent contre Caratassos, qui espérait trouver les choses tout autrement disposées. Un combat fut engagé et deux compagnies de Tsamis Caratassos furent faites prisonnières Ce dernier poursuivi par nous se réfugia avec 150 hommes dans le village de Livanatès, ou nous l'assiégeâmes.

Avant de partir pour Salone, j'avais communiqué tous mes renseignements au gouvernement et je lui avais envoyé, en outre, la déclaration des primats et des démogérontes, pour justifier en quelque sorte les mesures que j'avais prises contre la révolution. Le Gouverneur content de mon activité et des sages mesures que j'avais prises, me loua de ce que j'avais fait, m'exprima la reconnaissance du gouvernement, et envoya à Atalante avec 500 cavaliers son frère Augustin qui arriva quatre jours après moi. Tsamis voyant tant de forces contre lui, après l'échec de son projet de révolution générale, songea à assurer son existence, et commença à négocier sa soumission avec ceux qui l'assiégeaient. Pendant ces négociations, les assiégeants se relachèrent, de la surveillance, et Caratassos s'échappa pendant la nuit de Livanatès avec 20 soldats et se dirigea vers les frontières helléniques. Prévenus le matin de l'évasion par les soldats de Tsamis eux-mêmes, qui étaient restés à Livanatès et avaient fait leur soumission, nous n'eûmes plus le temps de le poursuivre ; mais j'informai Augustin que Tsamis n'était pas pour cela échappé de nos mains, car j'avais posté des soldats dans des lieux par où il devait passer. Et, en effet, Caratassos tomba dans le camp de Mamouris, qui, soit par générosité, soit qu'il se fût auparavant entendu avec lui, non seulement ne l'arrêta pas, mais ne permit même pas aux Lidorikiotes de faire feu sur lui ; et le laissa se sauver au-delà des frontières helléniques. Rhangos, qui était venu à Atalante avec un bataillon, ayant appris ce qu'avait fait Mamouris, en informa aussitôt Augustin, et, il l'irrita tellement, que ce dernier résolut de faire arrêter Mamouris. Mais, pensant que des mesures si sévères ne convenaient pas contre un homme estimé et connu dans toute la Grèce orientale, je ne confiai pas à Augustin tout ce que je savais, et je lui conseillai de différer jusqu'à ce que j'eusse reçu des renseignements positifs des autorités politiques du lieu, j'écrivis immédiatement à l'employé chargé de la police à Gardiki, de me raconter, particulièrement ce qui s'était passé, et officiellement que Tsamis et Mamouris s'étaient battus, et qu'après quelques coups de fusil qu'ils avaient échangés, Tsamis avait pris la fuite.

Pour ne pas exciter davantage les passions entre les soldats, je ne montrai à Augustin que le document officiel qui m'avait été transmis par la police, lui cachant ainsi la vérité, que je communiquai toute entière à Capodistrias, en lui exposant les raisons qui m'avaient fait agir ainsi. Je lui dis que ce mensonge était nécessaire, car il valait mieux réconcilier les rebelles avec le gouvernement que les aigrir par une persécution, qui ne ferait qu'en augmenter le nombre Après la fuite de Caratassos, Augustin ayant parcouru une partie de la Grèce orientale jusqu'au Sperchius, et ayant laissé en Livadie sur ma demande quatre-vingt cavaliers, envoya les autres à Nauplie, et se transporta lui-même à Salone, d'où il partit bientôt après. M'étant cependant abouché avec Mamouris, après lui avoir dit que je ne voulais pas parler à Augustin de sa conduite, je ne lui en fis pas moins de sévères reproches. Je fus heureux de voir qu'il se repentait sincèrement, et j'en donnai avis à Capodistrias, qui le manda à Nauplie, où Mamouris, ayant confessé sa faute, devint le plus fidèle serviteur du gouvernement. Après l'échec de l'insurrection, les bataillons reprirent les postes qu'ils occupaient précédemment.

Au commencement de juin j'appris que Caratassos recrutait une bande nombreuse de brigands sur les frontières helléniques. Soupçonnant qu'il s'entendait avec Évangélis Condojanni, je résolus d'aller à Patratzik pour connaître l'esprit du bataillon posté en ce lieu. En chemin, ayant appris par une lettre de l'administrateur que Caratassos était entré sur le territoire hellénique, avec une bande de plus de 350 brigands, j'en avisai le jour même Rhangos et Rhoukis à Atalante et le capitaine de cavalerie en Livadie, leur annonçant que je revenais aux Thermopyles, et leur mandant d'y venir aussi. Je pris la route des montagnes qui dominent la plaine de Zitouni, et je vis le soir dans la plaine les feux des hommes de Caratassos. Ce dernier se dirigeait à marches forcées vers Atalante, espérant y trouver, d'accord avec lui, son beau frère Gardikiotis Grivas avec son bataillon, à qui il avait dejà annoncé sa venue. Caratassos étant arrivé à Mantinitsa y reçut la réponse de Gardikiotis, qui lui écrivait de ne pas avancer de ce côté, parce qu'il l'attaquerait. Informé en même temps que Rhangos et Rhoukis marchaient contre lui, il revint sur ses pas, et se dirigea vers Salone, dans l'intention de m'arrêter, de s'installer dans cette ville et d'en faire un centre d'insurrection. Mais j'avais déjà écrit à Salone, en prévision de tout évènement, de concentrer des troupes à Gravia. Continuant mon chemin, je rencontrai, dans la plaine de Davi, Rhangos et Rhoukis, qui me dirent que Caratassos se dirigeait sans doute vers Salone. Quoique nos forces militaires ne s'élevant qu'à 250 hommes fussent moindres que celles de Caratassos, nous resolûmes d'aller à sa rencontre, et de nous fortifier dans une bonne position jusqu'à l'arrivée des troupes des Thermopyles. Dans cette résolution, nous nous dirigeâmes vers Paliourochori à la rencontre de Caratassos. Nous arrivâmes d'abord aux pieds d'une petite montagne, appelée Vasilica où, en 1821, avait été livrée une bataille sanglante contre Bœram-Pacha; Rhoukis, qui y assista, me raconta que plus de 1.400 Turcs y avaient été tués. Tandis que nous gravissions le côté occidental de la montagne, sans le moindre soupçon, Caratassos en gravissait le côté oriental. Trois de nos soldats, qui marchaient devant les autres, étant arrivés au sommet, en rencontrèrent quelques-uns de Tsamis, ayant été interrogés par eux à quel corps ils appartenaient, ils répondirent avec présence d'esprit, qu'ils précédaient un corps de quinze cents hommes sous la conduite du Commissaire Extraordinaire, de Rhangos, de Rhoukis et d'autres capitaines. Alors les soldats de Caratassos coururent lui annoncer cela, et les nôtres, restant au haut de la montagne, nous racontèrent leur rencontre. Dans cette circonstance, je remarquai la valeur et la capacité militaire de Rhoukis, qui, sautant de son cheval, distribua des cartouches aux soldats, et, s'adressant à moi et à Rhangos, nous dit de nous diriger avec un petit nombre d'hommes du côté oriental de la colline, tandis que lui, devinant le désordre du corps de Caratassos d'après les renseignements qu'il avait reçus, s'élança contre lui. Nous entendîmes bientôt des coups de fusil, et nous commençâmes à faire feu, à notre tour. Caratassos nous croyant nombreux, se retira précipitamment sur la montagne de Coudouna derrière les fortifications de Diovouniotis, appelées ainsi parce qu'autrefois un chef de bande du nom de Diovouniotis y avait fait la guerre aux Turcs. Cependant Rhoukis avec 150 hommes poursuivit Tsamis, qui avait des forces doubles des siennes, jusqu'à ce qu'il pût s'établir dans cette position, et, renforcé par Rhangos, il en commença le siège. Peu après, l'arrivée du bataillon de Stournaris des Thermopyles contribua à resserrer le siège, et la fusillade devint incessante des deux côtés. Mais les hommes sous les ordres de Tsamis-Caratassos étaient des brigands, qui ne partageaient en aucune manière ses principes politiques ; ils l'avaient suivi

23.

uniquement pour piller, et non pour faire la guerre au gouvernement. L'habile Rhangos profitant de cela, et leur proposant des avantages, réussit le jour même à en soumettre environ trois cents, de sorte que Tsamis étant resté avec 50 hommes seulement, se retira dans la partie la plus fortifiée du mont Coudouna et continua la résistance avec fureur. Des cavaliers étant venus, cernèrent la montagne, et gardèrent la plaine. Rhoukis songeant à attaquer les bastions occupés par Tsamis, résolut pour ne pas perdre trop de soldats hellènes, de donner l'assaut pendant la nuit. Caratassos, mis en fuite, tomba au milieu des cavaliers, qu'il trompa, en feignant de chercher Tsamis lui-même. Ainsi, gagnant du temps, il parvint à se sauver, en pénétrant dans une forêt de paliouria, c'est-à-dire de buissons épineux. Nous prîmes son aide de camp et son secrétaire ; mais lui, nous ne pûmes le trouver, malgré toutes nos recherches.

Caratassos, allant d'une montagne à l'autre jusqu'à l'Isthme, s'y embarqua pour Hydra, afin d'annoncer à ceux qui l'avaient poussé à cette révolte insensée, son échec complet. Nous transportâmes son secrétaire et son aide de camp à Salone sur un vaisseau de guerre, qui était en station à Atalante. Ayant promis au secrétaire d'intercéder pour lui, afin qu'il fût amnistié, j'appris de lui les projets des insurgés qui se trouvaient à Hydra. Ce secrétaire avait été envoyé quatre fois dans cette île par Caratassos pour y prendre des instructions; il me dit, que dans l'armée régulière de Nauplie, il existait des conjurations, dont l'une se proposait de livrer le Palamidi aux Hydriotes, et l'autre d'attaquer le Gouverneur lui-même. Je reçus d'autres importants renseignements, que je communiquai immédiatement à Capodistrias, et j'envoyai en même temps à Nauplie le secrétaire et l'aide de camp de Caratassos. Le Gouverneur plaça alors de nouvelles garnisons au Palamidi et à l'Acronauplie, et prit d'autres mesures de sûreté dans la ville pour rendre vains les desseins des opposants, mais malheureusement il n'en prit aucune pour sa sécurité personnelle.

Connaissant les trames des révolutionnaires d'Hydra, le Gouverneur résolut de concentrer des troupes le long des côtes de Poros, et d'assiéger Hydra par terre et par mer. De leur côté, ceux d'Hydra envoyèrent Miaoulis avec Mavrocordato et des matelots pour s'emparer du vaisseau à deux ponts et de la frégate helléniques ; Miaoulis, soupçonnant qu'un brick russe, qui par hasard entrait en ce moment à Poros, était envoyé pour l'empêcher, mit le feu aux deux vaisseaux helléniques et les incendia. Ensuite il se retira avec Mavrocordato à Hydra. Détestable action, que toute la nation désapprouva et condamna. Désespérée du côté du Péloponèse, et voyant échouer partout ses criminelles entreprises, l'opposition résolut de rallumer l'anarchie dans la Grèce orientale.

A la fin du trimestre où les armées devaient toucher leur solde, le caissier avec l'argent se trouvait à bord d'un vaisseau hydriote dans le golfe Lamiaque. Ceux d l'opposition le corrompirent ainsi que le capitaine, et tous deux avec le vaisseau et l'argent se réfugièrent à Hydra. Informé de cela, le Gouverneur s'adressa à moi, afin que je puisse garantir l'arrivée de l'argent qu'il devait de nouveau envoyer pour la solde du trimestre des bataillons campés dans la Grèce orientale, et prévenir ainsi à temps les désordres qui s'élèveraient, si les bataillons n'étaient pas payés. J'acceptai encore cette charge, pour être agréable au Gouverneur, et j'ordonnai à chaque bataillon de se rendre en Livadie pour recevoir sa paye ; moi, restant à Salone, j'envoyai l'argent. Mais, cet argent venant à manquer, je fus obligé de contracter un emprunt particulier de quatre mille colonnats (1), sur la promesse de Capodistrias, que cette somme me serait envoyée le plus promptement possible. Ainsi, au commencement de septembre l'armée ayant été payée, l'ordre ne fut pas troublé, et le dernier essai de l'opposition échoua. Les conjurés d'Hydra voyant qu'aucun de leurs projets ne réussissait, résolurent de faire disparaître l'homme illustre qui gouvernait la Grèce. Je ne veux pas affirmer que les conjurés conspirèrent la mort de Capodistrias ; mais l'avant-dernier numéro du journal l'Apollon, le dernier après sa mort, et le désespoir dans lequel ils étaient plongés par suite de

---

(1) 400 colonnats, (Trad. Ital. p. 186).

leurs échecs continuels ne démontrent certes pas leur innocence.

En ce temps Pétro-Bey Mavromichalis était enfermé dans les prisons de Nauplie, parce que, d'accord avec les Hydriotes, il avait tenté de soulever la Laconie ; ses fils, Georges et Constantin, étaient sous la surveillance de la police à Nauplie, par suite de nombreuses accusations dirigées contr'eux. Il était insensé de laisser libres les deux Mavromichalis, tandis que le vieux Pétro-Bey était en prison ! S'étant entendu avec le chef de la garde civique Caclamano et deux de ses soldats, le matin du 27 septembre, ils assassinèrent Capodistrias au moment où il entrait dans l'Église de Saint-Spiridion. Georges le frappa d'un coup d'épée dans le ventre, et Constantin d'un coup de pistolet à la tête. Constantin tomba aussitôt victime de la fureur populaire, blessé par un soldat crétois de la suite du Gouverneur, Georges se réfugia à la légation de France. Mais le ministre, ne pouvant le protéger contre la fureur du peuple de Nauplie, qui entourait la légation en le réclamant, fut obligé de le livrer, après qu'il eut été formé préalablement un tribunal militaire pour le juger ; il fut condamné à mort, et fusillé.

Après le meurtre de Capodistrias, le Sénat choisit une commission de trois membres, composée du frère du Gouverneur Augustin, de Colocotronis et de Coletti. Cette commission administrative, en prenant les rênes du gouvernement, invita les provinces à élire leurs représentants à l'Assemblée Nationale. Mais, sur ces entrefaites, les membres de l'opposition, dispersés après la mort de Capodistrias dans les provinces, semèrent partout la divis on. L'anarchie commença à régner, amenant à sa suite la guerre civile et de nouveau la Grèce parut courir à sa perte.

CHAPITRE DIX-HUITIÈME

1831

Etat de la Grèce orientale après la mort de Capodistrias. — Cinquième Assemblée nationale à Argos. — Divisions et ruptures entre les représentants. — Transfert des constitutionnels à Perachora et des conservateurs à Nauplie. — Je m'occupe d'une nouvelle organisation administrative de la Grèce orientale. — Criézotis marche contre Salone. — Diovouniotis et les siens sont faits prisonniers à Chryso. — Terribles circonstances où je me trouvai. — Guerre civile. — Arrivée de Balatsos à Salone. — Défaite de Criésotis et sa poursuite. — Mon voyage à Nauplie. — Nouveau combat et retraite de Criésotis à Perachora.

Me trouvant en Livadie, j'appris par des lettres particulières l'assassinat de Capodistrias. On ne pourrait se faire une idée de la tristesse et du désespoir que cette nouvelle jeta dans l'âme de tous les habitants de la Grèce orientale. Je pleurais d'autant plus le meurtre exécrable de cet homme de bien, que je prévoyais en même temps l'abîme immense que cette mort allait de nouveau ouvrir devant notre malheureuse patrie. Dans ce déplorable état, je regardai comme un devoir sacré, avant même de savoir quel gouvernement succèderait à celui de Capodistrias, de tâcher de maintenir l'ordre, afin que l'anarchie n'arrivât pas à son comble avec tous les maux qui la suivent.

Et d'abord par une lettre exhortative j'annonçai officiellement aux commandants et aux officiers de l'armée dans chaque camp cette triste nouvelle, leur recommandant en même temps le maintien de la discipline militaire, parce que d'elle seule dépendait la conservation de l'ordre, et le salut de la patrie. Par de semblables lettres je m'adressai aux administrateurs et aux démogérontes provinciaux, leur recommandant de montrer du courage et de la fermeté pour fortifier et conserver l'autorité administrative. Mes proclamations et mes lettres produisirent une très profonde impression, et les affaires marchèrent comme précédemment. En même temps je reçus les proclamations et les ordres du nouveau gouvernement, et je les communiquai aux provinces et aux camps, en répétant tout ce que j'avais déjà écrit.

Cet état des choses dans la Grèce orientale dura jusqu'au mois de novembre, lorsque commencèrent les élections des représentants de la nouvelle Assemblée Nationale. De nouveau dans les provinces les discussions augmentèrent, parce que ceux qu'on appelaient constitutionnels, c'est-à-dire de l'opposition, tâchaient par tous les moyens de faire nommer des représentants de leur opinion. Mais les conservateurs avaient assez de puissance pour leur résister, et les vaincre dans ces provinces. Tous mes efforts tendaient seulement à ce que la tranquillité ne fût pas troublée, et qu'il ne fût pas donné occasion à des convulsions intérieures; cela réussit, et, dans les provinces de la Grèce orientale, les élections eurent lieu dans le mois de novembre, sans le moindre incident fâcheux. Des représentants élus, les uns, qui feignaient d'abord avoir des principes conservateurs, se laissèrent ensuite corrompre et passèrent à l'opposition, les autres demeurèrent fermes dans leurs convictions. Il fut décidé que le siège de l'Assemblée serait Argos, et, au commencement de décembre, les représentants, les Triumvirs et le Sénat se réunirent dans cette ville.

Je fus invité par Augustin à me rendre à Argos, et, sur son rapport, je fus élus représentant des soldats du Péloponèse. Habitant le continent, et ayant eu occasion de connaître la disposition des capitaines les plus marquants, qui se préparaient à faire irruption dans Argos, et à renverser par les armes la puissance des conservateurs, je demandai à Augustin si je devais venir seul ou avec les 300 soldats d'élite (1) que j'avais sous mes ordres. Je lui disais que la rupture me paraissant inévitable, je croyais nécessaire la présence d'un corps d'armée. Augustin,

(1) Plus de 3.000 (Trad. Ital. p. 189).

homme d'une courte intelligence, cédant aux flatteries de quelques imbéciles qui l'entouraient, et trompé par les ambassadeurs des puissances alliés, qui lui disaient qu'ils avaient l'ordre de leurs Cours de le soutenir, me répondit de venir seul à Argos, me défendit expressément de m'y faire suivre de troupes. J'obéis avec déplaisir à cette injonction, mais j'eus bientôt occasion de m'en repentir, et de déplorer notre situation, par suite de la conduite insensée d'Augustin.

A Argos, au lieu d'une Assemblée législative, se forma un camp, dont faisaient partie Botsaris, Grivas, Tsongas, Macris, les Gioldasséi, de la Grèce occidentale, avec des soldats; Criézotis, Vassos, Rhangos, Rhoukis, Mamouris et d'autres, de la Grèce orientale; il vint, en outre, des armées du Péloponèse sous Colocotronis, Nikitas, Tsocris et autres. Enfin Augustin, comme président du Triumvirat, avec de la cavalerie et quelques bataillons de réguliers. De plus, il arriva une multitude de représentants, parce que, dans la plupart des provinces, il y avait eu de doubles élections, les unes de conservateurs, et les autres de constitutionnels. Ces doubles élections donnèrent lieu à la première rixe, parce que de ceux qui avaient le pouvoir militaire, les uns protégeaient comme légales l'élection des représentants qui pensaient comme eux, et les autres celle de leurs adversaires. A la tête des députés de l'opposition se plaçait Coletti, et des députés conservateurs Augustin ; mais ces derniers, ayant avec eux Colocotronis, qui était un des Triumvis, l'emportèrent. C'est pourquoi la commission nommée pour la vérification des élections, valida toutes celles qui favorisaient le parti dominant, les militaires y faisant opposition, la rupture eut lieu, et la veille du commencement des travaux de l'Assemblée, la guerre civile éclata à Argos. Quoique beaucoup s'interposassent pour faire cesser ce malheur, il fut résolu qu'il en serait décidé par les armes. Augustin était puissant, et il pouvait en quelques moments faire arrêter ses ennemis, et les faire jeter en prison ; mais ceux-ci, connaissant leur faiblesse, parvinrent à le tromper, et, contre l'opinion de nous tous, il leur donna la permission de se retirer. Les constitutionnels profitèrent de cette faute d'Augustin, et on vit sortir d'Argos, sans être aucunement inquiétés à la suite de cette supercherie, Coletti, Criézotis, Vassos, les Botsaris, Tsongas, Iscos et d'autres capitaines avec quelques soldats. Ils se dirigèrent vers Pérachora, où les représentants non validés, établirent leur résidence et formèrent un nouveau gouvernement, à la tête duquel fut placé Coletti. Ainsi nous avions en Grèce deux gouvernements : celui d'Augustin et de Colocotronis à Nauplie, où nous passâmes après les tristes évènements d'Argos ; et celui de Coletti, à Pérachora.

Les membres de l'opposition à Hydra, après la mort de Capodistrias, ne prirent aucune part aux évènements d'Argos. Coletti cependant s'entendait avec eux, mais ne désirait pas que Mavrocordato, Zaïmis et quelques autres sortissent de l'île. Quoique la discorde fût arrivée à son comble, l'Assemblée Nationale avait commencé ses travaux. Cependant l'activité de Coletti dans toute la Grèce continentale, détachait ces provinces du gouvernement. On crut alors nécessaire de me renvoyer dans la

Grèce continentale, mais, considérant les choses sous leur véritable point de vue, je refusai lorsqu'Augustin m'en fit la proposition. Toutefois, comme l'état de la Grèce orientale était presque désespéré, Colocotronis avec les capitaines de la Grèce continentale et les représentants qui se trouvaient à Nauplie, me persuadèrent de m'y rendre. Je leur répondis que ma présence dans ces contrées serait une occasion de guerre civile, car Coletti, connaissant l'influence que j'y avais, s'y opposerait par les armes. Sur mes observations, Colocotronis me dit qu'il se formait en ce moment un camp puissant de Péloponésiens dans l'Isthme; Rhangos et les autres capitaines m'assurèrent, de leur côté, qu'ils s'étaient entendus avec leurs parents, pour qu'ils vinssent se placer sous mes ordres ; enfin André Métaxas me jura que, s'il survenait une guerre civile, quand même il serait seul, il accourrait immédiatement à mon secours. Je me décidai alors à repartir pour la Grèce orientale. J'aurais dû ne pas accepter, pour ne pas connaître la fourberie de mon parent André Métaxas, et ne pas paraître comme chef d'une guerre civile, qui causa tant de malheurs à ce pays.

Les nouvelles d'Europe étaient bonnes, parce qu'elles annonçaient l'élection prochaine du Prince ; je songeai donc de quelle manière j'organiserais le gouvernement de la Grèce orientale jusqu'à son arrivée. Ayant pris le commandement du bataillon de Mamouris qui se trouvait dans le Péloponèse, je me transportai à Aigium, où je trouvai une canonnière qui avait été autrefois sous mes ordres, mais le capitaine de ce vaisseau, corrompu par ceux de Perachora, au lieu de me débarquer en terre-ferme, vint m'assiéger. Cependant ayant embarqué le bataillon sur des vaisseaux Galaxidiotes, je le conduisis à Vitrinitsa, d'où je l'envoyai à Salone. Je pris la direction de Galaxidi, pour procéder à l'exécution de la nouvelle organisation administrative, qui consistait simplement à confier tous les travaux administratifs aux Démogéronties ou municipalités, et à établir, sous leurs ordres, un Pouvoir Exécutif local. Chaque province ainsi organisée jusqu'à l'arrivée du Prince, il était inutile de faire mention des gouvernements de Mégare et de Nauplie. De cette manière mes provinces étaient soustraites aux divisions et aux luttes des deux partis le constitutionnel et le conservateur, et je maintenais le respect dû au gouvernement de Nauplie, dont je restais le représentant dans la Grèce orientale.

Ayant organisé ainsi Galaxidi, je me proposai de faire de même dans les autres provinces. Je me transportai à Salone, et prévoyant que Coletti me ferait attaquer, j'ordonnai à Mamouris de prendre le commandement de mon bataillon, et d'aller se poster vers Thèbes, pour empêcher les ennemis d'avancer. Cette mesure eut pour moi un bon résultat quant à la réalisation du nouveau système, parce qu'en éloignant cette force, que l'on croyait du parti conservateur, les constitutionnels abandonnèrent tout soupçon. Mais Mamouris étant parti, et, selon son habitude, avançant lentement, s'arrêta à Arachova. Cependant Coletti avait envoyé Criézotis et les capitaines de Perachora contre moi; tout à coup, tandis que j'étais occupé à Salone à organiser l'Administration, Criézotis s'empara pendant la nuit de Chrysso avec mille soldats, et se plaça aiusi entre moi et Mamouris, qui, ayant négligé de poser des vedettes, et perdant son temps à Arachova, ne s'aperçut de rien, lorsque Criézotis passa pendant la nuit à Zéménos.

Je me trouvais donc à Salone lorsque j'appris que Criézotis était posté à Chryso. Abandonnant alors tous mes documents et ma maison, je me retirai avec 30 hommes seulement de ma garde dans la vieille citadelle de Salone, où j'avais une petite garnison, composée d'environ 30 Bulgares. Plût à Dieu, que Criézotis eût compris ma position, fût venu me prendre à Salone, et eût mis fin ainsi à un drame si douloureux. Je me trouvais très embarrassé sur ce que j'avais à faire, et je résolus de ne pas bouger jusqu'à ce que j'eusse connu les mouvements de l'ennemi, à qui j'envoyai le vieux Panourias qu'il refusa de recevoir. Contre mon attente j'appris d'un constitutionnel Héliopoulos, qu'un émissaire de Criézotis avait corrompu le commandant de la garde civique de Salone, appelé Tourcospyro, et l'avait décidé à m'assassiner. Et en effet ce Tourcospyros venait sans cesse à la citadelle, suivi de quelques-uns de ses soldats, sous prétexte qu'il m'apportait des nouvelles ; mais je le recevais, toujours entouré de ma garde.

Cette situation dura toute la journée. Vers le soir je résolus de me rendre à Lidoriki, en traversant l'Elaton, montagne voisine couverte de neige. Feignant de vouloir aller à Nauplie, j'ordonnai à Tourcospyro lui-même de tenir prêts six chevaux. Il montra un très grand zèle à exécuter mes ordres, se proposant sans doute de m'assassiner pendant le voyage. Mais, pendant que dans la ville il s'occupait des préparatifs ordonnés, je sortis de la citadelle avec le petit nombre de soldats sous mes ordres, et je me dirigeai vers l'Elaton laissant derrière moi sur la route, dans un lieu appelé Scali, dix hommes pour garder le passage. Tourcospyro apprenant que j'étais parti, se mit aussitôt à ma poursuite mais, empêché par mes soldats de l'arrière garde, il rétrograda. Après avoir marché toute la nuit sur les neiges de l'Elaton, j'entrai le lendemain à Lidoriki. Pendant la nuit j'avertis de mon arrivée Papa-Costas, qui se trouvait dans les environs ; il vint immédiatement à Lidoriki avec 100 soldats. Lui ayant proposé de m'accompagner jusqu'à Naupacte (Lépante), il opposa tant de difficultés, que je fus contraint de suivre son opinion, et nous allâmes trouver Mamouris. Le jour suivant nous nous mîmes en marche pour la ville de Salone, par où passait le chemin qui conduit à Arachova. Mais quand nous fûmes arrivés au lieu dit SCALI, nous vîmes dans la plaine de Salone environ 500 soldats de Criézotis, qui entraient dans cette ville. Alors j'accourus pour entrer dans la citadelle, où j'avais laissé ma garde particulière, et Papa-Costas vint de son côté, pour occuper les maisons qui entouraient cette citadelle, mais pendant l'exécution de ce mouvement la guerre civile éclata. Après un combat de quatre heures, où nous eûmes un capitaine, onze soldats tués, et onze blessés, j'occupai la citadelle et Papa-Costas les maisons. Mais les pertes de Criézotis furent plus considérables que les nôtres. Plus des trois quarts de la ville où nous combattions de maison en maison tombèrent en notre pouvoir.

Mamouris occupa le monastère du prophète Elie et Delphos, éloignés à peine d'une demi-heure de Chrysso, où se trouvait Criézotis. Le soir, sur ma demande, il m'envoya, comme secours, une compagnie de 100 hommes ; nous étions donc 150 à Salone, lorsque commença le combat, tandis que les ennemis étaient plus de cinq cents. Le combat continua du matin au soir sans interruption ; beaucoup d'hommes y furent tués et blessés de part et d'autre. Criézotis, mal conseillé, chercha à corrompre les Stéréohelladites (continentaux) sous mes ordres, et écrivit qu'il donnerait trente mille piastres à ceux qui me livreraient à lui vivant, et quinze mille à ceux qui lui apporteraient ma tête ; mais il échoua. Cependant je me trouvais dans un danger continuel d'être pris. Quoique nous fussions au cœur de l'hiver (c'étaient les premiers jours de décembre), je sortais la nuit de la forteresse en compagnie de deux Céphallènes, et je me cachais dans un bois voisin. Depuis plusieurs jours je me trouvais dans cette terrible situation, lorsque Tsongas, Diovouniotis, Notis et Costas Botsaris, Vélentsas, Condojannis, Climacas et quelques autres capitaines vinrent au secours de Criézotis de sorte que leur armée s'éleva à plus de 2.000 hommes ; ces capitaines avaient résolu de prendre d'assaut la citadelle et les maisons que nous occupions. Plus de 250 soldats sous le commandement d'Athanase Valtinos accoururent à mon secours de sorte que, quoique nous n'eussions qu'un quart de forces à opposer à celles de Criézotis, il devenait difficile de nous chasser des positions que nous occupions car nous étions puisamment retranchés. Le jour où les capitaines avaient résolu de nous attaquer, Mamouris, vers l'aube, battit à Chrysso Dyovouniotis, à qui Criézotis, ainsi qu'à Vaïas, avait confié la garde de cette position ; il réussit à le prendre vivant avec 130 soldats. Ensuite il se tourna vers Vaïas; mais celui-ci avait eu le temps de prévenir à Salone Criézotis qui, pour ne pas perdre la position de Chrysso, accourut à la hâte à son secours. Tandis que nous attendions à Salone l'assaut, nous vîmes tout-à-coup un détachement d'environ 500 hommes qui se dirigeait vers Chrysso ; nous comprîmes, comme nous en avions été informés déjà, que Mamouris était vainqueur. Cette diversion neutralisa l'assaut préparé contre nous. Cependant Mamouris, voyant le corps auxiliaire envoyé à Vaïas, se retira, emmenant avec lui les prisonniers, dont le nombre surpassait celui même de ses soldats, et sur leur parole qu'ils ne prendraient plus part à la guerre civile, il leur donna la liberté de retourner en Livadie.

Balatsos, apprenant le déplorable état de la Grèce orientale, franchit les frontières helléniques, avec 300 hommes d'élite. Criézotis, qui, après le combat avec Mamouris, comprit qu'il avait besoin de secours, écrivit à Balatsos de se mettre sous ses ordres. En même temps je lui écrivis moi aussi, pour qu'il vint me secourir ; mais Balatsos, avant de prendre un parti, se dirigea vers Topolia à une heure et demie de chemin de Salone ; là il trouva des messagers de Criézotis, qui l'obligèrent à s'unir avec lui ; de mon côté, j'envoyai un Céphallène avec une lettre particulière dans laquelle je lui rappelais la protection qu'il avait reçue de moi, lorsqu'il etait persécuté par les Turcs ; je lui disais qu'il ne devait pas m'abandonner dans la situation où je me trouvais ; et, pour qu'il comprît les intentions des ennemis, je l'engageai à lire la proclamation de Criézotis. Je recommandai particulièrement à l'envoyé de lui offrir quinze mille piastres pour la paye des soldats sous ses ordres. Soit piqué d'amour propre, soit excité par mon offre, Balatsos écrivit à mes adversaires et à moi qu'allant à Salone, il devait bien examiner les choses, et qu'alors seulement il devait se décider. Cependant il recommanda à mon envoyé de me dire qu'il ne permettrait jamais qu'il me fût fait aucun mal, et qu'il viendrait l'après-midi conférer avec moi.

Je communiquai cette réponse à Papa-Costas, et lui dis que pour empêcher toute rencontre de Balatsos avec les ennemis, nous devrions attaquer les maisons où ils se trouvaient dès que Balatsos paraîtrait, ce dernier serait ainsi forcé de prendre parti pour nous. Papa-Costas rassembla un certain nombre de soldats au pied de la forteresse, et, je donnai le signal, lorsque vers les 3 heures après midi, je vis s'avancer le corps de Balatsos. Papa-Costas attaqua immédiatement les maisons, la fusillade devint terrible, le feu se communiqua à quelques-unes et Balatsos hésita d'abord et interrompit sa marche. Pensant que les soldats de Criézotis, comme les plus forts, nous avaient attaqués, tandis qu'ils ne devaient pas bouger avant son arrivée, il se précipita contr'eux avec son bataillon. En même temps je sortis de la forteresse. Un combat furieux s'engagea, nous chassâmes les ennemis de la ville de Salone, et leur chef Criézotis fut blessé. Cette bataille dura environ une heure ; nous perdîmes 15 hommes, tandis que les ennemis en perdirent plus de 60, et eurent plus de 100 blessés. Ils eussent souffert encore davantage, si je n'avais pas empêché qu'on les poursuivit dans la plaine, et si j'avais donné des munitions aux soldats, qui m'en demandèrent à plusieurs reprises. La ville de Salone fut ainsi délivrée et les ennemis s'enfermèrent dans Chrysso.

Ces tristes évènements, dans lesquels malheureusement je figurais comme un des principaux personnages, durèrent tout le mois de décembre pendant lequel j'attendis toujours vainement de Nauplie les renforts promis. Les rebelles s'étaient rendus maîtres de Naupacte (Lépante), et

Criézotis lui aussi en attendait du secours ; mais les capitaines Tsongas, Iscos et les Botsaris, fatigués de rester auprès de lui, tandis que leurs intérêts les appelaient dans la Grèce occidentale, l'obligèrent à proposer une convention pour soustraire le pays aux désastres d'une guerre civile comme ceux qu'ils avaient déjà soufferts. J'acceptai la proposition, et il fut convenu que nous nous retirerions tous, et que nous irions à Naupacte, où se trouvaient Tsavellas et quelques autres capitaines, et que là nons nous entendrions pour faire cesser une guerre fratricide. Mais avant d'en venir à ce compromis, Criézotis faisait tous ses efforts pour m'obliger à m'éloigner de Salone, comme si la reddition de cette ville, défendue par tant de capitaines, eût dépendu de moi. Il envoya des soldats pour prendre ma femme et mes deux enfants encore à la mamelle, mon fils aîné Epaminondas et ma fille Diamantine, qui résidaient à Galaxidi, se proposant de les conduire sous la citadelle et de les mettre à mort, si je ne lui livrais pas la ville de Salone. Mais les Galaxidiotes, lui firent observer combien serait inhumain un semblable procédé ; de mon côté, dès que j'en fus informé, j'écrivis à Criézotis qu'un homme de cœur comme lui ne devait jamais s'abandonner à de telles lâchetés contre une femme et de petits enfants, et j'ajoutai que, lorsqu'ils me seraient présentés, je préfèrerais les voir mourir plutôt que de commettre une trahison. Les observations des Galaxidiotes et ma lettre firent sur Criézotis une grande impression, et l'amenèrent à des sentiments plus modérés ; il rappela les soldats qu'il avait envoyés à Galaxidi, et rendit à la liberté mon beau frère, qui avait accompagné sa sœur dans cette ville, et qu'il avait fait arrêter.

Enfin, selon la convention, nous partîmes tous pour Naupacte ; nous en longeant la mer, et Criézotis, en gravissant les montagnes. Mais, avant de quitter Salone, nous fîmes part de notre convention à Tsavellas, qui, contre notre attente, nous annonça que de nombreuses bandes de rebelles, d'accord avec Criézotis, s'étaient déjà mises en marche pour occuper le défilé de Mélanthrino, par où nous devions passer, et nous écraser. C'est pourquoi nous devions prendre nos mesures. Mamouris et Balatsos résolurent de retourner à Salone. Pour moi, fatigué de la guerre civile, et mécontent de ce que le gouvernement qui, selon les conventions devait veiller à faire transporter surement ma famille à Nauplie, ne m'eût pas envoyé le moindre secours, je dis adieu aux capitaines, et je partis pour cette ville vers le milieu de janvier 1832 à bord d'une barque qui se trouvait par hasard sur le rivage de Vitrinitsa.

Mamouris et Balatsos, ayant découvert la trahison des ennemis, prirent la direction de Salone le lendemain de mon départ ; Criézotis, restant avec 500 hommes seulement, les autres s'étant séparés d'eux pour exécuter leur mauvais dessein, fut obligé de revenir sur ses pas, et de reprendre les positions qu'il occupait auparavant. Les deux corps ennemis s'étant rencontrés vers Sainte-Euthymie et Vounichora, villages de Salone, en vinrent aux mains ; les conservateurs l'emportèrent poursuivirent Criézotis, s'emparèrent de la SCALA DE SALONE et de Chrysso, puis ayant dispersé les hommes de Criézotis, ils enfermèrent ce dernier dans les maisons d'Arachova, d'où il sortit dans un très mauvais état après avoir souscrit à des conditions humiliantes. Criézotis fut alors contraint de se retirer à Perachora et ces provinces furent délivrées de la guerre civile.

CHAPITRE DIX-NEUVIÈME

1832.

L'Assemblée de Nauplie proclame Augustin Gouverneur de la Grèce. — Les constitutionnels menacent Nauplie. — Augustin quitte la Grèce. — Etablissement d'une Commission gouvernementale composée de sept membres. — Désordres à Nauplie. — Assemblée de Pronia. — Commission qui accompagne le roi Othon. — Conduite des Français à Argos.

Pendant que ces choses se passaient dans la Grèce orientale, l'Assemblée de Nauplie proclamait par son vote Augustin Gouverneur de la Grèce, mais l'incapacité de l'homme étant connue, cette nomination produisit une mauvaise impression sur les gouvernementaux. Quelques-uns même qui m'avaient promis de me secourir, quand j'étais à Salone, commencèrent à pactiser avec l'opposition d'Hydra. Ceux-ci n'étaient pas d'accord ; parce que Coundouriotis et Mavrocordato écrivaient à Coletti d'entrer dans le Péloponèse avec les Stéréovelladites (continentaux), tandis que Zaïmis et les autres Péloponésiens songeant à tous les maux qu'en deva souffrir leur patrie, s'efforçaient de ramener la paix par la conciliation et d'empêcher l'entrée des Stéréoelladites. Vu ce desaccord, Mavrocordato partit pour Perachora, et Zaïmis avec d'autres Péloponésiens pour Nauplie. De là ce dernier partit avec Plapoutas pour Naupacte, afin de s'entendre avec les troupes qui s'y trouvaient, et les empêcher de suivre les conseils de Coletti, et d'entrer dans le Péloponèse. Mais Mavrocordato les avait prévenus, et, amenant ces troupes, il les conduisit à Pérachora. En même temps Hatji-Christos, s'insurgea et se rendit dans ce village avec 200 cavaliers. Les choses en étaient là, lorsque j'arrivai à Nauplie. Je racontai à Augustin tout ce que j'avais fait dans la Grèce orientale, et je me plaignis amèrement contre lui et les autres, qui avaient manqué à leurs promesses ; je lui exposai la triste situation du petit nombre de Péloponésiens assemblés près de Corinthe, dont j'avais visité le camp en venant à Nauplie; et je l'engageai à envoyer dans l'isthme les 2 bataillons qui se trouvaient dans la Mégaride, afin d'empêcher les Stéréoelladites d'entrer dans le Péloponèse. Mais Augustin, écoutant les discours des fous, qui lui faisaient la cour et les promesses de Callergi, alors commandant de cavalerie, ne prêta pas attention à mes conseils. M'étant entretenu sur ce sujet avec Colocotronis, je vis que mes efforts étaient inutiles. Je priai alors le commodore russe Ricord de tâcher de persuader Augustin, mais il me répondit que c'était à tort que je désespérais, parce que Callergi devait amener bientôt prisonniers à Nauplie Mavrocordato et Coletti. Cependant quelques jours après mon arrivée à Nauplie, Callergi dut se réfugier dans cette ville, poursuivi par les Stéréoelladites, qui, étant entrés par l'Isthme, s'avançaient à marches forcées avec Mavrocordato et Coletti. Augustin épouvanté monta à bord d'un bâtiment russe, portant avec lui les cendres de son frère Capodistrias, et s'embarqua pour Corfou le

27 mars 1832, laissant par sa sottise tous les conservateurs, à la discrétion des constitutionnels.

Après le départ d'Augustin Coletti et Mavrocordato avec Grivas et de nombreux capitaines, entrèrent dans Nauplie; l'anarchie y régnait en maîtresse. Alors les ministres des trois puissances alliées firent connaître la nécessité de constituer une autorité gouvernementale. Le Sénat, s'étant assemblé dans les premiers jours d'Avril choisit une nouvelle commission gouvernementale jusqu'à ce qu'il fût fait fait une élection plus régulière par l'Assemblée Nationale, que les représentants qui se trouvaient à Mégare devaient tenir à Pronia faubourg de Nauplie. Cette commission était composée de sept membres. Coundouriotis, président, Zaïmis, Plapoutas et A. Métaxas, représentant le Péloponèse ; Coletti, Botsaris et Hypsilanti, représentant la Grèce continentale. Les ministres qui furent choisis, appartenaient tous au parti constitutionnel. Mais, comme l'anarchie était arrivée à son comble, et qu'il n'y avait pas de sécurité dans la ville, la commission Gouvernementale étant faible et sans autorité, fut contrainte de recourir aux ambassadeurs, pour qu'ils occupassent le Palamidi et Nauplie. Ces derniers, voyant la mauvaise tournure des affaires firent sortir le 7 mai de leurs vaisseaux des détachements de soldats qui occupèrent le Palamidi, où furent hissés les trois pavillons de France, d'Angleterre et de Russie.

En même temps 1.500 Français, commandés par le général Corbet, occupèrent Argos. Mais, avant leur arrivée, bien des évènements fâcheux eurent lieu. On avait fait sortir des prisons tous ceux que l'on croyait complices de l'assassinat de Capoadistrias, et ces gens soulevaient les capitaines contre le gouvernement; les guerres civiles s'allumaient de tous côtés et la vie même des citoyens était en danger. Il suffit de rappeler que, tandis que Collett m'avait promis solennellement la sécurité, Criézotis envoya des soldats pour m'arrêter, et à peine eus-je le temps de me sauver dans la maison de l'ambassadeur de Russie Roukmann. Dans le même moment, Grivas envoyait arrêter André Métaxas, mais Plapoutas le prévenant, sauva Métaxas; et le même Grivas envoyait Papa-

Mélas avec des soldats pour m'arrêter aussi, mais Mélas, à qui j'avais rendu des services autrefois, me sauva. Beaucoup d'autres citoyens ne sauvèrent leur vie qu'en se réfugiant à bord des vaisseaux des Puissances alliées. Nauplie se trouvait dans cette triste situation, lorsqu'arriva, la garnison française.

Colocotronis, ne voulant pas se soumettre au nouveau gouvernement, rassembla une armée à Tripolis ; la Commission Gouvernementale de son côté, voulant soumettre Colocotronis et se rendre maîtresse du Péloponèse, exhortait Grivas et les STÉRÉOELLADITES à marcher contre lui. Zaïmis, Plapoutas et André Métaxas n'approuvaient pas cette expédition, mais, ayant la majorité contr'eux, ils crurent nécessaire de tâcher d'empêcher par tous les moyens possibles la réunion des STÉRÉOELLADITES. Ils me prièrent donc de ne rien négliger pour faire échouer cette réunion, en consacrant à cette entreprise l'argent que m'avait donné le commodore russe Ricord, je réussis si bien que Grivas, s'étant mis en campagne avec une armée peu nombreuse contre Colocotronis, fut vaincu.

L'assemblée de Pronia, réunie le 14 juillet, avançait dans ses travaux ; mais le gouvernement n'approuvant pas ses actes envoya dans la salle des séances des soldats qui dispersèrent les députés en les menaçant de leurs armes ; l'assemblée fut ainsi dissoute le 31 juillet.

Après cela, les ministres des puissances alliées annoncèrent à la Délégation Gouvernementale qu'ils avaient reçu ordre de leurs cours d'envoyer à Munich une commission hellénique pour accompagner en Grèce le roi Othon. La cour de Bavière avait désigné formellement, comme membres de cette commission, Miaoulis, Costas Botsaris et Nikitas. L'ambassadeur de Russie me fit par de cette nouvelle avant qu'elle ne fût apportée au gouvernement, et je la communiquai à Zaïmis et à Andre Métaxas, qui, croyant que Nikitas ne représenterait pas bien le Péleponèse, proposèrent de lui substituer Colocotronis, qui n'accepta pas. Il fut donc résolu que Plapoutas irait, et j'en préviens l'ambassadeur pour faciliter cette substition. On me proposa d'accompagner la commission comme secrétaire général, mais je

25.

refusai afin que les ambassadeurs et la Régence ne pussent croire que c'était dans des intérêts de parti, que j'avais accepté des fonctions inutiles auprès de la commission. Les 3 membres s'embarquèrent à bord d'un vaisseau anglais, passèrent à Trieste et de là en Bavière.

A ce moment un triste évènement troubla l'opinion publique, et ébranla fortement les sympathies des Hellènes pour une puissance amie, qu'ils regardaient comme un des principaux remparts de leur indépendance. Les Français qui se trouvaient alors à Argos sous le commandement du général Corbet, croyant à tort qu'on ourdissait une conjuration contr'eux, prirent d'abord un officier corcyréen de Callergi, et le fusillèrent sans aucune raison ; puis tous les Français étant sortis de la caserne, se ruèrent sur la ville, entrèrent en furieux dans les maisons, et massacrèrent tous les habitants sans écouter les prières des citoyens, dont le sang coula injustement. Plus de trois cents victimes de cet étrange soupçon tombèrent sous le fer des Français, sans que personne eût jamais songé à les attaquer et que

Criézotis était éloigné de la ville depuis plusieurs jours avec les soldats hellènes.

Les Français ne rencontrèrent donc aucune résistance de la part des Argiens, et pas un ne fut tué, ou même maltraité. Le gouvernement considérant, malgré cet acte répréhensible, les sympathies de la France pour le peuple des Hellènes, et les nombreux secours que la Grèce avait reçus de cette généreuse nation pendant tout le temps de la guerre, subit ce massacre en silence et n'en fit pas même mention auprès des ministres des puissances alliées. Dès ce moment, civils et militaires attendant de jour en jour l'arrivée du roi, vécurent tranquilles, et l'ordre fut en quelque sorte rétabli en Grèce.

CHAPITRE VINGTIEME

La Régence. — Elle persécute ceux du parti gouvernemental, et moi principalement.— Affaires concernant les propriétés turques. — Débarquement du roi Othon à Nauplie. — Amnistie du gouvernement Anglo-Ionien. — Je me retire à Céphalonie. — Je reviens à Nauplie. — Soupçons du gouvernement contre moi. — Mon éloignement de la Grèce. — Conclusion.

Avec la cessation de la guerre, ma carrière militaire cessa, naturellement, l'arrivée du roi Othon mis fin à ma carrière politique.

La Régence, composée du comte Armansperg, Maourer et Heideck, apporta, dans notre pays son inimitié contre les Hellènes, contre les militaires de la Grèce, et surtout contre ceux qui s'étaient montrés amis du gouvernement de Capodistrias, c'est-à-dire de l'ordre et de l'égalité.

Son but principal, dès qu'elle prit les rênes de l'État, fut de persécuter les militaires, de gouverner la nation par la terreur, et d'éloigner du pouvoir tous ceux dits Gou-vernementaux, qui assurément n'eussent jamais consenti à seconder les détestables projets de la Régence. Ses membres étaient dominés par l'idée erronée que les Gou-vernementaux ne sauraient jamais être les amis de la royauté, pensant que la conservation du régime précédent, existant sous le Gouverneur, aurait empêché l'élection du prince de Bavière, que ses ennemis avaient hâtée en l'assassinant; Thiersch, envoyé pour le roi de Bavière, sous le prétexte d'étudier les antiquités, et abusant peut-être des devoirs de son mandat, nous fit croire qu'il ne considérait pas l'état de la Grèce comme très florissant sous le gouvernement de Capodistrias. Il ne m'appartient pas de juger la funeste politique des gens qui devaient décider du sort de la Grèce ; je me borne à rapporter seulement les fautes suivantes :

L'instabilité des gouvernements qui se sont succédé en Grèce, a été fort nuisible au pays, car elle fortifiait les espérances des mécontents, produisait la division et enfin donnait occasion à des actes détestables. Malheureusement la Régence étant provisoire, ses membres, au lieu d'être utiles au pays, lui ont, au contraire, causé de grands maux, en excitant les passions, introduisant le luxe et la corruption et en acceptant des principes, des lois et des organisations peu en harmonie avec un état nouvellement fondé. Ajoutons à tout cela que l'emprunt, destiné par l'Assemblée à encourager l'agriculture, et à subvenir aux besoins du pays, fut dissipé et consumé par les régents. Le temps et les évènements ont pleinement démontré la vérité de ce que je dis. Mais je ne me propose pas d'écrire une histoire, et je me bornerai à dire ce qui me concerne.

Je fus une des victimes de la Régence, et mon persécuteur le plus acharné fut Heideck, qui en souvenir de nos rapports à Poros m'avait voué une haine éternelle ; mais, comme je l'ai dit plus haut, je n'eusse jamais pensé qu'il dût un jour venir en Grèce comme Régent.

Tout le monde espérait qu'en raison de

mes nombreux services passés, je ne serais pas oublié dans la nouvelle organisation de la nation. Je fus, au contraire, complètement mis de côté, et ce fut naturel, car les chefs de l'opposition étaient les élus de la Régence, et il n'était guère possible qu'elle me comprit dans son organisation, moi, qui avais toujours été dévoué à l'ordre et à la légalité sous le gouvernement de Capodistrias. Je vis avec indifférence mon éloignement des affaires.

Parmi les questions importantes qui occupaient alors la Régence, la plus importante était celle concernant les propriétés turques, c'est-à-dire la distinction et la reconnaissance des propriétés ottomanes, comprises en dedans des frontières helléniques, et que les Turcs avaient le droit de vendre. Les membres de la Régence cherchaient à résoudre cette question moins à l'avantage de la nation que dans leur propre intérêt.

A cette époque les Agas de Patratsik et un envoyé des Beys de Zitouni vinrent à Nauplie pour s'entendre avec la Régence au sujet de la reconnaissance de leurs propriétés. Ils me visitèrent immédiatement, me prièrent de taire ce qui s'était passé entr'eux et moi concernant les frontières lorsque j'étais Conmissaire Extraordinaire, et me proposèrent une grande récompense pécuniaire. Mais inspiré des sentiments de patriotisme et d'honneur, non-seulement je refusai, mais je soumis les propositions des Turcs à Tricoupis, ministre des affaires étrangères, et je lui donnai les informations les plus précises, afin que le gouvernement ne permît pas aux Turcs de vendre des propriétés qui, d'après les conventions consenties entre nous, étaient devenues nationales. Je lui offris en même temps de prouver mes assertions par des documents incontestables. Tricoupis me remercia, en me disant qu'immédiatement il allait communiquer mes renseignements à LA RÉGENCE. Voici quelle fut la réponse de Tricoupis : « Mon Frère, tout ce que tu m'as dit, je l'ai d'abord soumis en particulier à Armansperg, et ensuite en plein conseil devant tous les membres de la Régence, mais aucun ordre ne m'a été donné là-dessus. J'en reparlerai devant le conseil, mais toujours de manière à ne pas me compromettre. » — Cette réponse me donna occasion d'interroger le messager des Agas, qui m'avait été envoyé, et qui me répondit que les Turcs termineraient leur affaire comme ils la désiraient, et que j'avais mal fait de ne pas profiter de l'occasion. A la suite de ces paroles, j'eus un second entretien avec Tricoupis, qui me dit : « Calme-toi, mon frère, car tout ce que nous pourrions dire là-dessus, serait superflu. » — Quelques jours après, les Turcs partirent, ayant obtenu la permission de vendre ces importantes propriétés, que les Hellènes avaient arrosées de leur sang, que j'avais acquises au gouvernement hellénique, au prix de tant de fatigues et de périls. Je rapporte ce fait, connu de beaucoup de primats de la Grèce continentale, afin que chacun connaisse le malheur de la Grèce sous le gouvernement de ces hommes, que le chevaleresque Louis, roi de Bavière, lui avait envoyés.

Dès ce moment la Régence remercia par les emprisonnements, les persécutions, les oppressions, les conseils de guerre et autres actes de ce genre les Hellènes qui avaient reçu, comme un sauveur, le roi Othon le 25 janvier 1833, lorsqu'il posa les pieds sur le sol hellénique. Le vieux Colocotronis avait donné le premier la main au roi, lorsqu'il débarqua sur la terre de Grèce. On ne saurait décrire l'enthousiasme avec lequel les Hellènes l'avaient reçu ; mais cet enthousiasme fut bientôt détruit par la conduite infâme de la Régence. — D'abord Colocotronis et Plapoutas furent arrêtés sans aucun motif, puis ce fut le tour de Grivas, Tsavellas, Mamouris et autres capitaines et hommes politiques. De ces derniers plusieurs furent éloignés de la Grèce sans aucune raison plausible.

Moi aussi j'eusse été arrêté injustement, et j'eusse beaucoup souffert de cette persécution de la Régence, si je ne me fusse retiré à temps à Céphalonie, lorsque le gouvernement Ionien amnistia ses sujets, qui avaient pris part à la révolution grecque, et leur permit de revenir dans leur pays, en leur rendant leurs droits civils et politiques (1). Après 14 années

(1) Voici la réponse du Sénat au lord Haut Commissaire, lorsqu'en mon nom, mon fils réclama de lui la restitution des revenus de mon patri-

d'exil, en mai 1834, je revis Céphalonie, et je rentrai en possesion de tous mes biens confisqués, qui se trouvaient encore entre les mains du gouvernement Ionien, mais il ne me fut accordé aucune indem-

moine confisqué, retenus par le gouvernement Ionien :

SECRÉTARIAT DU SÉNAT.

Corfou, 9 août 1859.

Honoré Monsieur,

Le Sénat prenant en considération votre requête officielle du 18 juillet 1859, à moi envoyée, par laquelle le docteur Epaminondas Métaxas de Céphalonie, au nom de son père absent le chevalier Constantin, demande à S. Exc. le lord Hau Commissaire la restitution des revenus des biens confisqués à cause de la révolution hellénique, en vertu de la loi 40 du 1er Parlement, observe :

Que le IVe Parlement, par acte du 2 mai 1833, No 5, a abrogé ladite loi du 1er Parlement, faisant grâce aux exilés, dont les biens avaient été confisqués, pour qu'ils pussent exercer sur eux leurs pleins droits, à moins que le gouvernement ne les eût vendus ou n'en eût disposé en faveur d'un tiers ; auquel cas cette loi n'accorde pas aux exilés les fruits desdits biens.

D'où il appert que la grâce accordée par l'acte du IVe Parlement avait des effets limités, et ne plaçait pas les exilés dans la même situation nité pour les biens vendus, ni pour les revenus perçus par lui pendant 14 années entières, malgré mes réclamations, et quoique, de tous les exilés, cette confiscation n'eût été pratiquée que contre moi seul.

Voici l'amnistie dont il est question :

Acte N° 5 du IVe Parlement (2 mai 1833) (1) pour l'abrogation de l'acte N° XL du 1er Parlement, et pour la concession d'amnistie aux exilés par la proclamation du Sénat du 18 juillet 1821.

qu'auparavant quant aux biens dont il avait été disposé. C'est pourquoi le Sénat ne peut pas accepter la supplique du docteur Métaxas.

Vous êtes prié de porter ceci à la connaissance de S. Exc. le lord Haut Commissaire, et en vous renvoyant la requête du suppliant, j'ai l'honneur d'être, etc.

Dusmanis
Secrétaire du Sénat, à la section générale.

A l'honorable Monsieur
H. Drumond Wolf Exq.
J. M. C.
Secrétaire de Son Exc. le lord Haut Commissaire.

(1) 1835. — (Trad. ital. mais évidemment il aut 33) p. 206.

Préambule. — D'après une note de S. Exc. le lord Haut Commissaire en date du 11 janvier 1833, par la présente, avec l'autorité de S. Alt. le Président et de l'illustrissime Sénat, de l'avis et du consentement de la très noble Assemblée législative des États-Unis des Iles Ioniennes, dans cette première séance du IVe Parlement, et l'approbation de S. Exc. le lord Haut Commissaire du Souverain Protecteur, ont été résolues et ordonnées les choses suivantes :

Art. 1er. — L'acte N° 40 du 1er Parlement, du 2 avril 1822, est supprimé ;

Art. 2. — Les nommés Constantin Métaxas, Gérasimos Phocas, André Métaxas, Evangélis Panas, Denys Sembricos, Panagiotis Strouzas et Michel Coutouphas, naguère exilés par une proclamation du Sénat du 18 juillet 1821, sont rétablis dans la même condition dont ils jouissaient auparavant ;

Art. 3. — Ils pourront renter sur le territoire Ionien auquel ils appartiennent, et jouir de leurs propriétés confisquées, excepté si le gouvernement en a déjà disposé, en les vendant ou autrement, en faveur d'un particulier ;

Art. 4. — Seront également restituées les propriétés, sous les conditions de l'article précédent, à tous autres individus, à qui elles furent confisquées en vertu de l'acte du Parlement du 2 juillet 1822, et à leurs héritiers, si lesdits individus sont morts ;

Art. 5. — Le présent acte, qui sera imprimé en langue grecque et italienne, et publié pour la connaissance de tous, sera pour les individus dont il est question, le titre de passeport et de droits politiques.

Les ministres des puissances alliées à Nauplie ressentirent bientôt les malheurs que la Grèce avait éprouvés à cause de l'oppression de la Régence, et comprirent que, si l'on ne prenait des mesures générales, une révolution éclaterait. Ils se plaignirent à la cour de Bavière, qui rappela deux membres de la Régence, Maourer et le maudit Abel, et, nomma Kobell à leur place. En outre, la majorité d'Othon approchant, les esprits se calmèrent un peu. J'étais retourné alors de Céphalonie, mais malheureusement, quoique les persécutions et les emprisonnements eussent diminué, le système n'avait pas changé. Lorsqu'en 1835 le gouvernement passa à Athènes, je restais à Nauplie avec ma famille; je fus informé alors que des personnes malveillantes, m'avaient accusé d'être d'accord avec Callergis et Rhodios, pour recruter des troupes dans l'intention de nous emparer des fortifications de Nauplie. Tout à coup je vis venir chez moi le commandant de place, qui me trouva malade. Sa visite paraissait toute simple, mais l'état de ma santé le convainquit que cette accusation contre moi était fausse, de même que celle contre Callergis et Rhodios, avec qui le commandant de place avait lui-même des relations amicales. Il informa de tout cela le gouvernement. Puis, je me retirai à Patras, mais là encore j'appris par le Gouverneur lui-même qu'il avait l'ordre de surveiller ma conduite. Ces persécutions du gouvernement contre moi me firent tant de peine et me causèrent un tel désespoir, que je résolus de m'éloigner provisoirement de la Grèce, et je partis avec toute ma famille pour Céphalonie.

Mais le désir de revoir un pays, pour lequel j'avais sacrifié ma jeunesse, ma santé, mes biens et ma carrière politique dans ma patrie, et pour lequel j'avais enduré tant de fatigues, de privations, et couru tant de dangers, me faisait souvent visiter Athènes, et me présenter au roi. Il me recevait toujours avec bienveillance, et reconnaissait mes services et mes sacrifices, mais, à cause des premières impressions qu'on lui avait inspirées contre moi, il ne consentit jamais à m'offrir du service dans la patrie.

Cependant la nation fut fatiguée du mauvais gouvernement des Bavarois, et ne pouvant plus supporter la persécution, résolut de secouer le joug des étrangers, et de demander au roi de se gouverner constitutionnellement. Mes amis m'avertirent à Céphalonie de cette résolution, mais je ne voulus pas prendre part au mouvement, fatigué et dégoûté par tout ce que j'avais souffert. Cependant le 3/15 septembre 1843 le peuple se souleva à Athènes contre la monarchie absolue, et le roi Othon fut contraint d'accepter la Constitution, et de convoquer une Assemblée Nationale. Le roi, paraît-il, se souvint que je vivais encore, et me nomma conseiller d'Etat en service extraordinaire. Mais ma nomination n'eut lieu que la veille du jour où l'Assemblée, en vertu du statut approuvé par elle, devait procéder à un nouveau gouvernement constitutionnel. Le Conseil d'État disparut, et ma nomination resta sans effet.

On espérait que le nouveau gouvernement constitutionnel apporterait quelque changement à la situation ; mais, soit incapacité, soit mauvais vouloir de la part de ceux qui se succédaient aux affaires, toute amélioration devint impossible. La division et la discorde neutralisèrent tous les avantages que la nation espérait retirer de la consécration du nouveau statut. L'autorité profitant de cela, continua à suivre la même route qu'elle avait suivi jusqu'à ce jour.

Ainsi découragé par la persécution découverte ou cachée de mes ennemis, je me retirai à Céphalonie, où je me consacrai uniquement à l'éducation de mes enfants, à l'entretien de ma nombreuse famille, et à la culture de mes terres, menant ainsi une vie absolument privée, et gardant la conscience qu'en combattant avec honneur et désintéressement pour la patrie, j'avais bien fait mon devoir. Je ne m'inquiétais guère de savoir si c'était par le cours des évènements, l'ingratitude de la royauté ou les intrigues d'hommes malveillants, que je n'étais pas rappelé au service, et que les honneurs et des récompenses m'étaient refusées, ou bien si mes enremis se réjouissaient de mon éloignement de la Grèce, tandis qu'eux ils profitaient de mes sacrifices, de mes travaux et de mes souffrances. Il me suffisait à moi de voir la réalisation de mes vœux les plus ardents, la grande Grèce libre et rétablie comme nation. C'est dans ce but, qu'au commencement de la guerre sainte, à laquelle j'ai pris part, j'ai laissé à Céphalonie parents, fortune, carrière politique et plaisirs, et que, dans ma vie privée, je continue à faire des vœux pour la grandeur de la Grèce et pour l'accomplissement des désirs de toute la race hellénique.

FIN.

APPENDICE

Mon vénéré père avait déjà écrit les Mémoires publiés ci-dessus, lorsque le 26 février 1861, par décret royal, il fut nommé Sénateur. Demeurant à Céphalonie, il ne voulait pas accepter cette place, à laquelle il fut nommé à son insu ; et c'était avec raison, car ce ne fut qu'après un long laps de temps, et un trop long oubli de ses droits, qu'on se rappela enfin à Athènes qu'il vivait encore, et qu'on voulut l'indemniser en lui donnant une charge alors que accablé de vieillesse et d'infirmités, il ne pouvait guère être utile. Il persista dans son refus. Mais les prières de ses enfants, et surtout les miennes, finirent par le persuader. Il partit donc pour Athènes, et prêta serment le 20 mars 1861. D'après ce qu'il me dit lui même, ayant été présenté au Roi pour le remercier de sa nomination, il lui fit en même temps d'amers reproches pour avoir si longtemps et si injustement oublié ses services et ses sacrifices, l'assurant qu'il n'avait jamais été ennemi de la royauté. Othon lui répondit qu'il reconnaissait ses droits, et ses grands services, qu'il était étranger à ce qui avait pu être fait contre lui, que les intrigues dirigées contre lui venaient de ses adversaires politiques, et que son éloignement de la Grèce avait beaucoup contribué à ce que ses ennemis l'empêchassent, à différentes époques, de recevoir satisfaction et d'avoir une situation en rapport avec son passé. Dans cette conversation, le Roi et mon père parlèrent de bien d'autres choses, que je crois bon de taire, car elles sont inutiles aujourd'hui, et peuvent donner lieu à de fausses interprétations.

J'ai jugé opportun de publier ces Mémoires, qui font connaître la biographie de mon vénéré père, dont la place de Sénateur fut la fin de sa carrière politique.

Après la Révolution politique du 10 octobre 1862, il vécut en simple particulier jusqu'en 1870.

Atteint dans sa vieillesse d'une terrible maladie chronique, il passa dans l'éternité en octobre 1870; il eut aussi avant sa mort, le bonheur de voir la réunion des Sept-Iles au royaume de Grèce. N'ayant pas voulu se mêler personnellement aux élections des représentants, qui eurent lieu pour l'Assemblée Nationale, et m'ayant proposé comme candidat, il eut l'extrême satisfaction de me voir élu par les Céphallènes à une très forte majorité. Il se trouva ainsi récompensé de tout ce qu'il avait si généreusement fait et souffert pour la grandeur de sa patrie.

A Céphalonie, le 2 juin 1878.

E. C. METAXAS.

TABLE DES MATIÈRES

AVANT-PROPOS. V
PRÉFACE DE L'AUTEUR. VII
INTRODUCTION IX

Chapitre Ier, 1821 1
   » IIe, 1821-1822. 49
   » IIIe, 1822 67
   » IVe, août-décembre 1822. 95
   » V^e, janvier-mai 1823 . . 111
   » VIe, juin-juillet 1823 . . 129
   » VIIe, août 1823 161
   » VIIIe, septembre-novembre 1823 181
   » IXe, décembre 1823. . . 203
   » X^e, 1824 215
   » XIe, 1825 233
   » XIIe, 1826. 261
   » XIIIe, 1827 279

TABLE DES MATIÈRES

Chapitre XIVe, 1828 299
 » XVe, 1829. 317
 » XVIe, 1830 335
 » XVIIe, 1831 367
 » XVIIIe, 1831 289
 » XIXe, 1832. 411
 » XXe 421
Appendice. 437

ERRATUM

Page 299 au titre lire 1828 au lieu de 1826.

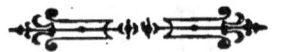

www.ingramcontent.com/pod-product-compliance
Lightning Source LLC
Chambersburg PA
CBHW070527230426
43665CB00014B/1598